日本古代氏族研究叢書⑤

蘇我氏の研究

平林章仁　著

雄山閣

「日本古代氏族研究叢書」刊行にあたって

本シリーズは、日本古代に活躍した個々の氏（ウヂ）について、それぞれにふさわしい研究者が、その研究成果を一冊の書物にまとめて刊行するものである。近年、七世紀代に遡る出土文字史料の増加により、七世紀、さらにはそれ以前の時代に対する関心が、再び高まってきている。一方、稲荷山古墳出土の鉄剣銘文が発見されて以来、ウヂや系譜についての研究も大きく進展した。しかし、個々のウヂについて、それを全体的に取りあげた研究はそれほど多くはない。このような状況のなかでの本シリーズの刊行は、今後の氏族研究の発展に大きな意味を持つであろう。

目次

序

わが国の古代史研究は、政治的規制から解き放たれた太平洋戦争敗戦後に大きく進展したが、その中心的分野の一つに古代氏族研究がある。原初的な官司制は未熟で、官僚制が未成立であった律令国家以前には、王権からその成員と認められた政治的集団である氏族（その前身集団も含む）が、王権の権力を分掌し、各々政務を分担していた。王権の運営に氏族集団が大きな役割を担っていた時代における、古代氏族の研究は律令制以前の古代王権の実態を解明することにつながるのである。なかでも、『日本書紀』（以下『紀』）の記事の信憑性が増し、史料的にも比較的恵まれている六世紀以降に、古代国家の形成と古代社会の文明化の進展で大きな役割を果たした蘇我氏の研究は、氏族研究の中心に位している。

要するに、蘇我氏の研究は律令制以前の古代国家形成、変遷過程の研究でもあることから、早くに多方面から取り組まれてきたので、先行研究も非常に多い。それによって、当該期の古代国家の実態解明も大きく進展したが、小著でその研究史を網羅的に紹介することは、筆者の能力と紙幅の関係から困難である。それで、ここでは蘇我氏に関してこれまで注目されることが少なかった、あるいは未だ解明されていない、と目される諸問題を中心に述べることにする。これにより、蘇我氏の実像だけでなく、五世紀から七世紀にかけての古代国家像もより鮮明になると考える。

なお、小著では「王家と対立した蘇我氏」という問題意識ではなく、「王権の体制内存在としての蘇我氏」という視点から分析、考察を進めるよう留意した。また、当然のことであるが以下に用いる『古事記』（以下『記』）・『紀』・『風土記』などの古代史料は、基本的には王権による編纂物であること、個人的なことに見える記事であっても全て王権側からの記述、王権との関連を示す記述である、と理解するべきだと考える。

さて、わが国の古代国家形成過程における五世紀は、王権の列島支配が大きく発展し、倭国王（天皇）の権限も前代より強大化、専制化した時代とみられている。河内の古市や百舌鳥に累々と群をなして築造される、巨大な王墓（前方後円墳）がその一端を示しているとされる。また、埼玉県行田市の稲荷山古墳から出土した鉄剣に金象嵌された銘文には、中国・南朝の宋に遣使した倭国王「武」（雄略天皇）に比定される「獲加多支鹵大王」の名や「辛亥年」（四七一）の紀年とともに、「乎獲居」が代々「杖刀人首」＝武官として奉事し、熊本県和水町の江田船山古墳から出土した太刀にも、「獲加多支鹵大王」に「无利弖」が「典曹人」＝文官として奉事したと銀象嵌で刻まれている。[1]

こうしたことから、五世紀後半の獲加多支鹵大王（雄略天皇）の代には、中央に文官・武官などの官人に分掌化された政治の仕組み「人制」が整えられ、王権の支配が関東地方から九州中部にまで及んでいたと解されている。もちろん、四世紀から五世紀への王統継承問題の解明も大きな課題であるが、『記』・『紀』などにおける六世紀以前の記事の信憑性に多くの疑問が提示されて来たこともあって、近年は当該時期の研究は減少傾向にある。

しかし、古代史関連史料の信憑性に関して、先の世の史実が後の世の認識を媒介して伝えられる、すなわち歴史記述、史書編纂そのものが後の世の営みであることからすれば、いくら客観的であるように努めても、変容することは時代を問わずに起こり得る。とくに古代においては、撰述時の社会の情況や思潮に適うよう、さらにはその社会で権威を獲得できるように、文飾を施し権威的な文章に改変して表現されることは、むしろ当然と考えられた一面があったのではないかと思われる。

要するに、六世紀以前の『記』・『紀』の記事の取り扱いには慎重な態度が必要であるが、文飾や改変が見られるから事実でないと決めつけて捨て去るのも、やや安直と思われる。若干の海外史料や金石文を除けば基本的な文献史料としては『記』・『紀』しか存在しない。幸いにも『記』・『紀』が残されているのだから、これを放置することはなかろう。その信憑性をよく見極めることはもちろんであるが、それとともに古代人の心意や古代社会の思潮動向などにも目を配り、記事の伝える事実や歴史的背景を汲み取ることに努め、古代史像の復原に有効に活用するべきであると考える。

つまり、応神・仁徳王朝あるいは河内政権とも称される五世紀代の倭国王権の支配が、『記』・『紀』の表面的考察からも平穏に推移したとは思われない。王権が専制化する画期と目されている雄略天皇以降の、それに反した王位継承の混乱を思わせる所伝についても再検討を要するが、倭国は武王（雄略天皇）の時をもって中国南朝との交渉を閉じ、中国王朝を中心とする東アジアの政治秩序である冊封体制から離脱することも、この時期の動向として見逃せない。この激動の時代に王権の最高執政官の地位にあったのが「葛城氏」（建内宿禰後裔氏族集団の盟主）だが、五世紀末頃に衰亡したらしいこともあって『記』・『紀』にはその直接的な所伝が掲載されていない。

この謎の多い葛城氏についての実像解明は先に試みたのでそれに譲るが、(2)五世紀代の蘇我氏の実態もよく分からないが、この葛城氏政権の一翼を担っていたのではないかと推察される。第一章と第四章は、そのことを前提とした内容である。

葛城氏の衰亡、中国南朝との交渉の途絶から程なくして、五世紀末から六世紀初頭にはそれまでの王統が断絶し、その後には、淀川水系流域から近江・越前・尾張を地域基盤とした応神天皇五世孫という継体天皇（男大迹王）が即位する。継体天皇の即位事情についても早くから衆目を集めてきた問題であるが、その子の宣化天皇の代から蘇我氏が王権の大臣＝執政官に就任したと伝えられる。その台頭は唐突感が強いけれども必ずや前史が存在したに違いなく、第一章「大臣蘇我氏の前史―五世紀の蘇我氏―」では、これまでの研究では考察の対象とされることが少なかった、大臣に任命される以前の蘇我氏の実態解明を試みる。まず、それに関わり、大臣蘇我氏台頭直前の「辛亥の変」の存否の検討と、応神天皇五世孫という継体天皇が即位を受諾する上で提示したと考えられる条件、それに基づく新政策について考察するが、これは五世紀の王権の構造理解に繋がる問題でもある。

なお、蘇我稲目以前の、満智―韓子―高麗（馬背）らの存在や関連の所伝については、信をおけない、造作されたものと見る立場もある。(3) しかし、埼玉県行田市稲荷山古墳出土鉄剣に金象嵌で刻まれた銘文の、「其児」で結ばれた「意冨比垝」から「乎獲居」に至る八代の系譜は、五世紀後半には有力集団の間で既に祖先系譜が文字で記録される段階になっていたことを示している。それが事実か否かは確かめようがないけれど、「其児」で結ばれていることは職位あるいは首長位継承の系譜ではなく、血縁系譜を意図していたことを物語る。その半世紀ほど後に、大臣に任命される有力氏族が祖先系譜や、祖先に纏わる伝承を何ら保有していなかったとは考え難いことである。勿論、史料に見える満智―韓子―高麗（馬背）やその事蹟が史実であると言うのではないが、史料の僅少な稲目以前の蘇我氏について考察する上で、彼らについても分析の対象とするべきであると考える。乙巳の変で蘇我氏が全て滅んだわけではなく、かつ『記』・『紀』編纂、成立期においても主要王族の多くは色濃く蘇我氏の血を継承しているのである。倉本一宏氏(4)によれば、血脈上の蘇我氏濃度は持統天皇が二分の一、元明天皇が二分の一、元正天皇が八分の三であり、こうした点からも蘇我氏関連の系譜や所伝が『記』・『紀』の編纂時期に軽々な改変、捏造が可能であったとは考えられない。

この蘇我氏の大きな特徴の一つが、最初に仏教信仰を本格的に受容した氏族であることである。その理由については、蘇我氏が渡来系氏族と親密であった、あるいは先進文物を積極的に受容した進取に富んだ氏族であったことによる、などと説明されて来た。しかし、渡来系氏族と親密で、進取に富んだ氏族であったのは蘇我氏だけとは限らない。また、蘇我氏の崇仏だけを眺めていても、真相は見えてこない。

そこで、第二章「蘇我氏と仏教と天皇と祭祀」では、蘇我氏が仏教信仰を逸早く受容した歴史的背景について、天皇（倭国王）が当初は仏教信仰の受容に踏み切れなかった理由と対比的に分析、考察するが、それはまた蘇我氏と物部連氏の抗争の原因究明にもつながる。仏教崇廃をめぐる争いも基本的には王権内の争いであり、両氏の抗争も王権内の権力闘争であったが、天皇と大臣蘇我氏について仏教受容の如何なる点が問題とされたのかということの解明が必要である。

すなわち、蘇我氏の仏教崇敬も一氏族の個別的な行為ではなく、元興寺（飛鳥寺）創建も含めそれは「大臣蘇我氏」という王権内の公的な立場での営為であったと解するべきと考える。当然、蘇我氏とならんで早期に仏教を受容した聖徳太子・上宮王家の仏教崇敬についても触れなければならない。

さらに、天皇自身が正式に仏教信仰の受容を表明する最初が舒明天皇による百済大寺の創建であるが、その歴史的状況の解明と大臣蘇我氏との違いについても述べる必要がある。加えて、一九九六年から二〇〇一年にいたる発掘調査で奈良県桜井市吉備から検出された、先例をみない巨大な基壇を有する吉備池廃寺の問題も、これと関わり避けることは出来ない。つまり、調査機関を始めとして多くの研究者は、舒明天皇が十一年（六三九）に創建した百済大寺に比定するが、天皇自身の仏教受容だけでなく王家の地域基盤とも関わり、百済大寺に比定することの妥当性の検証も必要であると考える。

なお重ねるが、蘇我氏と物部連氏の抗争の原因は、仏教受容の可否と王権内での政治的主導権争いが主因と想定されている。第三章「蘇我氏と物部氏と石上神宮」では、つとに物部連氏との結び付きが強調されてきた石上神宮の祭祀をめぐる問題も絡めて、事の真相に迫ってみる。予察的に記せば、天皇の祭祀王としての側面を象徴する石上神宮の祭祀の本質と、それへ蘇我氏が介入した実態を解明することにより、古代王権における仏教と神祇の具体像や、蘇我氏と物部連氏の抗争をより多面的に分析する道を示すことが出来るのではないかと考える。

蘇我氏が葛城の地域と葛城氏に強く執着したことは、推古天皇三十二年（六二四）十月の蘇我馬子による「葛城県」割譲要求や、皇極天皇元年（六四二）の蘇我蝦夷による葛城高宮への祖廟造立と八佾の儛・今来への双墓造営などより明白である。そのことの意味するところについては以前に述べたので再説しないが、藤原宮朝堂院回廊東南隅部（奈良県橿原市高殿町）を対象とした二〇〇三年の第一二八次発掘調査で朝堂院東外側を北流する南北溝から「忍海評」と墨書された木簡が出土したことで、「葛城県」の歴史的変遷と現地比定に関する考察が可能となった。[5]

すなわち、「忍海評」木簡から、早くも七世紀後半には葛城地域が葛木上評・葛木下評・忍海評に三分割されたことが判明した。忍海評は、東西約七キロ・南北約二キロとかなり狭小な帯状領域であって、一郡を建てる必然性はみられないにもかかわらず、令制下の忍海郡の領域は明治三〇年（一八九七）までほぼそのまま継承されたことが復原可能となった。これは極めて特異なことと言えるが、この狭隘な忍海評・郡の歴史的特異性をめぐる問題から、第四章「蘇我氏と葛城県　―その成立と伝領、忍海評設定と関わって―」では、蘇我馬子が推古天皇に割譲を求めた葛城県の現地比定を進めるとともに、葛城県の歴史的変遷の分析を通して、蘇我氏が葛城県割譲を要求した背景と推古天皇がそれを拒否した理由について明らかにする。

次に第五章「蘇我氏と馬匹文化―日向の駒と呉の真刀と廏戸皇子―」では、これまでは殆んど注目されることがなかった、蘇我氏と馬匹文化・馬飼集団の関係について考察する。その際、まず注目されるのが推古天皇紀二十年（六一二）正月丁亥（七日）条の、この日の宴で大臣蘇我馬子が天皇に、「やすみしし　我が大君の　……　拝みて　仕へまつらむ　歌献きまつる」と歌を献上したところ、

真蘇我よ　蘇我の子らは　馬ならば　日向の駒　太刀ならば　呉の真刀　諾しかも　蘇我の子らを　大君の使はすらしき

と天皇が応えたという、歌謡である。

すなわち、蘇我氏に擬えられた「日向の駒」が、単に歌謡の中だけの称辞ではなく、重要な儀礼の場で称辞として用いられるだけの歴史的実態が背景に存在したことを考究する。先進文化である馬は、交通や軍事力、威信財として

貴重であり、古代王権や支配層には必須のものであった。これは時の王権の対外交渉の実際とも関わる問題であるが、推古天皇が右の歌謡で蘇我氏に擬えた「日向の駒」の実像解明を進め、さらに蘇我氏と馬匹文化・馬飼集団との関係について論究する。これはまた、蘇我氏系の有力王族である廏戸皇子（聖徳太子）[6]の実像にも関わる問題であり、近年強く唱えられている聖徳太子虚像説（非実在説）の当否について考察するとともに、その実像、とくに「廏戸」の名の由来にも及ぶ。

最後に、河内国石川郡科長郷（大阪府南河内郡太子町）の磯長谷には、敏達天皇・用明天皇・廏戸皇子・推古天皇・孝徳天皇らの奥津城が存在することから「王陵の谷」とも称されている。磯長谷における「王陵の谷」形成の歴史的背景については、蘇我氏と関係の深い人物が葬られていることから、蘇我氏との関係で説明されることが多い。しかし、蘇我氏との関係は必ずしも明確ではないことから、第六章「河内磯長谷の王陵と蘇我氏」では、「王陵の谷」形成を蘇我氏との関係で説明する通説の可否を検討するとともに、「王陵の谷」形成の歴史的背景について考察する。

これらは、これまでの「蘇我氏論」では論じられることの少なかった問題であるが、蘇我氏の実像を解明する上で重要な課題と考える。そこで、以下の各章において、それらの問題についての私見を提示するが、その評価は読者に委ねる他ない。

なお、引用史料の表記は、本書の主題から研究者以外の読者も想定されることから、読み下し文を原則とし（ルビは削除）、必要に応じて原文を記したが、一部を除いて常用漢字で表記した。引用した読み下し文は、『古事記』・『日本書紀』・『風土記』・『日本霊異記』は日本古典文学大系本、『続日本紀』は新日本古典文学大系本、『日本後紀』は集英社日本史料本、『新撰姓氏録』は佐伯有清『新撰姓氏録の研究』考證篇を用いたが、一部改変した。それ以外のものは、註などでその都度示した。

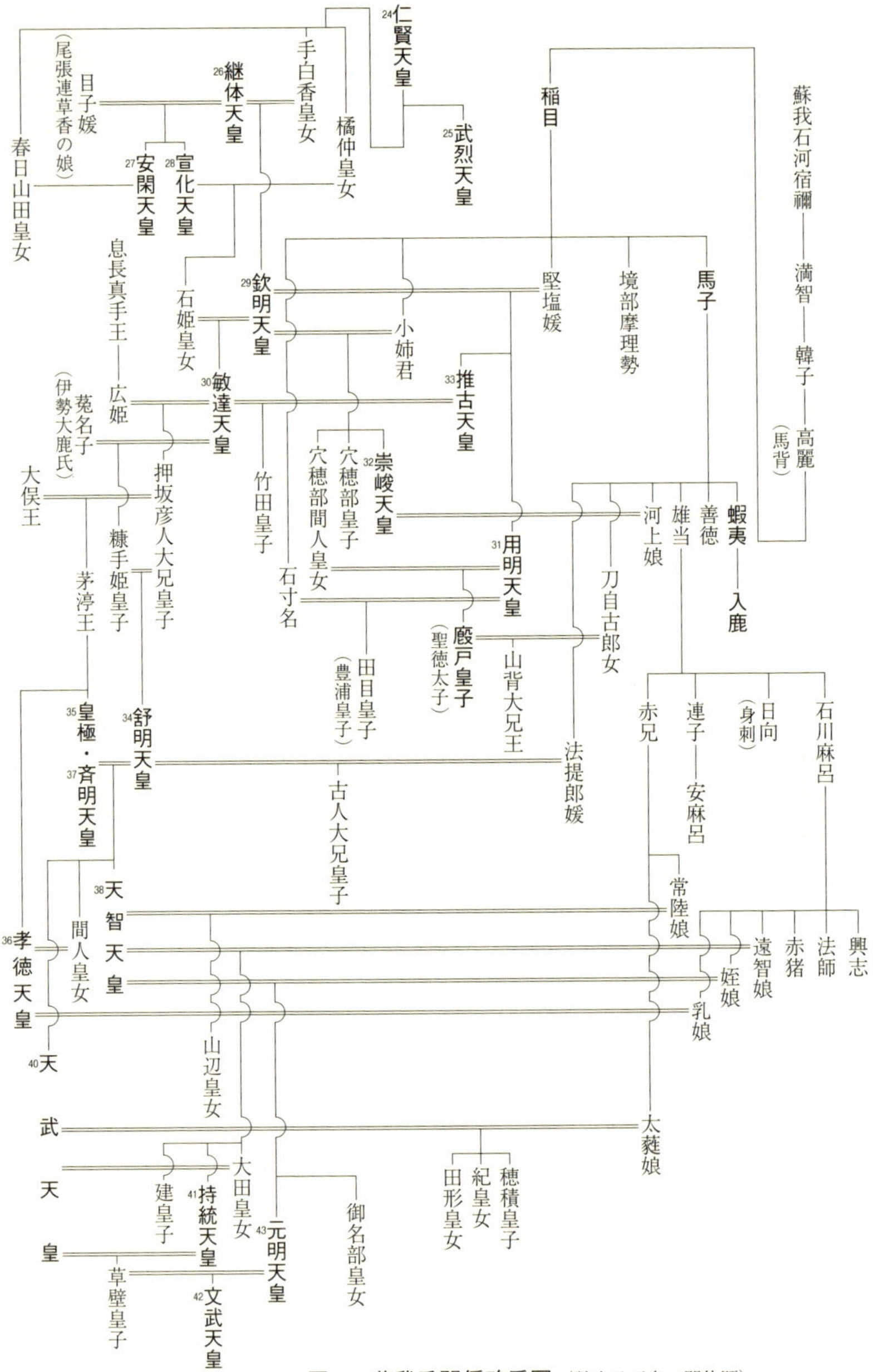

図１　蘇我氏関係略系図（数字は天皇の即位順）

註

（1）埼玉県教育委員会編『稲荷山古墳出土鉄剣金象嵌銘概報』埼玉県県政情報資料室、一九七九年。

（2）平林章仁『謎の古代豪族　葛城氏』祥伝社、二〇一三年。

（3）倉本一宏『蘇我氏―古代豪族の興亡』中央公論新社、二〇一五年。

（4）倉本一宏、註3。

（5）平林章仁『蘇我氏の実像と葛城氏』白水社、一九九六年。

（6）「ウマヤト」については、「厩戸」あるいは「廐戸」と表記されることが多いが、ここでは俗字ではなく、常用漢字の「廏戸」で統一する。

第一章　大臣蘇我氏の前史 ―五世紀の蘇我氏―

はじめに

王権の執政官・大臣に就いた氏に注目して、五世紀から七世紀中葉までを大まかに捉えるならば、五世紀は「葛城氏」の時代であったのに対し、六世紀前葉以降は蘇我氏の時代と言えよう。かつ、両者が交替する狭間に平群臣氏と許勢臣氏が登場するが、いずれも建内宿禰後裔と伝え、葛城氏や蘇我氏と祖を同じくする。

この間の王家について言えば、五世紀の仁徳天皇系王統は武烈天皇で途絶えてしまう。『記』は武烈天皇について、「太子」・「日続知らすべき王」がいなかったと記すのみである。一方『紀』は、「長りて刑理を好みたまふ。法令分明し。日晏つまで坐朝しめして、幽枉必ず達しめす。獄を断ることに情を得たまふ」と褒め称えたかと思えば、「又頻に諸悪を造たまふ。一も善を修めたまはず。凡そ諸の酷刑、親ら覧はさずといふこと無し。国の内の居人、咸に皆震ひ怖づ」と、全く反対の評価を記す。

さらに、妊婦の腹を割いて胎児を見分した・生爪を抜いた手で山芋を掘らせた・頭髪を抜いて樹に昇らせておいて樹を伐り倒した・池の樋から人を流し、出て来たところを三刃の矛で刺し殺した・女性に牡馬との獣婚を強制し他の女性に強いて見せたなど、様々な悪行を重ねたと具体的に書き連ねるが、これら一連の記事が武烈天皇で王統が断絶したことを説明するための、意図的な作文であることはつとに明白である。

また、武烈天皇紀四年（五〇二）是歳条に、百済系史書である「百済新撰」(1)に基づいて、「百済の末多王、無道して、百姓に暴虐す。国人、遂に除てて嶋王を立つ。これを武寧王とす」と記しているのも、連携関係にある百済のこととして載せているだけでなく、「無道・暴虐」な国王は廃されるという、王位・王統交替についての寓意であることも明らかである。すなわち、『紀』が百済末多王（東城王）廃位の理由と武寧王（嶋王／斯麻王）の即位を記しているのは、わが国と百済の関係が緊密で重要だったことによるだけでなく、武烈天皇で王統が断絶することの理由の暗示、信を喪失した王統は絶えるのが必然であることを示唆する意図があってのことではないか、と考えられる。

要するに『紀』は、『記』が記す武烈天皇に「太子」・「日続知らすべき王」がいなかったこととは別に、「人々の信頼と支持を喪失するようなことがあったので、王統が断絶したのである」と王統交替の理由を説明しているのである。ただし、それは『紀』の主張であって、真偽の程は定かでない。それも含め王統交替の真の理由を考えなければならないが、王統を交替しなければ王権を維持できないほど深刻な情況に陥っていたことは事実であろう。

ちなみに、一九七一年に韓国忠清南道の公州宋山里古墳群で武寧王陵が発掘され、出土した誌石銘文から武寧王（斯麻王）についての所伝が確かめられた。(2) 誌石では武寧王の即位を辛巳年（五〇一）とするが、これは前王の死後すぐに即位したと数えるか、翌年を元年とするかの、数え方の違いに過ぎない。

武烈天皇のあと、応神天皇の五世孫という男大迹（袁本杼）王が迎えられ、継体天皇として即位した。『釈日本紀』巻十三所引「上宮記一云」の系譜が存在するけれども、実際に男大迹王が応神天皇の五世孫か否かは、定かでない。ただし、系譜を詐称するなら五世孫よりも三世孫、あるいは二世孫などと天皇との関係を近くした方が有利である。にも拘らず応神天皇の五世孫と主張していることは、この場合に仁徳天皇以降の後裔王族の即位は認めないということであり（実際問題としてその後裔王族が絶無であったとは考え難い）、最初に迎えられた丹波国桑田郡にいた仲哀天皇五世孫の倭彦王とともに、即位を要請されたのが応神天皇以前の後裔王族であることに重い意味があったと考えなくてはならない。

要するに、それは仁徳天皇から武烈天皇に至る五世紀の王権の崩壊であり、応神天皇以前の王統に改めて天皇（倭国王）の血脈が求められた結果でもある。五世孫というから実質的には新たな王統の始まりとも目されるが、継体天皇の大后手白香皇女（手白髪命）、安閑天皇の大后春日山田皇女（『記』にはみえず）、宣化天皇の大后橘仲皇女（橘之中比売命）ら、仁賢天皇の皇女三名は継体天皇系王家に入内し、手白香皇女と橘仲皇女は子孫（欽明天皇や石姫皇女ら）を残している。これは継体天皇系王家が女系において前王統の血を継承する必要があると観念した結果でもあり、女系ではその後も先の王統に繋がっていると言い得る。[3]なお、この仁賢天皇の皇女三名は女系ではいずれも春日和珥臣氏系の人物であることにも留意されるが、詳しくは第六章で述べる。

蘇我氏の台頭は、後述するように継体天皇系王統の成立と不可分であったと推察されるが、系譜の信憑性や後背勢力など継体天皇即位をめぐる議論[4]だけで紙幅が尽きそうなので、ここでは蘇我氏に関連する問題について触れるにとどめる。

第一節　辛亥の変は存在したか

『記』が記す継体天皇の正宮は伊波礼玉穂宮（奈良県桜井市）のみであるが、『紀』は元年正月甲申条に樟葉宮（大阪府枚方市樟葉）、五年十月条に山背筒城宮（京都府京田辺市）、十二年三月甲子条に弟国宮（京都府向日市・長岡京市の辺）、二十年九月己酉条に磐余玉穂宮と移動し、さらに磐余玉穂宮遷居を七年とする「一本」説まで記し、継体天皇の即位と大和入りに問題があったことを暗示するかのような記述がある。

さらに、仏教公伝を「欽明天皇十三年壬申」（五五二）とする『紀』とは異なり、『元興寺伽藍縁起幷流記資財帳』や『上宮聖徳法王帝説』が「欽明天皇七年戊午」（五三八）と伝えることにも関わり、継体天皇の死後に子の安閑・宣化天皇と欽明天皇を支持する勢力の間で、王位継承をめぐる確執や争乱、いわゆる「辛亥の変」があったとみる論

が早くからある。(5)

辛亥は継体天皇が亡くなったと伝えられる継体天皇二十五年（五三一）にあたるが、「辛亥の変」の存在を主張する説の主な論拠は、継体天皇紀二十五年十二月庚子条の次の分註にある。

或本に云はく、天皇、二十八年歳次甲寅に崩りましぬといふ。而るを此に二十五年歳次辛亥に崩りましぬと云へるは、百済本記を取りて文を為れるなり。太歳辛亥の三月に、軍進みて安羅に至りて、乞乇城を営る。是の月に、高麗、其の王安を弑す。又聞く、日本の天皇及び太子・皇子、倶に崩薨りましぬといへり。此に由りて言ば、辛亥の歳は、二十五年に當る。後に勘校へむ者、知らん。

継体天皇紀本文は、二十八年甲寅（五三四）という「或本」説の存在を知りながら、「百済本記」の説に依拠して継体天皇の崩年を二十五年辛亥としたことが分かる。安閑天皇の即位は甲寅（五三四）だから、「百済本記」説だとその間に三年の空位期間が存在することになり、「或本」説を採ったほうが矛盾がないにも拘らず、『紀』編者はなぜかそれを採用しなかった。継体天皇の崩年について、空位期間なく安閑天皇即位に繋げられる二十八年甲寅とする「或本」説を知っていながら、あえて「百済本記」の二十五年辛亥説を採用したのであり、それ故に「後に勘校へむ者、知らん」と記したものと思われる。それは、「日本の天皇及び太子・皇子、倶に崩薨りましぬといへり」とある所伝が論拠になっているのではないかと考えられるが、天皇・太子・皇子そろっての崩薨は異常であり、何らかの変事を示唆しているのではないかと思わせるに十分である。

「百済本記」は、「百済記」「百済新撰」をあわせて百済三書と称される『紀』が引用する百済系史書で、継体天皇紀に四カ所、欽明天皇紀に十四カ所の引用がある。引用する期間は、継体天皇三年（五〇九）から欽明天皇十七年（五五六）までの、半世紀足らずの間である。

加えて問題を複雑にしているのは、平安時代前期に成立した最古の聖徳太子伝である『上宮聖徳法王帝説』（知恩

院蔵／法隆寺旧蔵）[6]に、

志癸嶋天皇御世代午年十月十二日百齊國主明王始奉度佛像経教并僧等勅授蘓我稲目宿祢大臣令興隆也

とあり、また、

志歸嶋天皇治天下卌一年辛卯年四月崩陵檜前坂合罡也

とあることである。

すなわち、志癸嶋天皇は欽明天皇に当るから、史料の八字目の「代」を戊の誤写とみて、

志癸嶋天皇の御世、戊午年十月十二日に、百済国主明王、始めて仏像経教并びに僧等を度し奉る。勅して、蘇我稲目宿禰大臣に授けて興し隆えしむ。

と校訂し、読み下されている。しかし、『紀』では仏教公伝は欽明天皇十三年壬申（五五二）であり、戊午年は宣化天皇三年であって、『上宮聖徳法王帝説』と紀年が異なる。

さらに、後者の史料では、欽明天皇は辛卯年（五七一）四月に崩御して檜前坂合岡陵に葬り、在位は四一年間であったとする。欽明天皇が辛卯年四月に亡くなったことは『紀』と同じであるが、在位は三二年であるからこれも異なる。

これを『上宮聖徳法王帝説』の立場で理解すれば、欽明天皇は辛亥年（五三一）に即位し、翌年壬子年を元年としたならば、在位期間の四一年だけでなく、仏教伝来の戊午年についても欽明天皇七年（五三八）にあてることが出来る、となる。ただし、この立場では、辛亥年は継体天皇が死亡した年でもあるから、必然的に安閑・宣化両天皇の在位期間がなくなることになり、『紀』とは異なる王権史を復原しなければならない。

ところがこのことを傍証するかのように、天平十九年（七四七）の奥書をもつ醍醐寺本『元興寺伽藍縁起幷流記資財帳』（『元興寺縁起　佛本傳來記』所引）[7]も仏教公伝年次について、次のように伝えている。

大倭国の仏法は、斯帰嶋宮に治天下しめす天国案春岐広歓天皇の御世、蘇我大臣稲目宿祢の仕へ奉る時、治天下しめす七年歳次戊午十二月に、渡り来たる自り創まれり。百済国聖明王の時、太子像幷びに潅仏之器一具、及び仏起を説ける書巻一篋を、度して言さく、……

すなわち、仏教公伝年次についてはっきりと欽明天皇の「七年歳次戊午十二月」と伝えている。

これらのことから、安閑・宣化両天皇と欽明天皇を支持する勢力の間に王位継承をめぐる争乱、二朝が並立したいわゆる「辛亥の変」があって、『上宮聖徳法王帝説』や『元興寺伽藍縁起幷流記資財帳』の仏教公伝年次についての所伝は、安閑・宣化両天皇の即位を認めない立場による、と解する。欽明天皇紀が引用する「百済本記」に「日本の天皇及び太子・皇子、倶に崩薨りましぬといへり」とあることは、そうした政争を暗示しているとみる。

右のことは六世紀初頭の王統交替と、その直後の政治過程の理解の在りようにも関わるが、「辛亥の変」説は今日でも大きな影響力を有している。(8)

しかし問題は、「辛亥の変」説に関しては継体天皇紀二十五年条分註と右の二史料、特に仏教公伝年次についてのもの以外には、そのことを思わせる関連史料が存在しないことである。国王であっても、死は突然である。生前の譲位や皇太子制など、明確で揺るぎない王位継承法が確立していない社会にあって、国王の死去による多少の政治的混乱や一時的な空位期間は、避け難いことである。やや後の例であるが、天智天皇は、母斉明天皇の崩後、即位式を行なわないで政務を執る称制六年あまりの後、七年(六六八)正月に即位した。持統天皇も、夫天武天皇の後を受けて三年あまりの称制の後、四年(六九〇)正月に即位した。歴史書に称制と記されたこの期間をどのように理解するか、非常に微妙な情況といえる。古代の王位継承観は、曖昧ではないが「一日たりとも空位が存在してはならない」といった現代的厳密性はなかったのが実態であろう。

また、『紀』は王位継承に関する王族間の抗争を隠蔽するどころか、あからさまに記そうとする態度であるが、『紀』

からは安閑・宣化両天皇と欽明天皇の間に抗争があった痕跡は全く窺われないのである。王位継承に関わる有力王族間の抗争として、雄略天皇による市辺押磐皇子・境黒彦皇子・八釣白彦皇子らの殺害、乙巳の変後の古人大兄皇子の事、斉明天皇の時の有間皇子の事件、天武天皇崩後の大津皇子の事など、『紀』が記す関連記事は枚挙に遑がない。

もちろん、『上宮聖徳法王帝説』・『元興寺伽藍縁起幷流記資財帳』内にも安閑・宣化天皇と欽明天皇による抗争を思わせる記事は存在しない。また、蘇我稲目宿禰は、宣化天皇の代に初めて大臣に任じられ、続いて欽明朝にも大臣であったが、蘇我稲目は両勢力の間を渡り歩いたとでも言うのであろうか。

さらに、継体天皇が王宮を大和に遷すのに時間を要している（二十年あるいは七年）ように見えることから、継体天皇の大和入りを妨害、阻止しようとする反対、抵抗勢力が存在した（王権が分裂状態にあった）と見るむきもあろうから、これについても述べておこう。もしそれが正しいとすれば、継体天皇擁立をめぐって王権内部に深刻な意見の対立が存在したになるが、そうした徴証は存在しない。王権成員間で合意が形成されずに、一部勢力だけで天皇に擁立されたとしても、その正統性はどのように確保され、他の王権成員間に認知されたのであろうか。また、継体天皇の側でも、彼の大和入りを阻止するような強力な反対勢力が存在するなかで、易々と王権からの即位要請を受諾したであろうか。そうした危険要因の除外を、要請受諾の条件とするのが普通ではなかろうか。つまり、継体天皇の大和入りが遅れたのは、阻止、抵抗勢力が存在したからではなく、別の要因を追究しなければならない。

加えるに、安閑天皇の王宮は勾金橋宮（勾金箸宮／奈良県橿原市曲川町）、宣化天皇のそれは桧隈廬入野宮（桧坰廬入野宮／高市郡明日香村桧前）である。『紀』より成立の早い『播磨国風土記』の揖保郡越部里条には「勾宮天皇」と見えるが、勾大兄皇子・桧隈高田皇子が、何時から大和南部に拠地を得たか定かではない。ただ、その名から見れば即位後のことであったとは考えられないが、たとえ即位後であったとしても、それらの地域と欽明天皇の磯城嶋金刺宮（師木島大宮／奈良県桜井市の東部）は至近の位置にある。両者は南大和で顔を突き合わせて、どのように対立、抗争していたと言うのであろうか。

先述したように安閑・宣化両天皇は、父の継体天皇と同様に、仁賢天皇の娘の春日山田皇女・橘仲皇女をそれぞれ后としており、女系で前王統に繋がることで王位継承の正当性を獲ていたことも、「辛亥の変」の存在に疑問を抱かせる。(9)

なお加えるが、欽明天皇は、宣化天皇と橘仲皇女の間に生まれた石姫皇女を大后に迎え、箭田珠勝大兄皇子や後の敏達天皇らを儲けている。また、宣化天皇の娘の倉稚綾姫皇女、日影皇女らをも迎え、それぞれ石上皇子や倉皇子らを儲けていることも、「辛亥の変」肯定説には不利であろう。さらに、その時期の遺構・遺物・古墳などについての考古学上の知見や、真の継体天皇陵古墳とみられる今城塚古墳（大阪府高槻市郡家新町）の周堤から出土した大量の埴輪群などからも二朝対立を示す状況は読み取れず、(10)「辛亥の変」の存在が疑問視されていることも参考になる。

何よりも問題は、二つの関連史料の信憑性である。

『上宮聖徳法王帝説』の件の記事は、現『上宮聖徳法王帝説』では本文となっているが、原『上宮聖徳法王帝説』（廐戸王伝）ではその裏書として書かれていたものとみられている。(11)欽明天皇の即位を壬子年（五三二）とし、その七年戊午（五三八）に仏教が公伝したとする所伝は、そもそも仏教関係者の説であったと推察されるが、『上宮聖徳法王帝説』・『元興寺伽藍縁起并流記資財帳』の件の記事は同系統の原史料によっているのではないかと思われる。『元興寺伽藍縁起并流記資財帳』を載せている『元興寺縁起　佛本傳來記』は、「天國押排廣歓天皇磯嶋宮御宇卅二歳之中、第十三年壬申、百濟明王、佛像經教奉度日本、……」と、『紀』と同じ欽明天皇十三年壬申（五五二）の仏教公伝年を記しており、欽明天皇七年戊午公伝説はいわば異説とみなされていたのではないかと思われる。在位年数についても、欽明天皇の在位年数「卌一年」を抹消し、後の加筆とみられるが「王代云卅二年文」と傍書してあり、早くから疑問視されていたことが分かる。さらに、法隆寺金堂釈迦三尊光背銘の引用について、「法興元卅一年」とすべきところを、「法興元世一年」と誤写しており、この「卌一年」も誤写であった可能性も考えられる。

『紀』本文と『元興寺伽藍縁起幷流記資財帳』の比較検討を進めた水野柳太郎氏[12]は、『元興寺伽藍縁起幷流記資財帳』の信憑性について、次のように述べている。

同じ天平十九年の奥付をもつ寺院縁起を『寧樂遺文』で比較すると、『大安寺伽藍縁起幷流記資財帳』は一頁半、『法隆寺伽藍縁起幷流記資財帳』は一頁にすぎないのに、『元興寺伽藍縁起幷流記資財帳』は八頁近くあるから、かなりの付加があるとしてよい。池辺皇子与大大王～以是言白までの部分は、当初の記事ではなく後世の付加と考えられる部分である。『日本三代実録』元慶六年（八八二）八月二十三日壬戌条の建興寺（豊浦寺）を氏寺と主張する宗岳朝臣木村らの奏言に対応する『元興寺伽藍縁起幷流記資財帳』には付加部分を多く含んでいるから、この時期までに付加・改作がおこなわれた。

すなわち、『元興寺伽藍縁起幷流記資財帳』には元慶六年までに付加された部分が多く含まれ、信憑性には疑念がある、と説く。問題の仏教伝来記事は、第二段の仏教崇廃抗争史を語る最初の部分にあるものの、慎重な扱いが必要であろう。

次に吉田一彦氏[13]も、『元興寺伽藍縁起幷流記資財帳』の研究史や問題点の整理を進め、史料としての評価が必ずしも確定していないとして厳密な分析と詳細な考察を行なった。その結果、次のように後世の偽文書であると結論づけて、信憑性に強い疑念を示した。

『元興寺伽藍縁起幷流記資財帳』は元興寺（飛鳥寺）の僧義済が建興寺（豊浦寺）の最高責任者の別当となって支配を強めようとするなか、檀越の宗岳氏（蘇我氏後裔）との確執が強くなり、証拠として作成された九世紀後半の建興寺縁起をもとにして、興福寺が元興寺への支配を強める平安時代末に、元興寺の寺勢防衛、挽回のために偽作されたものである。

すなわち、十一世紀末以降、十二世紀中頃以前に成立した偽文書であり、その写し（と称するもの）のみが作成され、醍醐寺本はそのまた転写本と考えられる。「丈六光銘」「塔覆盤銘」には、何らかの史料を参看して記されたと見るべき部分がある。しかし、それが何を参看して記されているのかは不明であり、もとの文がそれらの銘文であったのかどうかも定かでない、と説く。

水野、吉田両氏の見解に従うならば、『元興寺伽藍縁起幷流記資財帳』の信憑性は著しく低いことになる。ただし、田中史生氏や川尻秋夫氏(14)は、『元興寺伽藍縁起幷流記資財帳』の「塔覆盤銘」や「豊浦寺縁起」の部分には『紀』編纂以前の用字が散見されることもあって、それらはなお古い要素を内包する史料であると目され、全く架空の所伝であったとするのはかえって不自然である、と述べている。

忽々には判じ難い問題であるが、『元興寺伽藍縁起幷流記資財帳』の仏教公伝関連記事が『紀』の所伝を否定できるほどに信憑性は高くないという点では通じ合うと思われ、「辛亥の変」の存在を証明するには十分ではないと言えよう。

また、『元興寺伽藍縁起幷流記資財帳』・『上宮聖徳法王帝説』は『紀』とは異なる紀年体系をもつ史料に過ぎず、「辛亥の変」説は紀年体系の異なるこの二者を対比、帰納した結果に過ぎない。紀年体系の異なる史料の対比という方法論自体が妥当か否か、再考しなければならない、という神野志隆光氏(15)の指摘も考慮に値する。

こうした史料上の問題に加えて、継体天皇がその元年に樟葉宮で即位し、五年に山背筒城宮、十二年に弟国宮、二〇年（一本云では七年）には磐余玉穂宮に遷居したと伝えるが、この遷宮を重ねたことを王権の発祥地大和に長らく入ることが出来なかったと解して、旧王権側に対立・対抗勢力が存在したとみなす向きもある。このことは先にも否定したが、『記』は伊波礼玉穂宮のみを記し、樟葉・弟国・筒城各宮のことは載せない。『紀』本文によれば、継体天皇が磐余玉穂宮に住んだのは僅か五年間（在位期間の五分の一）に過ぎないが、『記』は大和内の王宮で代表させたのであろうか。それとも、大和内の王宮こそが、天皇の正統性を示すものであるとする意識が働いていたのであろうか。いずれにしても、継体天皇の宮の移動が、自らの意思でそうしたのか、第三者の思惑でそういう結果となったのか、判断する史料は皆無である。要するに、度重なる遷宮からは継体天皇の政治的、経済的拠点の移動は理解されるものの、その大和入りを阻止しようとする対立勢力が存在し、それとの抗争が存在したということを証明するものではない。そうした史料は存在しない、ということである。

継体天皇の即位には、王統交替が確かに存在したと考えられるものの、それは武力抗争を伴うものではなかったと考えられる。新たに天皇として迎える旧王権側と、迎えられる男大迹王（袁本杼命）側で、事前に何らの交渉も行なわれなかったとは考えられない。このことは今まで全く等閑に付されて来たが、旧王権側からの要請に基づいて、王統が異なる新たな天皇の即位となるのであるから、それぞれが事前に関連する事柄の条件を提示し、相互にそれを検討、交渉を重ねて納得し、受諾した上での事であったに違いない。王統の異なる新天皇の即位に際し、旧王権内では若干の緊張は生じたであろうが、継体天皇即位は王権簒奪というようなものではなく、旧王権側からの要請に発することであったこともあり、比較的平穏に進められたものと推察される。その後に王権が分裂して抗争するような事態は想定できないのであって、「辛亥の変」の存在は認められない。

問われなければならないのは、武力抗争を伴わずに王統の交替が行なわれた、それが可能であった当時の王権の内実である。ただし、これは五世紀と六世紀の王権の実態が等しいものであったことを言うものではなく（後述するように実際には大きく変化した）、比較的滑らかな王位の移譲が可能であったこと、そうした倭国内の政治権力の実態に注目しなければならないということである。蘇我氏は、この王統交替に具体的にどのように関わったのか、それとも関わらなかったのか、蘇我氏の台頭を考察する上でも留意しなければならない点である。

これは、王権の構造や施策において、武烈天皇以前と継体天皇以降で大きな変化、変更があったか否かという問題に関わる。このことを明らかにすれば、蘇我氏との関係も少しは見えてくるのではないかと思われるが、蘇我氏の台頭にも関連して解明されなければならないのは、正にこうした王権の実態である。

第二節　継体天皇即位の条件と新政策

七世紀末までを見渡して、二世王（仲哀天皇・顕宗天皇・仁賢天皇・舒明天皇）や三世王（皇極天皇・孝徳天皇）が即位した例はあるが、畿外に本拠を有する五世王の即位は、これ以降を含めても絶無である。「辛亥の変」があったと唱えられる遠因の一つには、近江あるいは越前から迎えられた応神天皇五世孫という男大迹王（袁本杼命）の即位が、前後の例を破る特異なものであったことにもあろう。

ただし、真の継体天皇陵は、現在三嶋藍野陵に治定されている太田茶臼山古墳（大阪府茨木市太田三丁目、全長二二六メートル）ではなく、今城塚古墳（高槻市郡家新町、一九〇メートル、二重周壕を含むと三五〇メートル、幅三六〇メートル）であろうことは共通の認識であり、太田茶臼山古墳の被葬者が継体天皇の祖先の一人に充てられるとするならば、[16]五世紀の王権にとって男大迹王（袁本杼命）は未知の存在ではなく、既知の体制内勢力であったと解されなければならない。前方後円墳の築造が王権成員である（あった）ことの表象行為と見れば、すでに男大迹王以前から彼らは王権内の有力成員であったとみられる。

さて、男大迹王が王権の内部において周知の存在であったとしても、王家の系譜からは相当に遠い人物であったことから、その即位が特別な事例とみなされたことは間違いなかろう。異例な継体天皇の即位を疑問視する研究者はいないが、男大迹王が王権から新たな王者として要請された際、受諾するにあたり何らの条件をも示さなかったとは、考えられないことである。反対に、王権の側も男大迹王を新たな王者として無条件で受け入れたとは思われず、第六章でも触れる仁賢天皇の娘である手白香皇女（継体天皇大后）・春日山田皇女（安閑天皇大后）・橘仲皇女（宣化天皇大后）三名の新王一族への入内は、そのことの一つであったと推考される。ここでは、男大迹王が提示した受諾の条件と、それに連環する新政策について述べるが、それはそのことが蘇我氏の台頭に繋がると考えられるからである。

『記』・『紀』はこうした視点から記述していないことから、間接的な分析に頼らざるを得ないが、その際にまず注目されるのが、五世紀の王統（仁徳天皇～武烈天皇）の後裔王族が手白香皇女・春日山田皇女・橘仲皇女以外は、六世紀・継体朝以降は史上に登場しないということである。これについては、仁藤敦史氏[17]が名代の設置に関わり、次のように述べている。

『記』では名代の記事は仁徳天皇から武烈天皇の間に限られるが、『記』・『紀』ではこの間の皇親後裔を称する氏族が見えず空白となっている。この間の天皇に後継の子孫がいないこと、無嗣が強調される構成になっているが、これは無嗣を理由とする継体天皇即位の正統性の強調でもある。

名代は仁徳天皇から武烈天皇系王統の名を伝えるという名目のもと、継体・欽明天皇系王統による部民領有の正当化が説明される構成になっている。

権力者には一夫多妻が普通であった時代に、ほぼ一世紀に亘る王家の末裔が次の時代には三名の女子を除いて絶無になっていたとは考え難いことであり、『記』・『紀』が伝える無嗣の強調は極めて人為的であると言わざるを得ない。ただし、この無嗣が継体天皇即位の正統性を強調するために為された、意図的編纂結果であったかについては、よく考えなければならない。

『記』・『紀』における氏族の祖先伝承の在りようについて分析した直木孝次郎氏[18]によると、『記』では神武天皇から応神天皇までの後裔を称するのが一七二氏、仁徳天皇から武烈天皇までは僅か一氏である。『紀』においても、神武天皇から応神天皇までが七三氏であるのに対して、仁徳天皇から武烈天皇までは一一氏であり、傾向は等しい。これは、応神天皇以前が「始祖の現れる時代としてふさわしい、神話的世界と考えられていた」からではなく、天皇後裔を称する氏族は継体天皇以降再び増えていることから、理由は別に考えなければならない。普通は時代が降るに従って後裔者の数は増加するわけであるから、右の状況は意図的なことであり、おそらくは政治的規制の結果と解するのが妥当と考えられる。

継体朝以降に、仁徳天皇から武烈天皇までの後裔王族名が登場しないのは、彼らが王族として存続すること、つまり王位継承権を保有し主張することが、強制的に否定されたことを示していると解される。その影響で、その間に臣籍降下したと称する氏族数も僅少しか存在しない結果になったものと考えられる。五世王の男大迹王が即位したのであるから、当然のこととして前王統に連なる三世王や四世王らも王位を求めることが可能だという主張が出てくる恐れがあったが、男大迹王側としてそれは決して認められない、ということである。それを徹底しないことには、継体天皇系王統の安心と安定が確保できないことは必定であり、これこそが男大迹王側が提示した即位受諾の条件であったと考えられる。

しかし、そうした強圧的な要求だけでは却って反発を招く怖れもあり、前王統に連なる王族としての地位と権利を放棄することの代替措置として、新王権側は前王統の王族や后妃の名を付した部、すなわち名代を設置することで、彼らの名を後世に伝える政策を実施したのである。名代に関する詳細は前に述べた(19)のでここでは要点のみを記すが、名代設置の名目はそうであるが、名代から提供される生産物と労働力は現王権側の収入となることから、実際には継体天皇系王族の経済的基盤の拡充に繋がったのである。

名代設置と並行して、各地域には王権直轄地である屯倉が設定され、屯倉や名代の分布する領域のクニを統括する官人として、地域の豪族が国造に任命された。したがって、国造の任命と名代・屯倉の設置が同時並行的に行なわれた場合も少なくなかったようであるが、こうした新政策の実施は王権の基礎を強化することになったが、従前の地域秩序の改変をともなったことから、王権と地域勢力の間に軋轢が生じる場合もあった。継体朝の筑紫君磐井の乱の原因をめぐる議論に分け入る暇はないが、筑紫国造磐井の子「筑紫君葛子、父に坐りて誅せられむことを恐りて、糟屋屯倉を献」ったこと（継体天皇紀二十二年十二月条）、安閑朝には伊甚国造の稚子直が珠の献上が遅延し春日山田皇女の後宮の内寝に闌入したことの贖罪に伊甚屯倉を献上したこと（安閑天皇紀元年四月癸丑朔条）、同族の小杵と国造職を争った武蔵国造笠原直使主が「国家の為に、横渟・橘花・多氷・倉樔、四処の屯倉を置き奉」ったこと（安閑天皇紀元年閏十二月是月）、良田の提供を惜しんだ大河内直味張が三嶋竹村屯倉の田部を出すことになったこと（安閑天皇紀元年閏十二月壬午条）、等々は正にそのことを示している。[20][21]

このように、継体天皇の即位にあたり、その条件について相互に交渉、審議、検討がなされたのである。前王統に連なる王族の王位継承権の否定（無嗣の確定）と、継体朝〜欽明朝における地方支配の確立と王権・王家の経済的基盤の確保を目指した新政策の推進、具体的には名代・屯倉・国造の設置、任命であり、この流れの中で大臣蘇我氏が台頭するのである。

第三節　蘇我満智宿禰の人物像

蘇我氏は、ほぼ六世紀の中葉、宣化天皇の代に蘇我稲目が初めて大臣（最高執政官）に任じられて以降、大化の政変でその本宗家が中大兄皇子・中臣鎌足らに滅ぼされるまでの百年余、大臣として名代・屯倉・国造といった前代よりも集権的な新たな地方支配体制の施行や、原初的な官司制の創出など政治制度の整備を進め、王権の政治を主導した。また、蘇我氏出身の多くの女性を后妃として入内させて王家の外戚となり、時には天皇位継承を左右するなど、専権的な振る舞いもあったと伝えられる。さらに、倭漢氏らの渡来系氏族とも親しく、逸早く仏教信仰を受容してわが国最初の本格的伽藍である飛鳥寺（法興寺）を創建したのをはじめ、海外からの新文化導入に積極的な、進取に富んだ開明的な氏族と評されてきたこと等々、周知のところである。

ところが、古代史上の重要性やその活躍とは裏腹に、蘇我氏の発祥については必ずしも明解ではない。蘇我氏の首長系譜については、孝元天皇記の建内宿禰後裔系譜や『公卿補任』の蘇我石河系図、『紀氏家牒』（逸文）などによって、次のように復原される。

建内（武内）宿禰―蘇我石河宿禰―蘇我満智（麻智）宿禰―蘇我韓子宿禰―蘇我高麗（馬背）宿禰―蘇我稲目宿禰―蘇我馬子宿禰―蘇我蝦夷宿禰―蘇我入鹿……

しかし、「蘇我氏三代」[22]あるいは「蘇我氏四代」[23]と称されるように、史料的信憑性が高くなるのは稲目・馬子宿禰以降であり、関連史料が僅少なこともあって蘇我高麗（馬背）宿禰以前についてはほとんど触れられることがなかった。しかし、序でも述べたように稲目宿禰が突然活動するわけではなく、埼玉県行田市の稲荷山古墳出土鉄剣の金象嵌銘に、「其児」で結ばれた「意冨比垝」から「乎獲居」に至る八代の系譜が刻まれていることからみても、その半世紀余り後に大臣に任命される有力氏族の前身が何ら伝えられず、祖先系譜なども保有していなかったとは考え難いことである。『記』・『紀』の関連所伝をそのまま史実とするのではないけれども、蘇我満智・韓子・高麗らについても初めから否定的に捉えるのではなく実在の可能性も含めて、[24]分析の対象とするべきである。

稲目宿禰が蘇我氏で初めて大臣に任命されるのは宣化朝のことだが、蘇我氏の執政官任命記事は五世紀前葉に比定される履中天皇紀二年条に初見する。

冬十月に、磐余に都をつくる。是の時に当りて、平群木菟宿禰・蘇賀満智宿禰・物部伊莒弗大連・円円、此をば豆夫羅と云ふ。大使主、共に国事を執れり。十一月、磐余池を作る。

この所伝をそのまま史実とするのは躊躇されるが、だからと言ってこれまでのように切り捨ててしまうには、史料の僅少な状況を思えば惜しまれる。『紀』編者ないしその原史料が、ここに蘇賀満智宿禰を載せたのは、ただ単に虚構を積み飾るためだけではなく、何らかの意図や根拠があったからではないかと思われる。

そこでまず、共に国事を執ったという四名について、実在か否かは別にして、その称号に着目すれば、宿禰・大連・大使主の三種に分かれる。スクネは、埼玉県行田市の稲荷山古墳出土鉄剣金象嵌銘文にも「比垝（彦）」「獲居（別）」などとともに「足尼」とあることから、[25]五世紀代に用いられていたことは確かである。平群木菟宿禰は、孝元天皇記の建内宿禰後裔系譜に平群臣氏や佐和良臣氏らの祖として平群都久宿禰、仁徳天皇紀元年正月己卯条に大鷦鷯尊という名の起源に関わる易名説話に、その相手として平群臣氏の始祖木菟宿禰とみえる。

物部伊莒弗大連は、『新撰姓氏録』右京神別上の依羅連氏条や河内国神別の高橋連氏条に伊己布都大連、山城国神別の巫部連氏条にも伊己布都乃連公、『先代旧事本紀』天孫本紀には物部伊莒弗連公とみえる。『新撰姓氏録』にいう物部連氏の祖神饒速日命の十世孫というのは疑問だが、物部連氏の祖の一人として伝えられた人物とみられる。大連は後の職位を遡及させて記したもので、史料的評価としては平群臣氏の祖の木菟宿禰と同様である。

円大使主については、安康天皇記に、「父の大日下王を殺され、母の長田大郎女を奪われた目弱王（眉輪王）が、敵の安康天皇を殺害して都夫良意富美の家に逃げ入った。これに対して、大長谷王（後の雄略天皇）は軍を出して攻撃したので、都夫良意富美が娘訶良日売と五処屯宅（後の葛城の五村の苑人）を贖罪に差し出し、終には目弱王とともに自害して果てた」と伝えられる。雄略天皇即位前紀にも同類の所伝があり、結末は円大臣・眉輪王・坂合黒彦皇子（雄略天皇の弟）が燔殺されたとある。

円大臣は、雄略天皇紀元年三月是月条には葛城円大臣と記されていることから、葛城氏の首長であったことが分かるが、『公卿補任』の系譜には、武内宿禰―葛城襲津彦―玉田宿禰―円大臣とある。玉田宿禰については、允恭天皇紀五年七月己丑条に、亡き反正天皇のための殯宮大夫に任じられた玉田宿禰が、職務を懈怠し酒宴に耽っていたので誅殺されたと伝えられるが、葛城円大臣滅亡も含め葛城氏衰亡の歴史的背景については先に述べたので割愛する。[26]

目下の課題の葛城ツブラについて、記の「都夫良意富美」、履中天皇紀二年十月条の「円大使主」、雄略天皇即位前紀の「円大臣」、雄略天皇紀元年三月是月条の「葛城円大臣」の四様があり、それぞれ原史料が異なった可能性もあるが、氏の名を記す点で葛城円大臣の表記が最も新しいとみてよい。倭国内で製作された五世紀代の金文からみて、当時は氏の名を冠さないのが一般的であったとみられ、漢字の音を用いた『記』の表記「都夫良意富美」がより原初的であろう。使主は後には渡来系集団のカバネにも用いられるが、オホオミを大臣ではなく大使主と表記するのも原史料の時代性と独自性を示しているとみられる。

こうした点から、履中朝に国事を執ったという四名のうち、円大使主が氏名を欠くことや称号が異質であることなどから、各氏の祖的人物である他の三名より所伝上では原初的であると言えよう。ただし、円大使主が父の玉田宿禰の活躍前の履中朝に執政官に任じられることや、履中朝から雄略天皇即位時まで長期間葛城氏の首長として存在することが出来たのかなど、疑問がないわけではない。

要するに、履中天皇紀二年十月条に見える氏名を冠した三名は、氏族伝承などに基づき後から書き加えられたものである可能性が高いと見られるが、そのことと彼の人物像は別に検討されなければならない。

つまり、蘇賀満智宿禰が履中朝に執政官に任命されたということは定かではなく、蘇我氏の氏族伝承の類によって加上されたのではないかと目されるが、次に引く史料にも名が見えることからすれば満智宿禰そのものは全くの架空の存在でもなかったのではないかと思われる。

それは、王権の祭祀において幣帛や祭料の調製、祭場の設営などのことを担った祭祀氏族である斎部（忌部）広成が、大同二年（八〇七）に撰述した『古語拾遺』に、雄略朝に秦氏が太秦（宇豆麻佐）を賜姓されたことに続けて、次のように記されていることである。

> 更に、大蔵を立てて、蘇我麻智宿禰をして三蔵斎蔵・内蔵・大蔵を検校しめ、秦氏をして其の物を出納せしめ、東西の文氏をして、其の簿を勘へ録さしむ。

忌部氏の氏族誌に蘇我氏や秦氏に関連する所伝が見えることにも留意しなければならないが、王権の収納機関クラが内蔵と大蔵に分立するのは斉明朝頃とみられることから、(27)記事そのままの史実があったとは考えられない。しかし右は、蘇我氏が雄略朝に王権の財政に参与して、そのクラ（倉蔵）のことを管掌したという主張、所伝が存在したことは否定できない。

この他に蘇我氏と王権のクラ、財政との関係を示唆することとしては、欽明天皇記に見える「宗賀之倉王」（母は春日日爪臣の女、糠子郎女）があげられる。彼は、欽明天皇紀二年三月条の「倉皇子」（母は宣化天皇の女の日影皇女）にあてられるが、『出雲国風土記』意宇郡舎人郷（島根県安来市辺り）条には欽明朝に大舎人として供奉したと伝える「倉舎人君等の祖日置臣志毗」が見え、倉舎人君はこの宗賀之倉王（倉皇子）のもとに供奉したと見られることから、その存在は確かである。

舒明天皇即位前紀に、推古天皇没後の新天皇推戴会議に参加した群臣の一人として蘇我倉麻呂臣（馬子の子、更の名は雄当）の名が見える。彼の三人の男子のうち、大化の右大臣が蘇我倉山田石川麻呂であり、天智朝の右大臣の蘇我連子と左大臣の蘇我赤兄は、『公卿補任』には「蔵大臣」とも称されたと記される。

なお、令制前の王権のクラは、国家組織が未熟なため国家経費の収納と支出を扱う財政官司としての機能よりも、貴重品や威信財の調達や収蔵、加工が主であった。故に、天皇の正宮付近に集中していたのではなく、大和や河内の交通の要衝に分散して設置され、各種の手工業製品を加工、生産する工房と工人集団が附属した。(28)五世紀代におけるその実態は、大阪市中央区法円坂の前期難波宮（孝徳朝の難波長柄豊碕宮に比定）の下層から検出された、建物規模が桁行一〇×梁行九メートル前後で平均床面積九二平方メートルという、規格を統一した一六棟（以上）の大型高床倉庫群（五世紀中葉から後半頃）(29)や、紀ノ川河口に位置する和歌山市善明寺の鳴滝遺跡から出土した、整然と建てられた七棟の高床倉庫群（五世紀前半から中頃）(30)などから、窺うことが出来る。

ところで、『古語拾遺』に蘇我氏関連の所伝が載録された背景を考える上で注目されるのが、蘇我氏の本貫に存在する奈良県橿原市曽我遺跡の、大規模な玉作遺構群である。(31) ここでは、曽我玉作遺跡と称するが、その概要を紹介しよう。

曽我玉作遺跡は古墳時代前期の終わり頃（四世紀後半）に始まり、五世紀後半から盛期を迎え大々的な玉の一貫生産が行なわれて六世紀前半まで続くが、それ以降は玉生産が急減し、六世紀後半には終了する。前半は滑石製模造品の生産に中心があり、後半には玉製品の生産を主とするが、滑石製品には勾玉・管玉・小玉・円板・鏡・剣・紡錘車などがあり、玉製品には勾玉・管玉・丸玉・棗玉・小玉などで、その原材料は碧玉・琥珀・緑色凝灰岩・水晶・翡翠・埋木・ガラスなど、多様である。他に、砥石・舞錐・銅製儀鏡・鉱槙・縄蓆文土器・韓式系土器・製塩土器・須恵器・土師器なども出土した。

玉類の出土点数は数十万点・約二千七百キロ（遺跡全体ではその一〇倍以上に及ぶと推定）と大量であること、玉類の種類が多いこと、原材料もきわめて豊富なことなど、他の玉作遺跡では見られない特徴である。原料石材は奈良県に産するものはなく、滑石は和歌山県、碧玉は出雲・山陰地方、緑色凝灰岩は北陸地方、翡翠は新潟県、琥珀は岩手県か千葉県と推定され、大量の石材が遠隔地から運ばれている。

玉作の規模・量ともに最大であること、原料が多様で遠隔地から運ばれていることなどは、曽我玉作遺跡での玉生産に、きわめて意図的で強力な権力が介在していたことを示すものである。曽我玉作遺跡の古代史上の重要性については先に述べたが、(32) 本章と関わって特に注目されるのはその地理的位置である。

すなわち、要点のみを摘記すれば、ここ曽我玉作遺跡の所在地は『紀氏家牒』（逸文）(33) に、

蘇我石河宿祢の家は、大倭国高市県蘇我里なり。故に名を蘇我石河宿祢と云ふ。蘇我臣・川辺臣の祖なり。

とあるように蘇我氏の本貫であり、その北西には延喜式内大社である宗我坐宗我都比古神社が鎮座する。それだけ

写真１　太玉命神社（橿原市忌部町）

でなく、当遺跡の南には忌部氏の祖神を祭る式内名神大社の太玉命神社（橿原市忌部町）が鎮座する。祖神名から忌部氏の前身は王権直属の玉作工人集団であったと目されるが、曽我玉作遺跡の歴史的意味を結論的に記すならば、おそらく忌部氏（前身集団）は蘇我氏の影響、あるいは指揮下で、王権が必要とする各種玉類の製作に従事していたと推考される。また、曽我玉作遺跡での玉生産が急減するのと相前後して王権の神祇政策が転換、祭祀制度が変革され、原初的中央祭祀制度としていわゆる「祭官制」が成立する。[34] 基本的にこれは、継体天皇系王統による新政策と理解されるが、それにともなって王権の卜占集団から中臣連氏、[35] 同じく玉作集団から忌部首氏が祭祀氏族として成立したものと推察されるが、地縁や職掌の上から中臣氏は大連物部氏と、同じく忌部氏は大臣蘇我氏と親密な関係にあり、両者はそれぞれの職掌から対峙する部分もあったと考えられる。

要するに、蘇我氏と忌部首氏は本貫が隣接し、かつ職掌の上でも近しい関係にあったことから、蘇我氏に関する所伝の一部が『古語拾遺』に採録されたものと思われる。

さて、履中天皇紀二年十月条にかかわり、古代史の舞台として磐余（奈良県橿原市香具山の東から桜井市の南部地域）が特別に重要な位置を占めることは、伝説的ではあるが初代天皇神武の和風諡号「神日本磐余彦」や神功皇后の磐余稚桜宮などからも類推可能である。磐余に正宮を営んだという最初の天皇が履中天皇であり、宮号は神功皇后と同じ磐余稚桜宮と伝えられる。

『記』・『紀』によれば履中天皇以降、正宮は磐余（履中天皇）⇩丹比（反正天皇）⇩飛鳥（允恭天皇）⇩石上（安康天皇）⇩泊瀬（雄略天皇）⇩磐余（清寧天皇）⇩飛鳥（顕宗天皇）⇩石上（仁賢天皇）⇩泊瀬（武烈天皇）⇩磐余（継体天皇）へと移動したという。すなわち、反正天皇の丹比柴籬宮（河内国丹比郡／大阪府松原市辺り）を除外すれば、履中天皇から継体天皇まで、磐余に始まり磐余に終わる同型の遷宮が王位継承の順に繰り返されたことになる。あまりにも整合的なことから、このことの信憑性についても検証が必要だが、今は「履中天皇と磐余が五世紀の王統にとって重要な位置を占めていた」と認識されていたことが判ればよい。

古代天皇の宮は単に王の居所であっただけでなく、王家・王統の権力基盤でもあって、即位などで新しい宮に遷った後に旧い宮は廃絶したのではなくて、後裔の王族に家産として伝領され、再びそこが正宮になることもあった。(36)同じ型の遷宮の繰り返しが宮の伝領を表しているかは分明でないが、新しい宮の造営は地域開発を伴う王家の新たな権力基盤の獲得であったことは、上宮王家の斑鳩宮造営などからも明白である。履中天皇が二年十月に磐余に王宮を造営し、翌十一月に磐余池を作ったとあるのは、正にそのことを示している。

第四節　蘇我満智宿禰と蘇我氏渡来人説

ところで、蘇我満智宿禰の「満智（麻智）」という名に関わり、蘇我氏渡来人出自説が主張されているだけでなく、蘇我氏の前史が明瞭でないこともあって影響するところが小さくないので、この問題にも触れておこう。

それはつとに門脇禎二氏(37)の説くところであるが、門脇氏説は次に引く応神天皇紀二十五年条を拠り所とする。

百済の直支王薨りぬ。即ち、子久爾辛、立ちて王と為る。王、年幼し。木満致、国政を執る。王の母と相婬けて、多に無礼す。天皇、聞しめして召す。百済記に云はく、木満致は、是木羅斤資、新羅を討ちし時に、其の国の婦を娶きて、生む所なり。其の父の功を以て、任那に専なり。我が国に来入りて、貴国に往還ふ。制を天朝に承りて、我が政を執る。権重、世に当れり。然るを天朝、其の暴を聞しめして召すといふ。

すなわち「百済の直支王が亡くなり子の久爾辛王が即位した。しかし、幼年であったので木満致が国政を執り、王母と淫らな関係になったので、それを聞いた応神天皇が召した」、と伝えられることに注目し、ここに見える木満致は蘇我満智と名が同じであり、同一人物である可能性が大きいとする。

次に、一一四五年に高麗の金富軾が撰述した朝鮮三国時代の歴史書『三国史記』(38)百済本紀の蓋鹵王二十一年(四七五)条を取り上げる。

汝在此倶死無益也。盍避難以続国系焉。文周乃与木劦満致、祖彌桀取木劦、祖彌皆複姓。隋書以木劦為二姓。未知孰是。南行焉。

つまり、高句麗の攻撃が迫るなか蓋鹵王は子(雄略天皇紀二十一年三月条分註には、母弟と記す)の文周王(汶洲王)に、倶に死亡するのは無益であるから難を避けよと指示し、それにより文周王が「木劦《ママ》満致・祖彌桀取とともに南に行った」とあることに着目する。要するに、彼らの行った南とは、倭国のことであると解する。

その上で、応神天皇紀二十五年を干支三運(一八〇年)繰り下げると四七四年になり、『三国史記』ともほぼ整合するから、木満致は木劦(木刕)満致にあてることができるとする。要するに、百済で失脚した木満致＝木劦満致が南に行き、すなわち倭国に来て蘇我満智になったのである、と主張する。

一見説得的に見えるけれども、応神天皇紀二十五年条の百済の直支王・久爾辛王関連の所伝は、『宋書』武帝紀永初元年(四二〇)七月条などから、従前通り干支二運繰り下げるのが整合的であり、干支三運の繰り下げは恣意的である。また、蘇我満智宿禰が執政官に任じられたという履中朝を四七〇年代まで押し下げることも困難であり、木劦

満致＝木満致＝蘇我満智説、あるいは木劦満致＝蘇我満智説は成り立ち難いと考えられる。(39)

もし木劦（木刕）満致＝蘇我満智であったなら百済の木劦（木刕）氏と蘇我氏は同族となるから、継体天皇紀十年（五一六）五月条に倭国から派遣された物部連（物部至至連）らを己汶に迎えねぎらったとある百済の使者「前部木刕不麻甲背」、欽明天皇紀十五年（五五四）正月甲午条に筑紫に派遣されたと見える百済の使者「中部木刕施徳文次」らについて、蘇我氏との交渉や関連が記されていても不思議でないが、そうした記載が見えないことも否定的な材料である。

このように蘇我氏渡来人出自説は認め難いけれども、論拠である「満智（麻智）」という名については否定説でも触れられないので、その説得力が十全ではない。そこで否定説の傍証として、それが倭国の古語で説明が可能なことを示しておくが、この部分は第五章の一部とも内容が重複することを諒とされたい。

まず、「マチ（町）」という古語については、九三〇年頃に源順が編纂した百科辞書『倭名類聚抄』巻一田園類第七に「町…〈和名末知〉田区也」とあることから、田の区画と解するのが一般的である。また『播磨国風土記』讃容郡の郡首条に、稲種を播種する際に鹿の供犠祭祀を行なった賛用都比売命（玉津日女命）の遺蹤として、「今も讃容の町田あり」と伝えることから、それが農耕祭儀に関わる神聖な田であったことが分かる。

さらにそれが、単に「鹿の肩甲骨を用いた鹿卜を行なって豊穣を祈願した水田」(40)ということではなく、渦巻状もしくは同心円紋状に稲が植えられた水田と解するべきことは、次の『新撰姓氏録』の所伝から明らかである。

まず『新撰姓氏録』左京神別下には、

額田部湯坐連

天津彦根命の子、明立天御影命の後なり。允恭天皇の御世に、薩摩国に遣されて、隼人を平けて、復奏しし日に、御馬一疋を献りけるに、額に町形の廻毛の有り。天皇嘉ばせたまひて、姓を額田部と賜ふなり。

とある。額田部湯坐連氏が、薩摩の隼人を平定した際に入手した馬を允恭天皇に献上した。天皇は、馬の額に「町形の廻毛」があったことを喜び褒めて、額田部を賜姓したという。令制前の薩摩・大隅地域は日向国の領域で薩摩の分立は大宝二年頃であるから、ここに薩摩国とあるのは後の知識に基づく表記であろうが、ここで重要なのは馬額の「町形の廻毛」である。

さらに、同じく大和国神別にも、

額田部河田連

同じき神の三世孫、意富伊我都命の後なり。允恭天皇の御世に、額田馬を献りけるに、天皇、勅したまはく、此の馬、額は田町如せりと。仍りて姓を額田連と賜ひき。

とある。馬額の「田町如」すという特徴が、先の「町形の廻毛」と同じことを意味しているとみてよい。允恭天皇の代に右のことが実際にあったか確かめる術はないが、注目されるのは額田馬（隼人馬）の額には特徴的な旋毛状の渦巻紋様があったということであり、これを『播磨国風土記』讃容郡の郡首条にみえる「町田」に敷衍すれば、それは同心円紋（渦巻紋）状に稲が植えられた水田「車田」のことと解される。[41]

すなわち、町（マチ）は本来、一般的な田の区画をさす言葉ではなく、同心円紋状に稲苗を植えられ、儀礼的、宗教的に特定された水田を意味していた。祭儀に関わる宗教的区画を意味する町という語で想起されるのは、呪術的な卜占法である骨卜・亀卜における町である。動物の肩甲骨や亀甲を焼灼して生じる卜字状の裂け目をみて吉凶を判断し、神意の在る所を知ろうとする骨卜・亀卜を行なう際に、甲・骨に裂け目を生じやすくするため平面状に整形したうえ、さらに焼灼穴の鑽をつくった。[42]つまり、骨卜や亀卜を行なう際、速やかに卜が現れるように鹿の肩甲骨や海亀の甲羅に焼灼孔の鑽を穿つが、[43]これを町といった。

左大臣藤原頼長の『台記別記』に引く「中臣壽詞」は一一四一年に即位した近衛天皇の大嘗祭に大中臣清親がとな

えたものだが、そのなかに「…天つ詔との太詔と言を以て告れ。かく告らば、麻知は弱韮にゆつ五百篁生ひ出でむ。…」とある「麻知」が、骨卜・亀卜のそれに通じることは早くに指摘がある。[44]

奥書にいう天長七年（八三〇）の卜部遠継の奏上は疑問とされているが、[45] 亀卜の秘伝を記した『新撰亀相記』にも町の語が見える。鎌倉時代末期に編纂された『釈日本紀』（卜部兼方）巻五も、「亀兆伝曰」としてほぼ同文を載せて、「先師説云、太占読太町、拠甲穴体者也」と記している。

加えて、『延喜式神名帳』京中坐神三座のなかの左京二條坐二座の太詔戸命神・久慈真智命神は、六月・十二月の一日から九日の御体御卜の際に祭られる卜庭神祭二座にあたる。この久慈真智命神は、大和国十市郡鎮座の式内大社、天香山坐櫛真命神社（橿原市南浦町）の櫛真命神と同じ神とみられるが、天平二年（七三〇）の『大倭国大税帳』[46] には久志麻知神とみえる。これに関わり、神代記の天石屋戸神話では、天香山の真男鹿の肩骨を用いて鹿卜を行なったとあり、香具山に鎮座する久慈真智命神（久志麻知神）が鹿卜に関わる神であったことも知られる。

これを要するに、マチという古語には、渦巻紋様で表示された祭儀に関わる宗教的区画・神意が宿り現れる神聖な場所、という意味があった。蘇我満智（麻智）という名についても、百済の人物に結びつけなくても、こうした視点から理解することも可能である。祭祀氏族である忌部氏の氏族誌『古語拾遺』に蘇我麻智宿禰の事績が記されるのも、その名に関わっていると推察することも出来よう。

第五節　蘇我韓子宿禰と騎馬戦

雄略天皇紀九年（四六五）三月から五月条にかけて、新羅征討記事に蘇我韓子宿禰が登場する。それは雄略天皇七年以来の吉備氏や高句麗などが絡んだ外交問題の顛末でもあり、五世紀の蘇我氏の実態、前史を考える上で看過できない問題を含んでいると考えられる。ただ、関連記事全文の引用は紙幅の都合もあるので、その概要を記そう。

・七年是歳…吉備上道臣田狭は任那の国司として派遣されたが、その間隙に妻の稚媛（葛城玉田宿禰の娘の毛媛）を天皇に奪取されたことを恨み、新羅と通じた。この時、新羅は未だ倭国に朝貢していなかった。天皇は田狭の子の弟君と吉備海部直赤尾に新羅を討つように命じた。しかし、弟君も田狭と意を通じ、天皇に叛意を示した。弟君の妻樟媛が夫を殺し、吉備海部直赤尾とともに手末才技（新漢人）を連れて帰国した。

・八年二月…身狭村主青と桧隈民使博徳を呉国（中国南朝の宋）に派遣したが、新羅からの朝貢は天皇即位以来行なわれず、高句麗と好を結び、高句麗王は兵士百人を派遣して新羅を守らせた。帰国する高句麗兵の会話から、高句麗の真意が新羅を襲うことにあることを知った新羅王は国人に「人、家内に養ふ鶏の雄者を殺せ」と命じて、国内の高句麗兵を皆殺しにした。それを知った高句麗は新羅を逆襲し、新羅王は任那王に救援を求めたので、任那王は、膳臣斑鳩・吉備臣小梨・難波吉士赤目子を派遣した。彼らは地下道を掘り、歩兵と騎兵で挟み撃ちにして高句麗軍を破った。これ以来、新羅と高句麗は不和となった。

・九年三月…天皇が自ら新羅に出征しようとしたが、神の託宣により行かなかったので、紀小弓宿禰・蘇我韓子宿禰・大伴談連（室屋大連の子）・小鹿火宿禰に征討を命じた。紀小弓宿禰は大伴室屋大連を介し願い出て、吉備上道采女大海を賜わって出征した。しかし、大伴談連・紀岡前来目連は戦死し、両軍は間もなく退却するが、大将軍の紀小弓宿禰は病死した。

・九年五月…紀小弓宿禰の死去を知った子の紀大磐宿禰は新羅に赴き、小鹿火宿禰軍を独自に指揮した。それを恨んだ小鹿火宿禰は、紀大磐宿禰が「我、当に復韓子宿禰の掌れる官を執るらむこと久にあらじ」と語ったという虚言で韓子宿禰をそそのかしたので、両者は不仲になった。百済王はこれを見抜いて二人を招いたが、途中で韓子宿禰が大磐宿禰の鞍を射たが、反対に大磐宿禰から射落されて死亡した。吉備上道采女大海は帰国し、大伴室屋大連のはからいで夫紀小弓宿禰の墓を田身輪邑（和泉国日根郡淡輪）に築いた。紀小弓宿禰の喪に従って帰国した小鹿火宿禰は、八咫鏡を大伴大連に奉納して角国（周防国都濃郡）に留まり、角臣（紀臣氏同族）の祖となった。記事は紀氏や吉備氏系の所伝を核にして編まれていると思われるが、いずれも説話的記述が多く、事実関係の確定が困難な部分もある。

右の所伝について岸俊男氏(47)は、九年三月は「日本側の物語で史実性に乏しく、……そのままでは史実と認め難い」と説くが、紀氏が王権と朝鮮半島地域の交渉に深く関与していたことまで否定するのものではなく、ともに船運巧みな紀氏と吉備氏が朝鮮半島地域の交渉において連携関係にあったと見られることも、高く評価する。

また、三品彰英氏(48)は、「雄略天皇紀七年是歳条の吉備田狭関連の記事は、欽明天皇紀元年〜六年条と大要が一致するから、欽明天皇紀の史実に照応する伝説化された日本側の所伝であった」と述べ、信憑性に疑問があるとする。一方で、同紀八年二月条は「朝鮮側の文献を主として利用したらしい節々が多く、史実に近い所伝である」とする。ただ、たとえ伝説化した所伝であったとしても、八〇年も紀年を繰り上げるほどに、その所伝の時代背景が不確かなものであったとは思われない。

山尾幸久氏(49)は、雄略天皇紀二十三年（四七九）是歳条に、「筑紫の安致臣・馬飼臣等、船師を率ゐて高麗を撃つ」とあることに関わり、雄略天皇紀八年二月条を敷衍すれば「新羅駐屯の高句麗軍に組織された新羅兵への攻撃」と位置づけ、一定の事実を読み取ることは可能とする。

雄略天皇紀二十三年是歳条については馬匹文化と関わり第五章で触れるが、右の記事三条から細かな史実を確定することは出来ないものの、四六〇年代の倭国の外交に関して、以下の要点を抽出することは可能であろう。

①吉備上道臣田狭・吉備上道采女大海・吉備臣小梨・吉備海部直赤尾など、吉備の豪族や海部が多く登場する。次に、紀小弓宿禰・紀大磐宿禰・小鹿火宿禰ら紀氏とその同族、大伴談連らの出征、大伴室屋大連の関与については、強ち疑うべき理由はない。紀岡前来目連や蘇我韓子宿禰は、前者の人物群に比べて孤立的であるが、それだ

写真２　宗我坐宗我都彦神社（橿原市曽我町）

けに作偽性が乏しいと思われる。
②呉国（中国南朝の宋）への遣使と、対高句麗・新羅政策の関連が示唆されている。
③新羅は、高句麗の掣肘から離れようとしていた。
④任那が絡んでいるが、任那には膳臣斑鳩・吉備臣小梨・難波吉士赤目子ら倭国から派遣された集団が駐留し、彼らは任那王の指揮下にあった。
⑤倭国からの派遣集団は必ずしも一枚岩で纏まっていたのではなく、紀大磐宿禰と小鹿火宿禰は同族でありながら不仲であり、蘇我韓子宿禰と紀大磐宿禰も対立していた。さらに、吉備上道臣田狭も天皇を快く思っていなかった。
加えるに、雄略天皇紀九年三月条の出来事は、『三国史記』新羅本紀慈悲麻立干五年（四六二）五月条に「倭人襲破活開城、虜人一千而去。」とあることや、同六年二月条に「倭侵歃良城（慶尚北道梁山）、不克而去。…」とあることに対応することから、右記の概要はほぼ認められる。(50)

要するに、倭国の中国南朝・宋との交渉にも関わり、新羅が高句麗の掣肘から離れようとする動きに連動して派遣された、吉備（上道）氏・紀氏・大伴氏らを核に編成された大和王権の新羅遠征軍に、蘇我韓子宿禰に代表される集団も含まれていたことは間違いと考えられる。

蘇我氏については五世紀代の数少ない記事であり、この時期の蘇我氏について考察する上で貴重である。蘇我氏が、吉備氏や紀氏らとともに朝鮮半島に出兵する、軍事的集団でもあったことが垣間見られるが、未だ紀氏や吉備氏らよりも上位の存在とは描かれていない。おそらくは、五世紀の王権を主導した葛城氏政権を構成する、有力成員の一人に留まっていたものと推察される。

右の蘇我韓子宿禰関連の所伝で注目されるのは、彼が騎馬で戦っていることである。これは蘇我氏が早くから馬を導入していた可能性を示すものであり、後述するように馬匹文化との関連も留意しなければならない。その際に注目されるのが、蘇我氏の本貫で式内大社の宗我坐宗我都比古神社も鎮座する、大和国高市郡蘇我里（橿原市曽我町）にある南曽我遺跡である。近接して、北には古墳時代前期末〜後期の大規模な玉作遺跡として知られる橿原市曽我遺跡や式内名神大社の太玉命神社が存在し、祭祀氏族である忌部氏の本貫（橿原市忌部町）に近接することは先に触れた。

特に、第五章で詳述するが、南曽我遺跡から五世紀後半〜末頃の馬墓が検出されていることは、[51] 蘇我韓子宿禰が騎馬戦で活躍したと伝えられるのとほぼ時期が重なるだけに、看過できない。馬墓をはじめ蘇我氏と馬匹文化の関連については、韓子の子の高麗（駒でもある）や高麗の孫の馬子などの名についても考慮しなければならない。そのことは、第五章における「日向の駒」の歌謡についての考察から一層明瞭となるが、それは額田部皇女（推古天皇）や廏戸皇子（聖徳太子）ら、蘇我氏系王族においても然りである。蘇我氏が早くに先進の馬匹文化を吸収していたことは、蘇我氏の特徴として重視される必要がある。

第六節　蘇我氏最初の大臣・蘇我稲目宿禰

履中天皇紀二年十月条の蘇賀満智宿禰による「執国事」の史実関係を確かめることは困難だが、雄略天皇紀九年三月条の蘇我韓子宿禰の新羅出兵についていては、橿原市南曽我遺跡から当該期の馬墓が検出されていること、『三国史記』の所伝とも照応することなどから、その可能性については概ね認めることが出来よう。

次いで史上に登場する蘇我氏の人物は、韓子宿禰の孫という稲目宿禰である。稲目宿禰からはその存在に疑問を挟む研究者はいないが、蘇我氏で最初の大臣＝執政官への任命であり、宣化天皇紀は次のように記している。

元年春正月に、都を桧隈の廬入野に遷す。因りて宮号とす。

二月壬申朔に、大伴金村大連を以て大連とし、物部麁鹿火大連をもて大連とすること、並に故の如し。又蘇我稲目宿禰を以て大臣とす。阿倍大麻呂臣をもて大夫とす。

『紀』が大臣や大連の任命記事で「並に故の如し」と記すのは再任を意味するが、稲目宿禰についてはそうした記述がないから大臣初任である。次の欽明天皇即位前紀が、その傍証となろう。

冬十二月庚辰朔甲申、天国排開広庭皇子、即天皇位す。時に年若干。皇后を尊びて皇太后と曰す。大伴金村大連・物部尾輿大連をもて大連とし、蘇我稲目宿禰大臣を大臣とすること、並に故の如し。

右の蘇我稲目の大臣任命についても肯定的に捉えられるが、皇后・皇太后は後の知識に基づく文飾である。欽明朝の執政官が宣化朝のそれの再任であることは、安閑・宣化天皇と欽明天皇の対立・王権の混乱（辛亥の変）を想定する立場には不利であろう。それよりも問題は、蘇我稲目が何の前ぶれもなく、唐突に宣化朝に大臣に任じられたように見えることである。

しかし、蘇我氏自身はもちろん、任命権者である宣化天皇や有力な王権成員（群臣）らには、稲目宿禰の大臣任命に相当の根拠・理由があったに違いない。稲目宿禰の大臣任命が唐突であるとの感を禁じ得なかったのは、蘇我氏の前史が明瞭でなかったからである。先に満智宿禰や韓子宿禰から五世紀代の蘇我氏像について素描を試みたが、それが大きく的を外れていないならば、蘇我氏の台頭が突然のことではなかったと理解されよう。

蘇我氏が強力な権力基盤を形成することが出来た理由として、従前は朝廷のクラ（財政権）の管轄や渡来系集団を掌握して先進文物を優先的に受容したことなどが注目されてきたが、おそらくこれらは副次的な要因であり、主な要因は大臣に任命されたところにこそ存在するのではないか、と考える。

そこで、執政官（大臣）関連の所伝を少し遡って概観してみよう。

伝説に覆われた武内宿禰（建内宿禰）のことは定かでないのでここでは除外して、履中天皇紀二年十月条に葛城円大使主が平群木菟宿禰・蘇賀満智宿禰・物部伊莒弗大連らと共に国事を執ったとあることが最初の具体的な記事といえる。この所伝については先に検討したのでそれに譲るが、葛城円大使主（円大臣）は履中朝から允恭・反正・安康天皇とほぼ半世紀間もその職位にあったことになる。ただし、その職位に関わる具体的な記述はなく、具体像は明らかでない。

『記』・『紀』によれば、葛城氏は円大臣（都夫良意富美）の時に、大草香皇子（大日下王）の遺児である眉輪王（目弱王）の変に関わり、即位前の雄略に燔殺されて衰亡したと伝えられる。彼の後、雄略朝の執政官は、『紀』によれば平群真鳥大臣・大伴室屋大連・物部目大連の三名で、ともに初任であったとみられる。

次の清寧朝では、平群真鳥大臣・大伴室屋大連が「並に故の如し」と再任であり、続く顕宗・仁賢朝には関連の記事がない。ところが、武烈天皇即位前紀には仁賢天皇が亡くなった十一年八月のこととして、唐突に大臣平群真鳥と見えるから、仁賢朝にも平群真鳥が大臣であったと位置づけていたようである。同様に、平群真鳥の子の鮪と即位前の武烈が奪い合ったという影媛の父を、物部麁鹿火大連と記しているが、物部麁鹿火についても大連任命の記事はない。なお、『記』では、平群志毘臣が争う相手は即位前の袁祁命（顕宗）であり、女性の名も菟田首大魚とあって、平群真鳥大臣や物部麁鹿火大連のことは見えない。

さらに『紀』では、武烈天皇即位前紀に大伴金村（室屋の孫、談の子）の大連任命記事が見えるにもかかわらず、同三年十一月条には大伴室屋大連も詔を受けて水派邑（大和国広瀬郡城戸郷／奈良県北葛城郡広陵町の南部）[52]に城を作ったとあるから、祖父・大伴室屋と孫・大伴金村が武烈朝に同時に大連であったという、やや整合的でない状況が窺われる。このように、五世紀代の執政官関連記事には信憑性に少なくない問題があり、大臣・大連の制が確かに成立していたかについても史料上、断定できる状況にない。

継体天皇紀元年二月甲午条には、即位記事に続いて次の執政官任命記事が載る。

大伴金村大連を以て大連とし、許勢男人大臣をもて大臣とし、物部麁鹿火大連をもて大連とすること、並に故の如し。

いずれも再任であるが、大伴金村は先述のように武烈天皇即位前紀に大連任命を記し、欽明朝までその職位にあった。物部麁鹿火も武烈天皇紀に任命記事はないが、平群臣鮪の事件に影媛の父として「物部麁鹿火大連」と見え、宣化朝まで大連の職位にあった。許勢（巨勢）男人は平群真鳥大臣の後任ということであろうが、彼の大臣就任については疑義が唱えられている。

すなわち、継体朝における許勢男人の大臣就任が『記』には見えないこと、とくに問題とされるのが、孝元天皇記の建内宿禰後裔系譜に許勢小柄宿禰の後裔氏族として見える雀部臣（朝臣）氏が提出した、世系修訂の要求と政府の対処を記した『続日本紀』天平勝宝三年（七五一）二月己卯条の内容であり、少し長いが次に引く。

典膳正六位下雀部朝臣真人ら言さく、「磐余玉穂宮・勾金椅宮に御宇しし天皇の御世に、雀部朝臣男人、大臣として供奉りき。而れども誤りて巨勢男人大臣と記せり。真人らが先祖、巨勢男柄宿禰が男三人有り。星川建日子は雀部朝臣らが祖なり。伊刀宿禰は軽部朝臣らが祖なり。乎利宿禰は巨勢朝臣らが祖なり。浄御原朝庭、八姓を定めたまへる時に、雀部朝臣の姓を賜はりき。然れば、巨勢・雀部、元同祖なりと雖も、姓を別ちて後、大臣に任せらる。今の聖運に当りて、改め正すこと得ずは、遂に骨名の緒を絶ちて、永く源無き氏と為らむ。望み請はくは、巨勢大臣を改めて、雀部大臣として、名を長き代に流へ、栄を後胤に示さむことを」とまうす。大納言従二位巨勢朝臣奈弖麿も亦、その事を証明にす。是に治部に下知して、請に依りて改め正さしむ。

要するに、継体天皇（磐余玉穂宮）と安閑天皇（勾金椅宮）の代に大臣であった巨勢男人という氏名は誤りで、巨勢男柄宿禰の裔として同祖だが実は「雀部男人」であったという主張であり、巨勢氏の氏上であったとみられる大納言従二位巨勢朝臣奈弖麿もこれを認めたという。

このことから、巨勢（許勢）男人の大臣就任自体が疑問であり、右は許勢臣氏が祖先伝承を飾るために造作した伝承に過ぎない、とみなす論もある。具体的には、許勢臣氏は建内宿禰の後裔氏族に組み込まれた段階で、その子孫に相応しい執政氏族に自氏を位置付けるため、もしくは蘇我氏への対抗意識から、大臣就任の祖先伝承を作り上げたのである。ただ、一族の祖に大臣に仮託できる適当な人物がいなかったため、同族の雀部臣男人を許勢臣氏の大臣に振り当てたのである、と説く。[53]

しかし、許勢臣氏に適当な人物がいないなら、その人物までも造作すればよいわけで、そうすれば雀部臣氏の祖を振り当てなくても済み、異論の出される恐れもない。また、同族とはいっても分氏した他氏の祖を自氏の祖に取り込むことが許されたのであろうか。大臣任命記事を造作したとして、他の氏族はそれを問題なく容認したのかなど、疑問が少なくない。

要するに、許勢臣氏が男人の大臣就任の所伝を思うように創作し、『紀』に載録されることが可能であったとは考えられない。雀部朝臣（雀部臣）氏には右の主張に根拠があったのだろうが、今では詳らかではない。『紀』では許勢男人大臣は継体天皇二十三年（五二九）九月に亡くなったとあるが、『続紀』では雀部男人は継体・安閑朝に亘り大臣であったとあるから、明らかに依拠する史料が異なったことを思わせる。

ここで留意されるのは、雀部朝臣氏の異論が継体朝の大臣許勢男人に対して唱えられていることであり、氏の名に対する異論という点を敷衍すれば、巨勢男柄（許勢小柄）宿禰を祖とする集団が巨勢・雀部・軽部の三氏に分立した（氏の名が確定した）のがこの時である、という認識の存在が想定される。こうした氏族の範囲と氏の名の確定は巨勢男柄宿禰後裔集団だけでなく、王権全体に押し広げてのことであったと考えられ、継体天皇系王統・王権による新たな施策の一環であったと考えられる。何れにしても、ここでは巨勢臣氏や雀部臣氏の直接的な祖である「男人」が、継体朝に大臣に任命されたことまでを否定しているのではない。

なお、継体天皇記に許勢男人の大臣任命が見えないのは、同記が「大伴之金村連」と記していることからも分かるように、『記』は大臣・大連任命のことに意を払っているわけではなく、史書の性格や依拠した原史料の相異によると思われる。

このように、『記』・『紀』などにおいても、継体朝ごろまでの大臣・大連の任命記事は、必ずしも整合的でない。こうした中、大臣職が葛城氏→平群氏→許勢氏（もしくは雀部氏）→蘇我氏と継承されたという所伝（主張）が存在したことは間違いなかろう。今はこれを、どのように理解するかということである。

多分これは、五世紀の仁徳天皇系から六世紀の継体天皇系への王統の交替、ならびに五世紀の王権を主導した葛城氏の滅亡などに連動したことではなかったかと考えられる。そのことに外交問題も考慮しなければならないが、今は五世紀から六世紀への内政変遷を単純化して推測を交えて記すならば、葛城氏の滅亡後は、葛城氏政権の有力成員であった集団の序列にしたがって平群氏が執政官（大臣）に就任して政権の継承がはかられた。しかし、王家と平群氏（真鳥・鮪父子）の間に軋轢が生じて平群氏がその地位を失い、程なくして武烈天皇も亡くなり王権崩壊の危機に陥った。そこで、王家直属の臣僚である大伴金村・物部麁鹿火と、葛城氏政権で平群氏に次ぐ地位にあった許勢男人らが中心となり、王権・王家の再構がはかられ、新たに応神天皇五世孫の男大迹王が迎えられ継体天皇として即位するとともに、許勢氏らの祖である男人が大臣に任命された、と推考される。ただし、それは一代で終わった。

おそらく安閑朝の執政官は大臣を欠き、大伴金村・物部麁鹿火の大連だけであったとみられるが、次の宣化朝になって葛城氏の政治的地位（執政官）の継承者として蘇我氏が王権内で公認され、稲目が大臣に任命された。孝元天皇記の建内宿禰後裔系譜記事で、平群氏・許勢氏・蘇我氏らが葛城氏と同族とされていることは広く知られるが、稲目が葛城氏の政治的地位の継承者と認められた理由は、平群氏や許勢氏の大臣歴任から類推して、葛城氏政権において蘇我氏も有力成員であったことが一番の理由であろう。葛城氏の政治的地位は、有力成員であった平群氏や許勢氏に継承されたけれども、いずれも一代限りで継続されず、蘇我氏に継承されたのである。五世紀の蘇我氏（前身集団）は大王に臣従していなかった最有力の豪族で蘇我稲目の大臣任命はその懐柔策とみるむきもあるが[54]、蘇我氏は五世紀からすでに王権内の存在であったと見るべきであろう。蘇我稲目の大臣任命は、蘇我氏が「王権の執政官を歴任した葛城氏の政治的地位の継承者」として王権内部で認知されたことを意味する。

ただ、宣化天皇紀元年二月壬申朔条をみる限り、この段階で稲目の地位は大伴金村と物部麁鹿火に次ぐ執政官の次々席であり、単独で王権を揺るがすほどの権力を掌握していたわけではない。蘇我氏も、平群氏や許勢氏のようにそれが一代で終わる可能性がなかったわけではなかろう。そうならなかったのは、稲目が娘の堅塩媛や小姉君を入内させ、王家と姻戚関係を結ぶことの出来たことが大きく影響したと考えられる。

ちなみに、『記』において大臣とあるのは建内宿禰大臣・物部大前小前宿禰大臣・宗賀稲目宿禰大臣の僅か三名である。履中天皇記には、墨江中王の変に関わり隼人曾婆訶理に大臣任命を約して王を殺害させたとあるが、正式に任命したわけではない。また、三名はいずれも「宿禰大臣」とあることも留意され、それが特別な呼称として認識されていたことを示している。また、大連は物部荒甲大連のみである。

第七節　葛城氏から蘇我氏へ

宣化朝になって、蘇我氏は葛城氏の後継者として王権内で認められたけれども、当初から葛城氏の旧権益を順調に継承できたわけではなかったようである。推古天皇紀三十二年（六二四）十月癸卯朔条は周知の所伝であるが、王家の所領である葛城県の割譲をめぐり、推古天皇と大臣蘇我馬子の間に次のような遣り取りがあったと伝えられる。

すなわち、蘇我大臣が阿曇連と阿倍臣摩侶を派遣して、「葛城県は、元臣が本居なり。故、其の県に因りて姓名を為せり。是を以て、冀はくは、常に其の県を得りて、臣が封県とせむと欲ふ」と求めた。それに対して推古天皇は、「今朕は蘇何より出でたり。大臣は亦朕が舅たり。故、大臣の言をば、夜に言さば夜も明さず、日に言さば日も晩さず、何の辞をか用ゐざらむ。然るに今朕が世にして、頓に是の県を失ひてば、後の君の曰はまく、『愚に癡しく婦人、天下に臨みて頓に其の県を亡せり』とのたまはむ。豈独り朕不賢のみならむや。大臣も不忠くなりなむ。是後の葉の悪しき名ならむ」と語り、認めなかった、という。

両者の間にこうした会話が実際に交わされたか否か確かめ難いけれども、蘇我馬子による葛城県の割譲要求は、蘇我氏が葛城氏の旧権益の継承にいかに拘っていたかを如実に物語っている。なお、葛城県の現地比定と歴史的変遷については第四章「蘇我氏と葛城県」で詳述する。

しかしながら、次に引く皇極天皇紀元年（六四二）是歳条からは、蘇我氏はその目論見をほぼ実現していることが読み取れる。

蘇我大臣蝦夷、己が祖廟を葛城の高宮に立てて、八佾の儛をす。遂に歌を作りて曰はく、

大和の　忍の広瀬を　渡らむと　足結手作り　腰作らふも

又尽に国挙る民、幷て百八十部曲を発して、預め双墓を今来に造る。一つをば大陵と曰ふ。大臣の墓とす。一つ

をば小陵と曰ふ。望はくは死りて後に、人を労らしむること勿。更に悉に上宮の乳部の民を聚めて、乳部、此をば美父といふ。塋兆所に使役ふ。是に、上宮大娘姫王、発憤りて嘆きて曰く、「蘇我臣、専国の政を擅にして、多に行無礼す。天に二つの日無く、国に二の王無し。何に由りてか意の任に悉に封せる民を役ふ」といふ。玆より恨を結びて、遂に倶に亡されぬ。

要するに、蘇我蝦夷が、武内（建内）宿禰を祀ったと目される祖廟を葛城氏の本拠であった「葛城高宮」（大和国葛上郡高宮郷／奈良県御所市鴨神・西佐味・高天・伏見の辺）[55]に建て、さらに蝦夷・入鹿父子の寿墓として双墓を「今来」に造営したことは、「葛城県」を除き、蘇我氏が葛城氏の旧領をはじめとする旧権益の大部分を継承していたことを示している。[56]蘇我馬子や蝦夷が「葛城」に強く執着したのは、蘇我氏の大臣就任そのものが葛城氏の政治的地位の継承であったからに他ならない。

蘇我氏がこれほどまでに強く「葛城」に拘ったのには、それなりの根拠と理由があったに違いない。それは、蘇我氏は葛城氏政権の成員筆頭の地位にあったわけではないけれども、その政権内で一定の地位と役割を占めていたこと、滅亡後も葛城氏に対する名族意識が王権内に根強く存在したこと、などにあると思われる。

第八節　蘇我氏と皇極天皇の即位

蘇我蝦夷・入鹿による葛城氏の旧権益継承を、皇極天皇即位の事情から窺って見よう。

大化前代の天皇位は、終身が原則であった。崇峻天皇殺害という未曽有の事変の後に即位した最初の女帝推古は、在位三十七年、七十五歳と思いのほか長命だったため、後継に予定されていた廏戸皇子が先に亡くなり、王位は二世王（天皇の孫）にめぐって来た。推古天皇の遺詔が後継について明確でなかったこともあり、敏達天皇の孫の田村皇子と廏戸皇子の子の山背大兄王が王位を争うことになった。結局、田村皇子を支持した蘇我蝦夷が、反対する叔父の境部臣摩理勢と山背大兄王の異母弟泊瀬王を排除したことで、田村皇子が舒明天皇として即位する。蘇我蝦夷が彼を支持したのは、皇子が蝦夷の姉妹法提郎媛との間にもうけた古人大兄皇子を、次の天皇に期待したからである。

舒明天皇の父は押坂彦人大兄皇子、母は異母妹糠手姫皇女（またの名は田村皇女／宝王）であるが、彼女は王統に占める重要な位置と飛鳥嶋宮に住んだことから歿後に嶋皇祖母命（天智天皇紀三年六月条）とも称された。舒明天皇の幼名「田村」は母から継承したものである。

当時、大后は王族出身者であることが不可欠で、舒明天皇は姪（敏達天皇の三世王）の宝皇女を大后とし、葛城皇子（中大兄皇子／天智天皇）・間人皇女・大海人皇子（天武天皇）をもうけた。宝皇女は舒明天皇の歿後に、王位継承をめぐる表立った闘争があったようには思われないにも拘らず、史上二人目の女帝皇極として即位する。この即位自身謎に包まれているが、乙巳の政変で蘇我氏本宗家が滅ぼされると、史上初めて譲位した。この事も画期的であるが、その後は弟の軽皇子が孝徳天皇として即位する。弟の孝徳天皇が歿すると斉明天皇として再び即位（重祚）するが、これも史上初めてのことであり、異例づくめの女帝であった。王位に関わる慣習を打破した女性であり、女帝だから為し得たとも言えようが、古代史上の重要性は言うまでもない。ここでは彼女の即位事情を、蘇我氏との関連から考察しよう。

そこでまず、その略歴を辿れば、宝皇女は最初、用明天皇の孫の高向王と婚し漢皇子をもうけたが、彼らのことはよく分らない。その後、彼女は叔父の田村皇子と再婚するが、再婚の三世女王が二世王の夫の即位にともない立后、さらには二度も即位するのは極めて特異なことであるが、その出発点は田村皇子との再婚にある。

舒明天皇が歿した時（六四一）に、中大兄皇子は一六歳であったから推古天皇三十四年（六二六）の誕生で、宝皇女が田村皇子と再婚したのは推古天皇三十二、三年頃のことであろう。この時、宝皇女はすでに三十歳を過ぎていたと思われるが、田村皇子はその前に蘇我馬子の娘の法提郎媛を入れて古人大兄皇子を儲け、時期は定かでないが敏達天皇と推古天皇の間に生まれた田眼皇女を入れ、また吉備の蚊屋采女との間には蚊屋皇子を儲けている。

推古天皇三十年（六二二）二月には後継と目された廏戸皇子が亡くなり、中大兄皇子が誕生した推古天皇三十四年は蘇我馬子が歿し、推古天皇もその二年後に亡くなった。三十歳を過ぎた宝皇女が田村皇子と再婚したのは、王権内で推古天皇の後継が現実問題として浮上し、強く意識され始めた頃であろう。王位を継承するには、王家内での地位はもちろん人格や統治能力など群臣の支持を得る要件の他に、大后に相応しい王族出身のキサキの存在が不可欠であった。

すなわち、王位継承者として有望視される田村皇子に大后の候補者がいないとなれば、その立場が不利になることは瞭然である。そこで将来の大后候補者として白羽の矢が立ったのが、再婚ではあるが姪の宝皇女であったとみられる。

弟の軽皇子は、姉の宝皇女の立后で三世王から一世王の扱いに王族身分が上昇したものの、王家内での立場も弱く王族出身のキサキもいなかった。ところが、乙巳の変で姉から突然位を譲られて即位することになった。そこで王族出身大后の慣例に倣い、即位が予定されると同時に急いで迎え入れ、大后に立てたのが未だ十歳代後半の姪、間人皇女であった。これには間人皇女の母皇極女帝の意志が強く働いていたと思われるが、間人皇女を大后とすることが軽皇子即位の条件の一つではなかったかとも考えられる。間人皇女の立后事情は母と酷似しているが、そこに当事者の意志が入る余地はなく、二人の間に子供を儲けることなく終わった。

このように、皇極天皇には自身の属する王統（血脈）への強い執着が見てとれる。舒明天皇が亡くなった後は、時の王家内の序列に従えば蘇我氏系の古人大兄皇子が即位するのが順当であったと思われる。しかし、先の大后としてそれを阻止し、敏達天皇系の王統継承を目指して自ら即位したのではないかと推察される。もちろん、そのことと引き換えに、蘇我氏には葛城県を除く葛城氏旧権益の継承を認めたものと思われる。そのことが、皇極天皇即位とともに行なわれた、蘇我蝦夷らによる葛城高宮への祖廟と今来への双墓の造立に代表される事業に現れていると理解される。これは、蘇我氏が葛城氏旧権益を継承したことを示す、象徴的営為であった。

このように、蘇我氏による葛城氏旧権益の継承承認と、非蘇我氏系の女帝皇極の即位は、時の王権内の権力均衡として相互に連環する事柄であり、蘇我氏・蘇我氏系王族と、蘇我氏とは疎遠な敏達天皇系後裔王族の、政治的妥協の産物ではなかったかと考えられる。それによって、王家・王権内の権力均衡は一時的に維持することが出来たであろうが、皇極女帝の後継を目論む王族（古人大兄皇子・中大兄皇子・有間皇子ら）をめぐる緊張は強くなり、収まることはなかったのである。

権勢を極めた蘇我氏本宗家が滅亡するという乙巳の変によって、健康には全く問題がないにも拘らず皇極天皇が史上初めて退位し、それを継承した弟の孝徳天皇の歿後に、これまた史上初めて斉明天皇として再祚することは、敏達天皇系王統の存続に対する飽く無き執着を如実に示すものである。

小　結

五世紀代の蘇我氏は、葛城氏を首班とする政権の有力成員であり、外交が重きをなした時代状況もあって、筆頭ではないがその一翼を担う存在であった。葛城氏滅亡後に大臣に就いたと伝えられる平群氏や許勢氏は、当時の王権内での序列は蘇我氏より上位にあったと見られる。

武烈天皇から継体天皇へ王統が交替、子の安閑天皇、続いて宣化天皇が即位し王権が安定したところで蘇我稲目が大臣に任じられたが、それは葛城氏の政治的地位の継承者として王権内で認証されたことを意味するものであった。しかし、欽明朝当初においても蘇我稲目宿禰大臣の地位は、未だ大伴金村大連・物部尾輿大連に次ぐものに過ぎなかったのである。蘇我氏は葛城氏の旧権益を継承し、かつ王家と姻戚関係を結ぶことで、王権内での地位強化を図るが、それが進展すれば却って反対勢力が醸成され、本宗家滅亡に至るのである。

註

（1）「百済新撰」は雄略天皇紀に二カ所、武烈天皇紀に一カ所引用されている。
（2）金廷鶴『韓国の考古学』河出書房新社、一九七二年。
（3）平林章仁『「日の御子」の古代史』塙書房、二〇一五年。
（4）高槻市教育委員会編『継体天皇と今城塚古墳』吉川弘文館、一九九七年。水谷千秋『継体天皇と古代の王権』和泉書院、一九九九年。財団法人枚方市文化財研究調査会編『継体大王とその時代』和泉書院、二〇〇〇年。大橋信弥『継体天皇と即位の謎』吉川弘文館、二〇〇七年。高槻市教育委員会編『継体天皇の時代』吉川弘文館、二〇〇七年。篠川賢『継体天皇』吉川弘文館、二〇一六年。
（5）喜田貞吉「継体天皇以下三天皇皇位継承に関する疑問」『論集　日本文化の起源』二、一九七一年、平凡社、初出は一九二八年。林屋辰三郎「継体・欽明朝内乱の史的分析」「ふたたび「継体・欽明朝の内乱について」」『古代國家の解體』東京大学出版会、一九五五年。直木孝次郎「継体朝の内乱と神武伝説」『日本古代国家の構造』青木書店、一九五八年。本位田菊士「継体・欽明朝前後の政治過程」『日本古代国家形成過程の研究』名著出版、一九七八年など。
（6）家永三郎・築島裕校注「上宮聖徳法王帝説」日本思想大系『聖徳太子集』岩波書店、一九七五年。中田祝夫編『上宮聖徳法王帝説』勉誠社、一九八一年。沖森卓也・佐藤信・矢島泉『上宮聖徳法王帝説　注釈と研究』吉川弘文館、二〇〇五年、などを参照。
（7）引用は、藤田経世編『校刊美術史料』寺院篇上巻、中央公論美術出版、一九七二年による。ただし、読み下し文は奈良国立文化財研究所飛鳥資料館『飛鳥寺』関西プロセス、一九八六年掲載の影印を参照し、一部改編した。

(8) 例えば、大橋信弥「継体・欽明朝の「内乱」」『古代を考える　継体・欽明朝と仏教伝来』吉川弘文館、一九九九年、仁藤敦史「継体天皇」『日出ずる国の誕生』清文堂、二〇〇九年、大阪歴史学会編『ヒストリア』二二八、二〇一一年の特集「河内大塚山古墳と「辛亥の変」」など。仁藤氏は、軍事強硬路線による軍役負担に耐えられなくなった在地豪族層の不満を背景とし、継体天皇の路線は否定されたと述べる。しかし、崇峻天皇紀四年十一月壬午条（紀男麻呂宿禰ら）や推古天皇紀九年九月戊子条（来目皇子）から十一年二月丙子条、同じく十一年四月壬申朔条から七月癸卯条（當摩皇子）などから明白なように、対新羅強硬策は崇峻朝から推古朝でも継続して採用されているわけで、それをもって「辛亥の変」が起こったことは言えないであろう。

(9) 吉田晶『古代日本の国家形成』一二二頁、新日本出版社、二〇〇五年。篠川賢氏も、継体天皇の死に事件性はなく、「辛亥の変」は存在しなかったとする。篠川賢『継体天皇』、註4。

(10) 和田萃『古墳の時代』大系日本の歴史2、小学館、一九八八年。吉村武彦『ヤマト王権』一四〇頁、岩波書店、二〇一〇年。水谷千秋「『記』『紀』からみた大王陵とその改葬」『ヒストリア』二二八、二〇一一年。

(11) 矢島泉「『上宮聖徳法王帝説』の構造」沖森卓也・佐藤信・矢島泉『上宮聖徳法王帝説　注釈と研究』、註6。

(12) 水野柳太郎「日本書紀と元興寺縁起」『日本古代の寺院と史料』吉川弘文館、一九九三年。

(13) 吉田一彦「「元興寺伽藍縁起幷流記資財帳」の信憑性」『聖徳太子の真実』平凡社、二〇〇三年。同「『元興寺縁起』をめぐる問題」「元興寺伽藍縁起幷流記資財帳の研究」『仏教伝来の研究』吉川弘文館、二〇一二年。

(14) 田中史生「飛鳥寺建立と渡来工人、僧侶たち」鈴木靖民編『古代東アジアの仏教と王権』勉誠出版、二〇一〇年。川尻秋夫「飛鳥・白鳳文化」岩波講座『日本歴史』2、岩波書店、二〇一四年。

(15) 神野志隆光『複数の「古代」』講談社、二〇〇七年。なお、笹川尚紀氏も、「『日本書紀』に引かれている百済本記の記述に着目した揚げ句、欽明天皇の即位を辛亥年に置いたと考えることも出来よう。……それらが昔からのいい伝えであると判断してよいのかどうか、検討の余地は多分に残されていると思われる」と述べ、『元興寺伽藍縁起幷流記資財帳』・『上宮聖徳法王帝説』の仏教公伝紀年が必ずしも確定的でないとする。笹川尚紀「遠藤慶太著『日本書紀の形成と諸史料』」（書評）『日本史研究』六四〇、二〇一五年。

なお、仏教公伝年次をめぐる問題については、別稿を予定している。
(16) 森田克行『今城塚と三島古墳群』一二五頁、同成社、二〇〇六年。
(17) 仁藤敦史「古代王権と後期ミヤケ」『国立歴史民俗博物館研究報告』一五二、二〇〇九年。
(18) 直木孝次郎「応神天皇朝で変わる日本古代史」『史聚』四七、二〇一四年。
(19) 平林章仁「名代・子代考」『龍谷史壇』七九、一九八一年。同『「日の御子」の古代史』塙書房、二〇一五年。
(20) 田村圓澄・小田富士雄・山尾幸久『古代最大の内戦磐井の乱』大和書房、一九八五年。小田富士雄編『古代を考える磐井の乱』吉川弘文館、一九九一年。亀井輝一郎「磐井の乱の前後」『新版古代の日本』第三巻、角川書店、一九九一年。山尾幸久『筑紫君磐井の戦争』新日本出版、一九九九年。小野里了一「六世紀前半における倭王権の変質と磐井の乱」『国造制の研究―史料編・論考編―』八木書店、二〇一三年、など。
(21) 平林章仁「国造制の成立について」『龍谷史壇』八三、一九八三年。国造制については他に、篠川賢『日本古代国造制の研究』吉川弘文館、一九九六年。堀川徹「国造制の成立に関する基礎的考察」『国造制の研究―史料編・論考編―』八木書店、二〇一三年、など。名代・屯倉・国造が継体天皇系王統の新施策であることは、篠川賢氏も指摘するところであるが、ここでの問題はどのような歴史的状況の中でそれが為されたのかということである。篠川賢『継体天皇』、註4。
(22) 武光誠『蘇我氏三代』毎日新聞社、一九九三年。
(23) 遠山美都男『蘇我氏四代』ミネルヴァ書房、二〇〇六年。
(24) 吉村武彦『ヤマト王権』一五五頁、註10。
(25) 埼玉県教育委員会編『稲荷山古墳出土鉄剣金象嵌銘概報』埼玉県県政情報資料室、一九七九年。
(26) 平林章仁『謎の古代豪族　葛城氏』祥伝社、二〇一三年。

(27) 石上英一「大蔵省成立史考」『日本古代の社会と経済』上、吉川弘文館、一九七八年。
(28) 平林章仁「奈良盆地に分布するクラ関係小字名考」『日本書紀研究』十三、塙書房、一九八五年。同『七世紀の古代史』第四章、白水社、二〇〇二年。
(29) 南秀雄「難波宮跡で見つかった古墳時代の大型建物群について」、植木久「大阪市中央区法円坂地区で発見された建物遺構」『ヒストリア』一二四、一九八九年。古代を考える五二『難波宮遺跡群・倉庫跡の検討』一九九〇年。積山洋・南秀雄「ふたつの大倉庫群」『クラと古代王権』ミネルヴァ書房、一九九一年。大阪市文化財協会『難波宮跡の研究』九、一九九一年。
(30) 和歌山県史編さん委員会『和歌山県考古資料』七〇〇頁、一九八三年。
(31) 橿原考古学研究所『橿原市曽我遺跡調査簡報』一九八二年。同『奈良県遺跡調査概報　一九八二年』第二分冊、一九八三年。同『奈良県遺跡調査概報　一九八三年』第一分冊、一九八四年。近つ飛鳥博物館『古代出雲とヤマト王権』二〇一五年。
(32) 平林章仁「忌部氏と蘇我氏」『古代文化』三八－三、一九八六年。同『蘇我氏の実像と葛城氏』第一章、白水社、一九九六年。
(33) 田中卓「『紀氏家牒』について」『日本国家の成立と諸氏族』田中卓著作集2、国書刊行会、一九八六年。
(34) 上田正昭「祭官制成立の意義」『日本古代国家論究』塙書房、一九六八年。同『藤原不比等』朝日新聞社、一九七六年。岡田精司「日奉部と神祇官先行官司」『古代王権の祭祀と神話』塙書房、一九七〇年。中村英重『古代祭祀論』吉川弘文館、一九九九年。
(35) 中村英重『古代氏族と宗教祭祀』第四章、註34。
(36) 岸俊男「嶋雑考」『日本古代文物の研究』塙書房、一九八八年。仁藤敦史「皇子宮の構造」『古代王権と都城』吉川弘文館、一九九八年。平林章仁『七世紀の古代史』第一章、註28。

(37) 門脇禎二「蘇我氏の出自について」『日本の中の朝鮮文化』一二、一九七一年。同『新版飛鳥—その歴史と風土』日本放送出版協会、一九七七年。
(38) 朝鮮史学会編、末松保和校訂、近澤書店、一九四一年。
(39) 加藤謙吉『蘇我氏と大和王権』吉川弘文館、一九八三年。水谷千秋『謎の豪族　蘇我氏』文芸春秋、二〇〇六年。脱稿後に次の渡来人出自説否定論を知ったが、本文に反映できなかった。塚口義信「蘇我氏台頭の背景—蘇我氏は渡来系の豪族か—」『堺女子短期大学紀要』二三、一九八八。坂元義種「木満致と木刕満致と蘇我満智」『韓』一一六、一九九〇年。
(40) 秋本吉郎校注、日本古典文学大系『風土記』岩波書店、一九五八年。植垣節也校注訳、新編日本古典文学全集『風土記』小学館、一九九七年。
(41) 平林章仁、註3、第二章。
(42) 神澤勇一「日本の卜骨」『考古学ジャーナル』二八一、一九八七年。
(43) 東アジア恠異学会編『亀卜』臨川書店、二〇〇六年。
(44) 伴信友「正卜考」『伴信友全集』二、国書刊行会、一九〇七年。次田潤『祝詞新講』五二一頁以下、明治書院、一九二七年、一九八六年に第一書房より復刻。
(45)『神道大系』古典編十三、新撰亀相記解題（秋本吉徳）、一九九二年。
(46)『大日本古文書』一、四〇二頁。
(47) 岸俊男「紀氏に関する一試考」『日本古代政治史研究』塙書房、一九六六年。
(48) 三品彰英『日本書紀朝鮮関係記事考證』下巻、八一頁以下、天山舎、二〇〇二年。
(49) 山尾幸久『古代の日朝関係』一六四頁以下、塙書房、一九八九年。
(50) 日本古典文学大系『日本書紀』上、四八〇頁補注、岩波書店。
(51) 元興寺文化財研究所『南曽我遺跡—平成20年度発掘調査報告書—』二〇一二年。

(52) 平林章仁、註28。
(53) 直木孝次郎「巨勢氏祖先伝承の成立過程」『日本古代の氏族と天皇』塙書房、一九六四年。日野昭『日本古代氏族伝承の研究』九〇頁、永田文昌堂、一九七一年。
(54) 篠川賢『物部氏の研究』雄山閣、二〇〇九年。
(55) 平林章仁『蘇我氏の実像と葛城氏』、註32。高宮郷を式内名神大社の葛木坐一言主神社の鎮座する御所市森脇に比定する和田萃氏説もあるが、当らないこと前著に述べたし、近年の南郷遺跡群の発掘調査結果からも明白であろう。
(56) 平林章仁『蘇我氏の実像と葛城氏』、註32。

第二章　蘇我氏と仏教と天皇と神祇祭祀

はじめに

欽明天皇の代、百済から初めて倭国に仏教が齎された際、天皇自らはその信仰を受容することが出来ず、その受容を推進する立場の大臣蘇我稲目宿禰が願い出たので、試みに礼拝させたと伝えられる。仏教信仰の受容に関して、欽明天皇には出来ないが、大臣蘇我稲目には可能であるということは、王権内で両者は明らかに相異なる宗教的情況にあったことを示している。そのことに関し、一体、天皇と大臣および王権に、どのような歴史的、宗教的実情が存在したのであろうか。ここでは、仏教信仰受容をめぐる天皇と大臣蘇我氏の相異なる在りようを対比させながら、その歴史的、宗教的背景、および両者の仏教信仰受容の情況について考えてみよう。

具体的には、周知の欽明天皇紀十三年（五五二）十月条に、百済の聖明王が西部姫氏達率怒唎斯致契らを派遣して釈迦仏金銅像一躯・幡蓋若干・経論などを献じ、左のように上表してその旨を伝えたとある。

①是の法は諸の法の中に、最も殊勝れています。解り難く入り難し。周公・孔子も、尚し知りたまふこと能はず。此の法は能く量も無く辺も無き、福徳果報を生し、乃至ち無上れたる菩提を成弁す。譬へば人の、随意宝を懐きて、用べき所に逐ひて、尽に情の依なるが如く、此の妙法の宝も亦復然なり。祈り願ふこと情の依にして、乏しき所無し。且夫れ遠くは天竺より、爰に三韓に洎るまでに、教に依ひ奉け持ちて、尊び敬はずといふこと無し。是に由りて、百済王臣明、謹みて陪臣怒唎斯致契を遣して、帝国に伝へ奉りて、畿内に流通さむ。仏の、②我が法

は東に流らむ、と記へるを果すなり。

いわゆる仏教公伝である。なお、仏教公伝年次に関わり、『元興寺伽藍縁起幷流記資財帳』・『上宮聖徳法王帝説』の欽明天皇五年戊午公伝説に関する問題については、先章で「辛亥の変」の存否について考察した際に述べたのでそれに譲り、ここでは『紀』の所伝内容の分析から始めよう。

『紀』によれば、百済国王からの仏教贈与を受けて倭国の王権が検討した結果、王権内部ではその受容可否をめぐって有力者の間で次のように軋轢が生起したという。

是の日に、天皇、聞し已りて、歓喜び踊躍りたまひて、使者に詔して云はく、「朕、昔より来、未だ曾て是の如く微妙しき法を聞くこと得ず。然れども朕、自ら決むまじ」とのたまふ。乃ち群臣に歴問ひて曰はく、「西蕃の献れる仏の相貌端厳し。全ら未だ曾て有ず。礼ふべきや不や」とのたまふ。蘇我大臣稲目宿禰奏して曰さく、「西蕃の諸国、一に皆礼ふ。豊秋日本、豈独り背かむや」とまうす。物部大連尾輿・中臣連鎌子、同じく奏して曰さく、「我が国家の、天下に王とましますは、恒に天地社稷の百八十神を以て、春夏秋冬、祭拝りたまふことを事とす。方に今改めて蕃神を拝みたまはば、恐るらくは国神の怒を致したまはむ」とまうす。天皇曰はく、「情願ふ人稲目宿禰に付けて、試に礼ひ拝ましむべし」とのたまふ。大臣、跪きて受けたまはりて忻悦ぶ。小墾田の家に安置せまつる。懃に、世を出ずる業を修めて因とす。向原の家を浄め捨ひて寺とす。後に、国に疫気行りて、民夭残を致す。久にして愈多し。治め療すこと能はず。物部大連尾輿・中臣連鎌子、同じく奏して曰さく、「昔日臣が計を須ゐたまはずして、斯の病死を致す。今遠からずして復らば、必ず当に慶有るべし。早く投げ棄てて、懃に後の福を求めたまへ」とまうす。天皇曰はく、「奏す依に」とのたまふ。有司、乃ち仏像を以て、難波の堀江に流し棄つ。

先ず問題とされているのは、『紀』の記事の信憑性である。具体的には、右の仏教公伝記事の百済・聖明王の上表文などには、七〇三年十月に唐・長安の西明寺で義浄が訳出した『金光明最勝王経』により文飾されている（傍線部①〜④）ことが指摘されていることである。[1]それに留まらず、『紀』における初期の仏教関連記事、すなわち右（⑤や仏を神と認識する）をはじめ、敏達天皇紀十三紀年是歳条・同十四年二、三、六月条・用明天皇紀二年四月条など蘇我・物部両氏による崇仏・廃仏をめぐる抗争記事なども、五一九年に慧皎の撰述した『梁高僧伝』（『大正新脩大蔵経』第五十）に載る竺仏図澄（後趙の石勒・石虎に軍師として重用され戦地で様々な予言をした）伝や、六六八年に道世が三蔵の故事を解説した『法苑珠林』（『大正新脩大蔵経』第五三）など、類書に典拠を求めて述作されたことが明らかにされ、[2]関連記事の信憑性が大きく揺らいでいることである。『紀』の記事をそのまま祖述することは出来ないわけで、慎重な姿勢が求められている。さらに近年、論は仏教興隆の功績者と称えられてきた「廏戸皇子（聖徳太子）」像の虚実にまで及んでいる。

廏戸皇子像の虚実をめぐっては第五章で述べるのでここでは触れないが、右の『紀』初期仏教関連記事の『金光明最勝王経』による述作、文飾は唐留学から帰国したばかりの僧道慈（俗姓は額田氏）によると見るのが有力な論調となっている。その論点は、大宝二年（七〇二）に入唐した道慈は長安の西明寺に止住、修学した可能性が高いこと、『金光明最勝王経』は西明寺の義浄が七〇三年十月に訳出したものであること、『続日本紀』天平九年（七三七）十月丙寅条によれば道慈は大極殿で『金光明最勝王経』の講説を行なっていることなどであり、道慈が養老二年（七一八）の帰国に際して最新の『金光明最勝王経』を持ち帰り『日本書紀』記事の潤色に利用したのである、と主張する。

これらのことは、『紀』における六世紀以降の記事全体の信憑性如何にも関わるため、天皇の仏教信仰受容を考える上で不可欠な道慈による『紀』述作説についてのみ、少しばかり記しておこう。

第一節 『日本書紀』と道慈

さて、仏教公伝からその崇廃抗争に及ぶ『紀』の記事には指摘にある通り文飾が多く、俄かにそのままの事柄があったと認められないことは確かである。問題は、これらがより権威的な文章を作るための単純な文飾で、記事のもとになる事実が存在したのか、それとも出来事までもが捏造されたものであるのかということである。いま一つは、それを為したのが本当に道慈だったのか否か、ということである。

まず『金光明最勝王経』のわが国への船載時期と船載者の問題であるが、大宝二年に入唐し、養老二年十月庚辰(二十日)に帰国、同年十二月壬申(十三日)に入京した道慈がそれを請来し、さらに『紀』の潤色だけでなく、執筆にも従ったとする考えについて、皆川完一氏[3]は次のように批判する。

①大宝二年六月に筑紫から出航した遣唐使粟田真人は慶雲元年(七〇四)七月に帰国するが、新羅では聖徳王三年(七〇四)三月に唐から帰国した金思譲が『金光明最勝王経』を持ちかえっている(『三国史記』新羅本紀)から、粟田真人に持ち帰る意志があれば不可能ではなかった。以前、彼は僧籍にあって道観といい、白雉四年(六五三)五月に学問僧として渡唐している(卜部兼右本『日本書紀』当該条分注)から、仏教についても明るかった。

②粟田真人にしたがって渡唐した巨勢邑治は副使として慶雲四年(七〇七)三月に帰国するが、彼が『金光明最勝王経』を持ち帰ることも不可能ではなかった。

③慶雲四年五月には学問僧の義法、義基らが新羅から帰国しているが、新羅にはすでに『金光明最勝王経』が将来されていたから、彼らが持ち帰ることも出来た。また当時、わが国と新羅の仏教交流は盛んであって、慶雲元年や和銅五年(七一二)の遣新羅使、あるいは慶雲二年・和銅二年・和銅七年の新羅使による船載の可能性も否定できない。

④官撰の書で撰者に僧侶の名を挙げているものは一つもなく、僧籍にあった道慈が政務の一環である『日本書紀』の編纂に参画することは不可能であった。そのためには還俗する必要があった。

勝浦令子氏(4)も皆川氏の説を敷衍して、

①新羅に『金光明最勝王経』を最初に舶載したのが阿飡の金思譲という官人であり、僧だけが仏典を舶載したのではない。

②留学したばかりの道慈が入手した新訳経典の舶載を、自分の帰国まで保留していたと考えるのも不自然である。

③唐の武則天が新羅にだけ新訳経典を賜与し、日本には賜与しなかったと考えるのも不自然である。

ことなどから、『金光明最勝王経』の舶載は道慈の帰国以前であった可能性が少なくない、と説く。

『続日本紀』天平十六年（七四四）十月辛卯条の道慈卒伝には、大宝元年に入唐（実際の出発は大宝二年六月）し養老二年（七一八）に帰朝したとあるので、霊亀二年（渡唐は翌養老元年）の遣唐押使多治比県守に伴って帰国したことがわかる。彼らの帰国については、養老二年十月庚辰（二十日）に大宰府から帰国の報告があり、入京は同年十二月壬申（十三日）のことであった。ところが『続日本紀』養老三年十一月乙卯朔条には、道慈は入唐留学の功績により五十戸の食封を賜わったとあることから、この時点で彼は未だ僧籍にあったわけで、『紀』編纂への関与は考えられない。もし、養老三年十一月一日の直後に還俗して『日本書紀』編纂に加わったとしても、舎人親王による『紀』撰上は養老四年五月癸酉（二十一日）のことであるから、僅か六カ月しか存在しない。この短期間に彼がどれほどのことを成しえたのか、疑問が大きいであろう。

そうでなくても、道慈が平城京に戻ってから『紀』撰上まで約一年五カ月しかないわけで、帰国報告会や歓迎会なども開催されたであろうから、彼が実務的な仕事に関与できる期間はさらに短くなる。さらに小島憲之氏(5)によると、『金光明最勝王経』による文飾とみられる記事は、巻十五（顕宗天皇紀）・十六（武烈天皇紀）・十七（継体天皇紀）・

十九（欽明天皇紀）・二十（敏達天皇紀）・二一（崇峻天皇紀）におよび、巻十五の清寧天皇・仁賢天皇紀にも可能性があるという。『金光明最勝王経』による文飾が相当広範囲にわたり、仏教関係以外の記事にも及んでいることから、彼にそれほど広範囲な潤色作業が可能なほどに時間的余裕があったか疑問に思われる。ただし、文例集としての利用だから短期間での文飾は可能であったと考える余地もないではなく、なお判じ難い。

加えて、舎人親王が『紀』編纂の総裁に任じられた時期も問題となるが、一品を賜与された養老二年正月庚子頃とみる見解(6)もあり、この時に叙位に与った舎人親王以下十八名の中の、広湍王と忌部子人は明らかに『紀』編纂に収斂する、天武十年（六八一）三月の帝紀・上古諸事の記定事業に従事していることに留意される。

また、十八名の中にみえる紀男人は、養老五年正月庚午に佐為王以下、紀清人・山田三方・山上憶良・楽浪河内らの文人官僚とともに東宮に侍することを命じられているが、和銅七年（七一四）二月戊戌に三宅藤麻呂とともに国史撰述を命じられた紀清人の近親と目され、文筆に長けた官人として『紀』編纂局の一員であった可能性も少なくない。改新の詔をはじめ『紀』には大宝律令による文飾も散見されるが、同じく十八名の中にみえる道君首名は「大宝律令」撰定に参加（文武天皇四年六月甲午条）して完成後は大安寺で僧尼令を説き（大宝元年六月壬寅朔条）、さらに遣新羅大使に任じられ（和銅五年九月乙酉条）、「少治律令、暁習吏職」（養老二年四月乙亥条の卒伝）と評された、外交にも詳しい律令の専門家であった。

さらに高句麗系渡来人の王仲文は、僧籍にあって東楼と称したが大宝元年八月壬寅に還俗、天文・遁甲・筮術などに優れた天文博士として活躍した（『大日本古文書』二四、五五三頁）。古代の歴史書編纂には天文・暦・卜占などの知識や技術は必須であるが、筮卜の大家と評された王仲文（『藤氏家伝』下）も、編年体歴史書編纂に必須の知識・技術の保持者であった。

要するに、紀男人をはじめ道首名・王仲文らも、『紀』編纂への関与を考慮してよい情況にある。しかし、養老二年正月庚子の叙位は恒例の正月叙位であり、『紀』編纂との関係が窺われない人物も少なくないから、『紀』編纂のみの褒賞ではない。ただ、この頃には実質的な編纂作業も一段落したので、舎人親王・広湍王・忌部子人・紀男人・道首名・王仲文らは、他の功績も勘案して叙位に与ったのではないか、とも考えられる。功績があってのちに褒賞が与えられるわけで、功が績がれる前に褒賞が与えられることはない。

『紀』編纂に関しては、別巻で作成されつつある系図と本文の整合作業と錯簡の修訂、さらなる加飾など、若干の推敲作業が残される状況であったと思われる。すなわち、養老二年正月頃には『紀』の実質的な編纂事業がほぼ終了していたので、関係者に褒賞として叙位があり、新たに同年に養老律令の撰修に着手されたものと考えられる。こうした点からも、帰国したばかりの道慈に『紀』編纂に大きく参画する余地があったか、疑問が少なくないと考えられる。ちなみに、『紀』の文飾については坂本太郎氏(7)も述べているように、古代において古書の文をとって新たな文を修することは当時の作文の常道であって、それは事実を矯めるとか、史実を蔽うという意図とは別次元のことであったと考えられる。

なお、「廏戸」の名から後にも触れるが、近年耳目を集めている聖徳太子虚像説に関わり、『紀』各巻の音韻分析をすすめた森博達氏(8)の指摘も参考になる。森氏によれば、『紀』は仮名が単一の字音体系（唐代北方音）に基づいて原音で表記されたα群（巻一四～二一・二四～二七）と、複数の字音体系に基づく仮名が混在し倭音によって表記されたβ群（巻一～一三・二二～二三・二八～二九）に区分されるが、廏戸皇子が定めたと伝えられる憲法十七条の載る『紀』巻二二推古紀はβ群に属し和化漢文で書かれている。もし、道慈が「聖徳太子」関連記事を述作したのならなぜ漢語・漢文の誤用や奇用を放置したのか理解できないと、「聖徳太子」像＝道慈述作説を批判している。

第二節　蘇我氏の仏教受容の真実

欽明天皇紀十三年十月条の仏教公伝記事は『金光明最勝王経』や『梁高僧伝』竺仏図澄伝などで大幅に潤色されていることは確かであるが、仏教公伝そのものは以下の史料からも倭・百済の国家間交渉の一環として位置づけることが出来るから、事実のことと見られる。

・継体天皇七年（五一三）六月

百済、姐彌文貴将軍・州利即爾将軍を遣して、穂積臣押山百済本記に云はく、委の意斯移麻岐彌といふ。に副へて、五経博士段楊爾を貢る。

・継体天皇十年（五一六）九月

百済、州利即次将軍を遣して、物部連に副へて来、己汶の地賜ることを謝りまうす。別に五経博士漢高安茂を貢りて、博士段楊爾に代へむと請ふ。請す依に代ふ。戊寅に、百済、灼莫古将軍・日本の斯那奴阿比多を遣して、高麗の使安定等に副へて、来朝て好を結ぶ。

・欽明天皇十四年（五五三）六月

内臣名を闕せり。を遣して、百済に使せしむ。仍りて良馬二匹・同船二隻・弓五十張・箭五十具を賜ふ。勅して云はく、「請す所の軍は、王の須ゐむ随ならむ」とのたまふ。①別に勅したまはく、「医博士・易博士・暦博士等、番に依りて上き下れ。今上件の色の人は、正に相代らむ年月に当れり。還使に付けて相代らしむべし。又卜書・暦本・種種の薬物、付送れ」とのたまふ。

・欽明天皇十五年（五五四）二月

百済、下部杆率将軍三貴・上部奈率物部烏等を遣して、救の兵を乞す。仍りて徳率東城子莫古を貢りて、前の番奈率東城子言に代ふ。五経博士王柳貴を、固徳馬丁安に代ふ。僧曇慧等九人を、僧道深等七人に代ふ。別に勅を奉りて、易博士施徳王道良・暦博士固徳王保孫・医博士奈率王有㥄陀・採薬師施徳潘量豊・固徳丁有陀・楽人施徳三斤・季徳己麻次・季徳進奴・対徳進陀を貢る。皆請すに依りて代ふるなり。

右傍線部の①に「別に勅したまはく、「医博士・易博士・暦博士等、番に依りて上き下れ。今上件の色の人は、正に相代らむ年月に当れり。還使に付けて相代らしむべし」」、同じく②にも「皆請すに依りて代ふるなり」とあることから明白なように、継体朝以来の倭・百済間交流のなかで、欽明朝の前半に百済から先進文物のひとつとして仏教が贈与さから明白なように、先進の学術や宗教を携えた五経博士・医博士・易博士・暦博士・僧らの交替渡来は、倭国側からの要請に応えたものであった。

要するに、継体朝以来の倭・百済間交流のなかで、欽明朝の前半に百済から先進文物のひとつとして仏教が贈与され、倭国は他の文物と同様にそれを受容したものの、欽明天皇自身はその信仰を受容できなかった。そこで、大臣蘇我稲目に下賜して試みに礼拝させた、ということである。倭国が仏教の受容を拒否しているわけではなく、そのことは飛鳥寺創建など後の歴史の展開から見ても否定できない。[9] 仏教公伝から暫くして、欽明天皇十五年二月には僧曇慧ら九人を僧道深ら七人に替えていること、すなわち倭国からの要請に基づき多くの百済僧を受け入れていることは、倭国の王権が仏教受容そのものを拒否しているのではないこと物語っているだけでなく、仏教公伝も倭国側からの要請に基づくものであった可能性を示唆している。

つまり、百済から贈与された仏教信仰を天皇が受容することは、王権にとって重要な事柄であるから、群臣間で合意が必要であった。しかし、その合意が形成されなかったので、欽明天皇はそれを大臣蘇我稲目に下賜したのである。蘇我稲目が信仰した仏教は、天皇から下賜され、しかも大臣という公的立場における受容であったことに留意しなければならない。要するに、蘇我氏は単に個別的な志向によって仏教信仰を受容したのではなく、後の飛鳥寺創建も含めて王権の執政官・大臣という公的立場においてのことであった。[10] このことは、この期の仏教を「国家仏教」・「氏族仏教」といった括りで理解することや、その後の仏教崇廃問題の解釈にも修正を迫る部分がある。

なお、倭国の王権が百済に要請して贈与された仏教を、さらに天皇から臣下の氏族に下賜していること、当初の倭国内での仏教受容が王権・天皇から臣下に下賜されるものであったことは、次の推古天皇紀十一年（六〇三）十一月己亥朔条からも知られる。

皇太子、諸の大夫に謂りて曰はく、「我、尊き仏像有てり。誰か是の像を得て恭拝らむ」とのたまふ。時に、秦造河勝進みて曰はく、「臣、拝みまつらむ」といふ。便に仏像を受く。因りて蜂岡寺を造る。

「皇太子」の用語は文飾であるが、秦造河勝による山背の蜂岡寺（後の太秦広隆寺）創建記事である。それは、廏戸皇子が「諸大夫」（群臣）に諮問し、その同意を得て仏像を秦造河勝に下賜したことに始まる、という。この記事は、廏戸皇子と秦造河勝の個人的な親密関係を示すのが目的ではなく、それは推古天皇の権限を代行する廏戸皇子がマヘツキミ（諸大夫）に諮って仏像を秦造河勝に下賜したことを伝えるところにあった、と理解するべきである。(11)

第三節　仏教伝来についての認識

当初のこのような仏教の在りようを知るうえで、国家による僧尼・仏教の統制（十師・法頭の任命）と造寺の援助を述べた孝徳天皇紀大化元年八月癸卯条も参考になる。これは『紀』編者が、孝徳朝以前の仏教関係記事の知識を要約しただけのものかも知れないが、例えそうであったとしても当時の仏教史認識についての一端を窺うことはできる。

使を大寺に遣して、僧尼を喚し聚へて、詔して曰はく、「①磯城嶋宮御宇天皇の十三年の中に、百済の明王、仏法を我が大倭に伝へ奉る。是の時に、群臣、倶に伝へまく欲せず。而るを蘇我稲目宿禰、独り其の法を信けたり。天皇、乃ち稲目宿禰に詔して、其の法を奉めしむ。②訳語田宮御宇天皇の世に、蘇我馬子宿禰、追ひて考父の風を遵びて、猶能仁の教を重む。而して余臣は信けず。此の典幾に亡びなむとす。③天皇、馬子宿禰に詔して、其の法を奉めしむ。④小墾田宮御宇天皇の世に、馬子宿禰、天皇の奉為に、丈六の繍像・丈六の銅像を造る。仏教を顕し揚げて、僧尼を恭み敬ふ。……

それぞれ傍線部の、①が欽明天皇紀十三年十月条、②が敏達天皇紀十四年二月・三月条、③が敏達天皇紀十四年六月条、④が推古天皇紀十三年四月・十四年四月条に関して述べていることは瞭然であろう。②以下の史料については後に具体的に分析するが、右の所伝で注目されるのは、次の諸点である。

まず、傍線部①の波線部は、欽明天皇の詔によって蘇我稲目が仏教を崇拝したと述べている。次の②で、敏達朝になって蘇我馬子が父稲目の信仰していた仏教を崇拝しようとしたものの、「而して余臣は信けず」、すなわち反対が多く壁に直面した。しかしながら、波線部③において、蘇我馬子は改めて敏達天皇の許可を得て崇拝することが出来た、と伝えている。さらに④では、蘇我馬子による飛鳥寺創建を伝えた内容であるが、波線部に「天皇の奉為に」とあることからそれは天皇の許可を得て、(12)天皇のために建立したものであることを示している。天皇を中心にした歴史書という性格を考慮に入れても、右は蘇我氏の仏教信仰が天皇からの下賜、許認によって行なわれたものであることを語っていることは明らかである。

おそらく、これが大化前代の仏教史に対する支配層の共通した認識であり、そこには一定の事実が含まれていると考えられる。右が全くの虚言でないことは、飛鳥寺の建立からも窺い知ることが出来る。まず敏達天皇紀六年（五七七）十一月条には、次のようにある。

百済国の王、還使大別王等に付けて、経論若干巻、幷て律師・禅師・比丘尼・呪禁師・造仏工・造寺工、六人を献る。遂に難波の大別王の寺に安置らしむ。

また、崇峻天皇紀元年（五八八）是歳条にも、次のように伝える。

百済国、使幷て僧恵總・令斤・恵寔等を遣して、仏の舎利を献る。百済国、恩率首信・徳率蓋文・那率福富味身等を遣して、調進り、幷て仏の舎利、僧、聆照律師・令威・恵衆・恵宿・道厳・令開等、寺工太良未太・文賈古

子、鑪盤博士将徳白昧淳、瓦博士麻奈文奴・陽貴文㥄貴文・昔麻帝彌、画工白加を献る。
すなわち、最初の本格的伽藍である飛鳥寺は、敏達天皇六年十一月と崇峻天皇元年に百済から倭国の王権に贈与された寺院建立関係技術集団、「造仏工・造寺工」「寺工太良未太・文賈古子、鑪盤博士将徳白昧淳、瓦博士麻奈文奴・陽貴文・㥄貴文・昔麻帝彌、画工白加」らによって創建されたことは確かであろう。また飛鳥寺金堂の釈迦丈六仏は、推古天皇十三年四月に高句麗の大興王（嬰陽王）から推古天皇に贈られた黄金三百両を用いて鍍金したと伝える。僧侶や技術集団が、倭国王権・天皇に贈与されたものであることに留意しなければならない。王権に贈与された工人集団と資材を用いて造立している点からも、飛鳥寺は単なる蘇我氏の「氏寺」ではなくて、公的性格の強い寺院であったと見なくてはならない。先進文物の集約でもあった当初の仏教は、天皇がその信仰を受容できなくても、王権に帰属し天皇の占有物だったのであり、蘇我氏の仏教崇敬についても再評価が必要と考えられる。

第四節　仏教外交と下賜

右のことは、古代東アジア世界において、仏教が外交の贈与物であったことからも傍証される。古代東アジアの仏教的朝貢外交について、川上麻由子氏(13)は次のように述べている。

東アジア地域では四世紀（東晋）以降、七世紀前葉（隋）まで、仏教色を強調した対中国外交、すなわち仏教的朝貢外交が展開されていた。それは仏教を崇拝する皇帝に対し、目的を円滑に達成するために行なわれた。とくに梁の武帝（在位五〇二〜五四九）が仏教崇拝に熱心だったこともあって仏教的朝貢外交が流行したが、梁に仏教的朝貢外交を行なっていた百済から倭国が仏教を公的に導入したことは、対中国外交を視野に入れた行為であったとみるべきであり、倭国の遣隋使も仏教的朝貢と無関係に計画・実行されたはずはない。

仏教的外交においては僧尼の留学や仏教的文物の下賜がともなったが、留学から帰国した僧尼や将来された仏教的文物が、先ず国家・王者に帰属、占有されるのは当然のことであった。仏教的朝貢外交が積極的に展開された梁代に、倭国が百済から仏教を公的に導入、受容したことが、対中国交渉を視野に入れた行為であったかは、なお当時の倭の国内情勢を分析しなければならないが、こうした東アジアの情勢を周知、認識した上でのことであったことは間違いなかろう。

仏教だけでなく、国家間の外交にともなう贈答物が、先ず国家に帰属し、王者の占有物となったことは至極当然のことであった。

第五節　三代に及ぶ仏教崇廃問題

ところで、先の孝徳天皇紀大化元年八月癸卯条ともかかわるが、欽明朝の仏教公伝時だけでなく、敏達・用明朝の三代に亘って酷似した仏教崇廃抗争が伝えられていることが問題となる。これについては、記事の信憑性を疑う立場から、事実として開明的な蘇我氏と守旧的な物部氏の対立の原因と評する解釈まで多様であるが、先の傍線部②以下の所伝から仏教崇廃抗争の本質を探ってみよう。

まず、②に対応する敏達天皇紀十四年（五八五）二・三月条には、少し長いが次のようにある。

春二月戊子朔壬寅に、蘇我大臣馬子宿禰、塔を大野丘の北に起てて、大会の設斎す。即ち達等が前に獲たる舎利を以て、塔の柱頭に蔵む。辛亥に、蘇我大臣、患疾す。卜者に問ふ。卜者対へて言はく、「父の時に祭りし仏神の心に祟れり」といふ。大臣、即ち子弟を遣して、其の占状を奏す。詔して曰はく、「卜者の言に依りて、父の神を祭ひ祠れ」とのたまふ。大臣、詔を奉りて、石像を礼び拝みて、壽命を延べたまへと乞ふ。是の時に、国に疫疾行りて、民死ぬる者衆し。

三月丁巳朔に、物部弓削守屋大連と、中臣勝海大夫と、奏して曰さく、「何故にか臣が言を用ゐ肯へたまはざる。

考天皇より、陛下に及るまでに、疫疾流く行りて、国の民絶ゆべし。豈専蘇我臣が仏法を興し行ふに由れるに非ずや」とまうす。詔して曰はく、「灼然なれば、仏法を断めよ」とのたまふ。丙戌に、物部弓削守屋大連、自ら寺に詣りて、胡床に踞げ坐り。其の塔を斫り倒して、火を縦けて燔く。幷て仏像と仏殿とを焼く。既にして焼く所の余の仏像を取りて、難波の堀江に棄てしむ。是の日に、雲無くして風ふき雨ふる。大連、被雨衣り。馬子宿禰と、従ひて行へる法の侶とを訶責めて、毀り辱むる心を生さしむ。乃ち佐伯造御室（更の名は、於閭礙。）を遣して、馬子宿禰の供る善信等の尼を喚ぶ。是に由りて、馬子宿禰、敢へて命に違はずして、惻愴き啼泣ちつつ、尼等を喚び出して、御室に付く。有司、便に尼等の三衣を奪ひて、禁錮へて、海石榴市の亭に楚撻ちき。

この話には前段として敏達天皇紀十三年九月条・是歳条があり、その概要は次のようなことである。

百済から帰国した鹿深臣と佐伯連がそれぞれ弥勒石像と仏像を将来した。この二躯を得た蘇我馬子は、還俗僧の高麗恵便を師とし、司馬達等の娘ら三名を出家させ、邸宅の東方に仏殿を作り弥勒石像を安置した。塔の柱頭に納めた舎利は、その三尼を招いて仏事を催していた際に得たものであり、蘇我馬子は石川宅に仏殿を修治した。「仏法の初、玆より作れり」（敏達天皇紀十三年是歳条）。

ここでは、蘇我馬子の崇仏に対する反対、廃仏の動きが何ら記されていないことに留意される。

しかし、敏達天皇紀十四年二・三月条では痘瘡に罹患した蘇我馬子が、病気恢復を願って公的な立場で仏教崇敬の許可を願い出たのであり、敏達天皇は「父の神を祭ひ祠れ」としてかつて大臣蘇我稲目が下賜され礼拝した仏教を、子の大臣馬子が信仰することを認めたのである。ところが、蘇我大臣馬子宿禰が天皇から容認された公的な仏教信仰に対して、物部弓削守屋大連と中臣勝海大夫が異議を申し立て、敏達天皇が状況の異なることを勘案してその異議を受け入れたために、伽藍・仏像の焼却、投棄、三尼の禁錮・楚撻などの廃仏が行なわれたのである。

すなわち、敏達天皇紀十三年九月条・是歳条で、鹿深臣と佐伯連が個人的に将来した弥勒石像と仏像を、蘇我馬子が個人的に譲り受けて私的に礼拝したものであったから、廃仏の問題が生起しなかったのである。大臣という公的な立場で天皇から許認された仏教信仰と、私的な立場での仏教崇敬が区別されていたことを理解しなければ、この複雑な記事は読み解けない。天皇が廃仏を命じたならば、大臣という公的職位にある蘇我馬子の、天皇から許認された仏教信仰については、それに従わざるを得なかったのである。

なお、このことは右の後日譚でもある、次に引く敏達天皇紀十四年六月条からも確かめられる。

夏六月に、馬子宿禰、奏して曰さく、「臣の疾病りて、今に至るまでに愈えず。三宝の力を蒙らずは、救ひ治むべきこと難し」とまうす。是に、馬子宿禰に詔して曰はく、「汝独り仏法を行ふべし。余人を断めよ」とのたまふ。乃ち三の尼を以て、馬子宿禰に還し付く。馬子宿禰、受けて歓悦ぶ。未曾有と嘆きて、三の尼を頂礼む。新に精舎を営りて、迎へ入れて供養ふ。或本に云はく、物部弓削守屋大連・大三輪逆君・中臣磐余連、倶に仏法を滅さむと謀りて、寺塔を焼き、幷て仏像を棄てむとす。馬子宿禰、諍ひて従はずといふ。

蘇我馬子の大臣としての公的な立場での仏教信仰は敏達天皇十四年三月に否定されたのであるが、六月になって「仏教崇敬の功徳に拠らなければ病気（痘瘡）の治癒が困難である」と願い出たので、敏達天皇は馬子宿禰個人のみにそれを許したということである。「余人を断めよ」との言からも、それが馬子宿禰のみの個人的な信仰であったことが窺われる。

なお、「或本云」条は、敏達天皇十四年二月から六月までの一連の流れについての異伝と見られるが、そこに「馬子宿禰、諍ひて従はずといふ」と廃仏に抵抗したとあるのは、それが蘇我馬子の個人的な仏教信仰であったからであろう。また、物部守屋大連と大三輪君逆が廃仏で連携、協力していることも読みとれるが、用明天皇紀元年五月条には亡き敏達天皇の殯宮に籠る炊屋姫皇后（後の推古天皇）を犯して天下の王になろうと企図する穴穂部皇子と、そこを守衛する大三輪君逆が対立し、穴穂部皇子が派遣した物部守屋大連が大三輪君逆を殺害したと伝えることから、物部守屋大連と大三輪君逆の利害が常に一致していたわけではないことが分かる。氏族はそれぞれ、崇仏・廃仏問題だけで連携していたわけではなく、様々な利害に応じて離散集合していたのである。

次は用明朝における仏教崇廃問題であるが、用明天皇紀二年（五八七）四月丙午条には左のように伝える。

磐余の河上に御新嘗す。是の日に、天皇、得病ひたまひて、宮に還入します。群臣侍り。天皇、群臣に詔して曰はく、「朕、三宝に帰らむと思ふ。卿等議れ」とのたまふ。群臣、入朝りて議る。物部守屋大連と中臣勝海連と、詔の議に違ひて曰さく、「何ぞ国神を背きて、他神を敬びむ。由来、斯の若き事を識らず」とまうす。蘇我馬子宿禰大臣、曰さく、「詔に随ひて助け奉るべし。詎か異なる計を生さむ」とまうす。是に、皇弟皇子、皇弟皇子といふは、穴穂部皇子、即ち天皇の庶弟なり。豊国法師名を闕せり。を引て、内裏に入る。物部守屋大連、邪睨みて、大きに怒る。是の時に、押坂部史毛屎、急て来て、密に大連に語りて曰はく、「今群臣、卿を図る。復将に路を断ちてむ」といふ。大連聞きて、即ち阿都に退きて、阿都は大連の別業の在る所の地の名なり。人を集聚む。中臣勝海連、家に衆を集へて、大連を随助く。遂に太子彦人皇子の像と竹田皇子の像とを作りて厭ふ。俄ありて事の済り難からむことを知りて、帰りて彦人皇子に水派宮に附く。

まず傍線部の、用明天皇が病気（疱瘡）治療のために仏教への帰依を群臣に諮問しているが、用明天皇即位前期に「信仏法、尊神道」とあるなかの「信仏法」とは、この用明天皇自身の仏教信仰への傾斜を指していると見られる。この点からも、敏達天皇即位前期の「不信仏法」が、敏達天皇自身についてであると解することの妥当性が傍証されよう。

さて、用明天皇は仏教信仰の受容を専決せず群臣に諮問していることから、「天皇の仏教崇敬は自身では最終決定できない、王権の重要問題である」という、欽明朝以来の方針が維持されていることが確認できる。用明天皇が述べる理由は先の蘇我馬子の場合と等しいが、たとえ理由が同じであっても、当時の天皇に私的部分が確然と認識されていたとは思われないことから、物部守屋大連と中臣勝海連は「何ぞ国神を背きて、他神を敬びむ。由来、斯の若き事を識らず」、すなわち天皇が仏教を崇敬しないことは欽明朝以来の基本方針であるとして、用明天皇の仏教信仰に強く反対したのである。

　ところが、蘇我馬子大臣は用明天皇の要望をかなえるべく「詎か異なる計を生さむ」と妙案を募ったところ、それに応じて穴穂部皇子が豊国法師を内裏に引き入れたため、物部守屋大連が従前からの方針に違うとして怒った、ということである。

　この七日後には用明天皇はなくなり、物部守屋大連は穴穂部皇子を天皇に擁立しようと図ったものの事が漏れ、二カ月後の六月には炊屋姫尊の許諾を得た蘇我馬子らは穴穂部皇子と宣化天皇の子の宅部皇子（王族内の長老的立場にあったか）の殺害に至る。さらに翌七月に、蘇我馬子宿禰大臣・諸皇子・群臣がこぞって物部守屋大連を滅ぼす（崇峻天皇即位前紀の用明天皇二年七月条）のは、周知のところである。

　穴穂部皇子・物部守屋大連・中臣勝海連らの動きを見ていると、王族や氏族が常に同じ関係を維持していたわけではなく、時々に離合を繰り返していたことが分かる。当時、王位継承をめぐる王権内の対立が深刻化していたのであるが、物部守屋大連の滅亡が蘇我氏と物部氏の私的抗争の結果でないことは、穴穂部皇子と宅部皇子の殺害だけでなく、物部守屋大連攻撃の際に敏達天皇の大后炊屋姫尊を奉じ、多くの有力王族と氏族が鳩合、参戦していることからも明白である。

　さらに仏教崇廃問題も、物部連氏が反対したのは、天皇自身の仏教信仰の受容と、蘇我氏に対しては天皇から大臣に下賜、許認された公的な立場での仏教信仰であり、蘇我氏の私的な立場での仏教崇敬はその埒外にあった。また、仏教受容問題は、執政官・群臣がそれぞれの利害により対立する契機の一つではあったが、(14) 過大な評価は控えるべきであろう。

第六節　蘇我氏・物部氏抗争の原因

仏教信仰の受容をめぐって蘇我氏と物部連氏の間に対立のあったことは確かであるが、開明的・守旧的といった氏の性格によるものではなく、かつ対立が深刻化するのも敏達天皇死後のことである。

物部連氏が保守一辺倒の氏でなかったことは、西漢氏系の渡来系集団を配下に有し、(15) 継体天皇九年から十年にかけては物部至至連が朝鮮半島に派遣されて百済の将軍と行動をともにし、百済がわが国に派遣する諸博士の交替を進めていることなどからも明らかである。また、欽明天皇紀には、物部連氏と朝鮮半島の女性の間に生まれた物部施徳麻奇牟・物部連奈率用奇・物部奈率奇非・竹斯物部莫奇委沙奇など、いわゆる「倭系百済官人」が任那問題などの外交で活躍したと伝え、物部連氏が大和王権の外交に深く関与していたことからもそのことが知られる。こうした状況からみて、物部連氏が海外の事情に疎く守旧的で海外文物の受容にもに否定的だったとは考えられない。物部連氏が仏教信仰受容に反対したのは、その性格によるものではないということである。

ちなみに、物部連氏の本貫にある渋川廃寺（前身寺院／大阪府八尾市渋川町）は大連物部守屋が創建に関与したから、物部連氏は廃仏の立場ではなかったとして『紀』の所伝を否定的に解する説(16)もあるが、創建が守屋の時期に遡るという考古学上の明証がなく確かでない。(17)

ところで、蘇我氏の本貫は、式内大社の宗我坐宗我都比古神社の鎮座する大和国高市郡蘇我里（橿原市曽我町）と見られるが、祭祀氏族として知られる忌部首氏のそれは式内名神大社の太玉命神社が鎮座する高市郡忌部（橿原市忌部町）にあって、隣接している。さらに、そのほぼ中間に存在する王権直属の大規模玉作り工房跡と目される曽我遺跡からは、両氏の関係の具体的状況が理解される。曽我（玉作）遺跡での玉生産は、四世紀後半に始まり、五世紀後半には祭祀用滑石製玉類の大規模生産を開始し、六世紀前半まで維持される。両氏の本貫と曽我（玉作）遺跡の地理的位置およびその性格からみて、蘇我氏と忌部首氏の親密な関係は第一章に詳述したのでそれに譲り、ここでは蘇我氏と祭祀に焦点を絞って述べよう。

その祖神名から忌部首氏の前身は玉作工人集団であったと見られるが、曽我（玉作）遺跡では蘇我氏の影響下で、忌部氏（前身の玉作工人集団）が王権の必要とする各種玉類の製作に従事していたと考えられる。また、曽我（玉作）遺跡での玉生産が急減するのと相前後して王権の神祇政策が転換、祭祀制度が変革され、原初的中央祭祀制度としていわゆる「祭官制」が成立すると見られている。[18]基本的にこれは、継体天皇系王統による新政策と理解されるが、これにともなって王権内の卜占集団から中臣連氏、[19]同じく玉作集団から忌部首氏が祭祀氏族として新たに成立したものと推察される。

物部連氏と祭祀氏族の中臣連氏が、天皇や大臣蘇我氏の崇仏にそろって反対しただけでなく、河内や大和での拠地が隣接し地縁的にも親しい間柄にあったことの指摘[20]も参考になる。他方、蘇我氏が決して神祇信仰に反対の立場にあったわけではなく、右述のように祭祀氏族の忌部首氏と親密な関係にあった。

すなわち、当時の王権内に、蘇我氏と忌部首氏、物部連氏と中臣連氏という、執政官氏族と祭祀氏族の二組の氏族連携が存在した。そこに忌部首氏は表立って登場しないけれども、天皇や大臣蘇我氏の仏教信仰の受容をめぐる抗争は、この二組間の、王権内における宗教政策の主導権をめぐる対立という側面も存在したのではないかと考えられる。

それだけでなく、用明天皇の亡くなった直後に穴穂部皇子を擁立しようとした物部大連守屋が、先手を打った蘇我大臣馬子や泊瀬部皇子らの連合軍に攻め滅ぼされているように、王位継承に絡んだ権力抗争の一面もあった。要するに、蘇我氏・物部連氏の抗争は、王権内部における王位継承や宗教政策などの主導権をめぐる権力抗争が、その本質であったと考えられる。[21]

第七節　仏教崇敬と氏族合議

欽明朝の仏教公伝時だけでなく、敏達・用明朝の三代に亘って酷似した仏教崇廃抗争が伝えられることについては、川尻秋生氏の以下の指摘が参考になる。[22]

①『日本書紀』・『元興寺伽藍縁起幷流記資財帳』・『上宮聖徳法王帝説』の仏教公伝記事からは、百済聖明王・欽明朝・蘇我稲目の三点以外を導くことはできない。さらに注目されるのは、欽明天皇が仏教受容の可否について、蘇我氏・物部氏・中臣氏に諮問したというモチーフであり、ここには当時の合議制が反映している。

②大化前代の合議制は、大王（天皇）が諮問しマエツギミ一人一人が回答、それを大王が判断した。律令制下のように議政官が回答を一本化して奏上する合議形式とは大きく異なる。大化前代の合議制の案件は、皇嗣・対外戦争・仏教の受容に限定される。

③崇仏・廃仏論争に後代の経典を出典とする潤色が加えられていることは事実であり、全てが史実であるとはいえないが、先の三点以外に合議制という視点から、実際に崇仏・廃仏論争が存在したと見られる。

④欽明・敏達・用明天皇の三代に亘って崇仏・廃仏論争がみえるが、『紀』の虚構や記事の重複ではなく、大王（天皇）の世代ごとに合議の場で崇仏・廃仏論争が起きていたことを物語る。

⑤新羅遠征についても、欽明・崇峻・推古朝に可否を問う大王の諮問が行なわれており、合議制ではないが、敏達朝にも問題になっている。仏教の受容も対外関係の延長線上において考えなければならない。

⑥大王の代替わりごとに、大王が大臣以下の群臣を任命することが行なわれた。[23] 大王の代替わりという視点から、群臣の利害の対立を含む重要な案件については、大王の世代ごとに合議が開かれ、その可否が判断された可能性が想定される。大王の世代ごとに崇仏・廃仏論争が起きたという『紀』の記事もある程度信頼できる可能性があ

る。

⑦推古朝に崇仏・廃仏論争はないが二年（五九四）四月朔条の三宝興隆詔が注目される。この詔は大和政権における仏教受容の全面的な認可を意味している。(24)

当時の実態を踏まえた指摘として、支持されよう。天皇の仏教崇敬は王権にとって最も重要な事柄であったため、その都度群臣に可否が諮問されたのである。天皇の代替わり毎に「王権の重要事項に関する基本政策を決定する」ことが基本方針であったとすれば、用明天皇紀二年四月丙午条に、

天皇、群臣に詔して曰はく、「朕、三宝に帰らむと思ふ。卿等議れ」とのたまふ。群臣、入朝りて議る。

とあることも、容易に理解されよう。

推古天皇紀二年四月朔条の三宝興隆詔で合議制がとられていないのは、川尻氏も述べるように反対派の物部連氏が没落したこと、大夫層の三分の一以上が蘇我氏系の氏で占められて、仏教崇敬については合議にかける必要性が減少したからであろう。推古朝に三宝興隆詔が出されたことの意義は、次の舒明朝以降に天皇・大臣が仏教崇敬に関する王権の態度表明が、一切見られなくなることに表れている。舒明朝以降は王権・天皇による仏教崇敬は自明、既定の方針となり、天皇は自身の大寺を創建するのである。

ただし、大臣の崇仏のことがそこで諮られたかは明らかではなく、否定的に捉えられる。それにも拘らず反対の動きが顕在化するのは、国家間交渉で齎された文物は王権に帰属し天皇の占有物であったが、大臣が下賜された仏教は国家間交渉における贈与物であったこと、大臣という公的立場での仏教崇拝には天皇の許諾が必要であったこと、などによると考えられる。つまり、それは天皇の占有物である先進文物の一つが優先して大臣に下賜されたことと、大臣という公的立場での信仰への反発であり、蘇我氏の私的な信仰の場合は問題化していない。おそらくは仏教信仰に限らず、各氏族の私的な部分に他者は介入出来なかったのであり、古代に限らずこれは当然のことであった。

第八節　古代天皇の仏教信仰拒否

次の問題は、国家間の交渉で贈与された仏教を、大臣蘇我氏は天皇から下賜、許可されて崇敬したけれども、天皇自身はどうして仏教を信仰しなかったのか、あるいは出来なかったのかということである。敏達天皇九年（五八〇）六月や同十一年十月のように新羅からの進調を拒否することはあるが、百済からの贈与の受容を拒否したことはない。先にも触れたように、わが国は継体天皇七年六月に百済から派遣された五経博士段楊爾を十年九月には高安茂に替えたことを始めとして、欽明朝以降もこの体制は維持されて十四年六月には医・易・暦博士の上番を求め、十五年二月には五経博士を王柳貴から馬丁安に、僧曇慧ら九人を僧道深ら七人に替え、同時に易・暦・医博士や採薬師・楽人らが百済から派遣されている。この時は「皆依請代之」とあるから、五経・易・暦・医などの博士だけでなく、僧侶についてもわが国からの要請によることから、王権として仏教の受容を拒否しているのではないことも明白である。

二度目の廃仏（敏達天皇紀十四年三月丁巳朔条）が伝えられる敏達朝においても、敏達天皇六年十一月庚午朔条には、五月に小黒吉士とともに百済に派遣された大別王に関して、

百済国の王、還使大別王等に付けて、経論若干巻、幷て律師・禅師・比丘尼・呪禁師・造仏工・造寺工、六人を献る。遂に難波の大別王の寺に安置らしむ。

とあって、百済国王が還使大別王等に付して経論をはじめ律師・禅師・比丘尼・呪禁師・造仏工・造寺工の六名を献じ、難波の大別王寺に安置させている。大別王のことは分明でないが、王族の一員としてそれらの管理が委任されたのであろう。それは彼がすでに「大別王寺」を有していたことが考慮されたとみられるが、注目されるのは大別王が寺を建てて仏教を崇敬しているけれども、何ら問題になっていないことであるが、これはおそらく大別王一族の私的な信仰であったからであろう。

同じく、敏達天皇八年十月には新羅が仏像を齎し、十三年九月には百済から帰国した鹿深臣が弥勒石像、佐伯連も仏像各一躯を持ち帰り、「蘇我馬子宿禰」がそれを礼拝しているが、ここでも反対や禁止のことは見えないのも、先述したように蘇我氏の私的な信仰であったからである。ところが、敏達天皇十四年二月に「蘇我大臣馬子宿禰」がその時に得た舎利を大野丘の塔に納め、続く三月に父稲目宿禰の信仰した仏教の礼拝を要請したところ、「卜者の言に依りて、父の神を祭ひ祠れ」と天皇から許可された途端に、物部弓削守屋大連と中臣勝海大夫が猛烈に反対した。それに応じた天皇は彼らの訴えが「灼然なれば、仏法を断めよ」として廃仏を容認したが、六月に再び馬子宿禰が求めたところ、天皇は「汝独り仏法を行ふべし。余人を断めよ」と命じて、馬子宿禰の個人的な信仰のみを認めた、と伝える。

ここで『紀』が「蘇我馬子宿禰」「蘇我大臣馬子宿禰」と書き分けていること、また後者では天皇が仏教信仰に許可を与えていることに注目される。すなわち、それは稲目宿禰以来の大臣という公的立場で天皇から許容された仏教信仰であったことは明らかであり、物部守屋大連と中臣勝海大夫にはそのことが容認出来なかったのであり、六月の「馬子宿禰」の個人的信仰については反対の動きはしていないことと区別される。

これは、蘇我氏の仏教信仰において、大臣という公的立場で天皇から許認された場合は反対の動きが現れるが、私的、個人的な場合はそれが現われないのであり、この両者を区別して考える必要がある。私的、個人的な仏教信仰は反対の埒外にあったわけで、各氏族の私的営為に他者が介入できないことは、むしろ当然のことであった。

要するに、仏教信仰の受容に反対の動きが顕在化する対象としては、天皇自身と、大臣という公的立場で天皇から許認された場合とがあったわけで、後者の場合は先進文物の優先的な下賜や宗教政策をめぐる王権内の権力抗争と位置づけられることは、先述したところでもある。

つまり、大臣蘇我氏が仏教信仰の反対に遭ったことと、欽明天皇がそれを受容出来なかったことの理由は、同じではないということである。欽明天皇が仏教を受容しなかったことは、一連の倭・百済間交渉の中では異例のことであったと見なくてはならない。この時に百済王から贈られた仏教の受容可否が群臣間で問題となったのは、極言すれば天皇についてであった。

敏達天皇即位前紀では「天皇不信仏法、而愛文史」と評し、その「不信仏法」は敏達天皇十四年三月丁巳朔の、物部弓削守屋大連と中臣勝海大夫による疫疾流行は蘇我氏による仏教崇敬が原因であるとして廃仏を求めたことに、敏達天皇が「灼然なれば、仏法を断めよ」と応じたことに関連すると解され、[25]筆者もそのように考えてきた。しかし、蘇我氏の私的、個人的な仏教信仰は何ら問題とされていないのであるから、これは欽明天皇に続いて敏達天皇自身も仏教信仰を受容しなかったことを指している、と解するべきではないかと今は考えている。

用明天皇の場合も即位前紀で「天皇信仏法尊神道」と評されているが、この「信仏法」とは用明天皇紀二年四月丙午条の、病気治癒のため群臣に「朕、三宝に帰らむと思ふ。卿等議れ」と諮問していることを指している。用明天皇自身としては仏教崇敬に一歩踏み出していることが窺われるが、結果は、

群臣、入朝りて議る。物部守屋大連と中臣勝海連と、詔の議に違ひて曰さく、「何ぞ国神を背きて、他神を敬びむ。由来、斯の若き事を識らず」とまうす。

とあるように反対意見があり、用明天皇が本格的に仏教を受容するには至らなかった。

そこで次に、なぜ天皇が仏教を受容できなかったのかについて問わなくてはならないであろう。

この問題を考究した二葉憲香氏[26]は、

物部大連尾輿と中臣連鎌子の「我国家之、王天下者、恒以天地社稷百八十神、春夏秋冬、祭拝為事。方今改拝蕃神、恐致国神之怒。」とある奏言は事実としてあったものではないが、『日本書紀』の天皇観、天皇規定を表白している。律令天皇制の宗教的性格は、神祇令に「凡天皇即位、惣祭天神地祇。」「凡天神地祇、神祇官皆依常典祭

之。」とあるのに明瞭だが、その地位は祭祀王にあり、これは律令制以前の古い伝統を踏まえている。すなわち、わが国の古代国家形成過程おける各地域の統属は、各地域の祭祀権の掌握なしには有り得なかった。天皇国家成立の過程は、そのまま天皇の祭祀権掌握の過程として長い歴史を有する。天皇という政治的地位は、その祭祀王としての宗教的地位に由来する。

と、示唆深く述べている。そこで次に、天皇自身の仏教信仰受容と関わる、祭祀王天皇の問題について述べよう。

第九節　祭祀王天皇

『魏志』倭人伝に伝える卑弥呼のことは措くけれども、『隋書』倭国伝に開皇二十年（推古天皇八年／六〇〇）の倭王の使者が「倭王は天を以て兄と為し、日を以て弟と為す。天未だ明けざる時、出でて政を聴き跏趺して坐し、日出ずれば便ち理務を停め、云う我が弟に委ねん」と語ったとあるのは、隋の文帝に「太だ義理無し」と言わせたが、まさに夜明け前に神を祭って判断を仰がなければならない、祭祀王でもある倭国王の姿を伝えたものと言えよう。右の『隋書』倭国伝の記事は、夜明け前の祭事によって神の意思をうかがう神託政治と夜明け後に君主によって行なわれる日常政務の関係を述べたもの[27]、すなわち俗事である日常政務が夜明け前の祭事に基づいて執行されている様を、天と日の兄弟関係に擬えて説明したまでのことで[28]、当時の倭国の王権の政治機構において倭国王が弟王に日常政務を委ねる仕組みになっていた、ということを述べているのではない。要するに、古代の倭国王（天皇）は祭・政、聖・俗両面の権威と秩序を体現する存在であったということである[29]。

そのことは、大和国山辺郡に鎮座する式内名神大社の石上坐布都御魂神社（石上神宮／奈良県天理市布留町）からも窺うことが出来る。石上神宮と物部連氏・蘇我氏および王権との関係については次章で詳述するので、ここでは祭祀王天皇に関連する要点についてのみ触れておく。

石上神宮には、神功皇后紀摂政五十二年（紀年を補正すれば三七二）九月丙子条に百済王が贈ったとある「七枝刀」と目される中国・東晋の「泰（太）和四年（三六九）」の金象嵌銘文がある七支刀をはじめ、武器を中心に多くの神宝が収蔵されていたことで知られる。

垂仁天皇紀三十九年十月条には「五十瓊敷命が茅渟の菟砥川上宮で剣一千口を作って石上神宮に納め、五十瓊敷命にその神宝を掌らせた」が、八十七年二月辛卯条には「年老いた五十瓊敷命は妹の大中姫に石上の天神庫の管治を譲ろうとしたが、手弱女人には無理だと断り、彼女はそれを物部十千根大連に命じた。物部連が今に至るまで石上の神宝を治めるのは、この縁による」とあるように、物部連氏が収蔵される武器・神宝の祭祀を担ったが、これは後述するように石上神宮が物部連氏の氏神であったことを言うものではない。

天武天皇紀三年八月庚辰条には「忍壁皇子を石上神宮に派遣して膏油で神宝を瑩かせた。また元来、諸家の神府に貯める宝物は子孫へ返還せよと命じた」とある。これは、石上神宮に納める神宝の多くは地方豪族から服属の証に貢進されたものであり、天皇がそれらを石上神宮に納め祀ることで王権と地方豪族の平穏な関係（王権による地方支配）が維持されると考えられていことを示すものであり、[30]ここに祭らなければならない天皇の姿を見て取れよう。石上神宮の神宝を天皇が祭ることによって、王権の秩序が維持されたのである。

天武朝になってそれらの返還が行なわれたのは、天武天皇が壬申の乱に勝利して実力で即位した人物であることや、成文法に規定される国家体制の整備が進展したことにともない王権と地方豪族の関係も法的に規定されて、呪的紐帯に基づいた服属関係の重要性が王権支配の上で希薄になったことなどによる。

さらに、平安遷都の後、『日本後紀』延暦二十三年（八〇四）二月庚戌条には「大和国石上社の器仗を山城国葛野郡に運び収めさせた」が、二十四年二月庚戌条には「それ以来、神の祟り（故なくして庫が倒れ、桓武天皇が病気になる）などもおこるので巫女の託宣に従って、神庫建設も含め延べ十五万七千人あまりの労力を使い兵仗を返すことにした」とあり、未だそれは常に天皇とともにあるべきと観念されていた反面、九世紀初頭にはその移動が拒まれるほどに石上神宮が現地に根付いた存在になっていたことを示している。天皇が石上神宮に収蔵される器仗を祭祀することにおいて、天皇の地方統治、王権の秩序の維持が保証されるとする観念は、ここでは最早窺うことが出来ないのである。天皇が祭祀する神宮の、在地化の進展である。

祭祀王天皇に関わり本郷真紹氏(31)が、「思想面での大王（天皇）の存在基盤は在来の固有信仰の観念に基づく宗教的権威にあり、最高の祭祀権者たることが大王の大王たる所以を保証するものであった。大王が積極的に仏教興隆を推進することは、自身の拠って立つ基盤を揺るがすことになりかねず、仏教公伝に際して欽明が傍観者的立場をとったのもまさにこの理由による」と述べているのも参考になる。

このように古代の天皇には祭祀王としての側面が色濃く存在し、『随書』倭国伝が記すように、それは政治的地位をも規定するものであったと考えられる。新しく伝来した宗教や新たな宗教活動が、伝統的な宗教的秩序に悪影響を与える恐れがあるとみなされ、統制や弾圧が加えられたのも、こうした観点から理解する必要がある。例えば、次に記す皇極天皇紀三年（六四四）七月条は、その典型の一つと言えよう。

東国の不尽河の辺の人大生部多、虫祭ることを村里の人に勧めて曰はく、「此は常世神なり。此の神を祭る者は、富と寿とを致す」といふ。巫覡等、遂に詐きて、神語に託せて曰はく、「常世神を祭らば、貧人は富を致し、老人は還りて少ゆ」という。是に由りて、加勧めて、民家の財宝を捨てしめ、酒を陳ね、菜・六畜を路の側に陳ねて、呼ばしめて曰はく、「新しき富入来れり」といふ。都鄙の人、常世虫を取りて、清座に置きて、歌ひ儛ひ、福を求めて珍財を棄捨つ。都て益す所無くして、損り費ゆること極めて甚し。是に、葛野の秦造河勝、民の惑はさるるを悪みて、大生部多を打つ。其の巫覡等、恐りて勧め祭ることを休む。……

すなわち「東国の不尽河の辺に住む大生部多が勧めた常世神の祭祀を秦造河勝が禁断した」とある周知の所伝も、

説話化が進んでいるけれども先と同様な視点からの、王権による宗教統制であったと見られる。この場合は、共同体的基盤を持たないことや、幼虫を神として祭ることなどが、従前の神祇祭祀と相容れないとみなされたのであろう。

祭祀王天皇については、推古天皇紀十五年（六〇七）二月戊子（九日）条も参考になる。

朕聞く、曩者、我が皇祖の天皇等、世を宰めたまふこと、天に跼り地に蹐みて、敦く神祇を礼びたまふ。周く山川を祠り、幽に乾坤に通す。是を以て、陰陽開け和ひて、造化共に調る。今朕が世に当りて、神祇を祭ひ祀ること、豈怠ること有らむや。故、群臣、共に為に心を竭して、神祇を拝るべし。

伝統となっている天皇による神祇祭祀を女帝が重視することの詔であるが、同月甲午（十五日）条にも「皇太子と大臣と、百寮を率て、神祇を祭ひ拝ぶ」とあるなど、後の文飾を除いてもなお天皇に祭祀王としての姿が窺われる。

孝徳天皇紀大化元年七月庚辰条に、

蘇我石川麻呂大臣、奏して曰さく、「先づ神祇を祭ひ鎮めて、然して後に政事を議るべし」とまうす。是の日に、倭漢直比羅夫を尾張国に、忌部首子麻呂を美濃国に遣して、神に供る幣を課す。

と政事より神祇の祭鎮を優先すべきことを説き、天武天皇紀七年（六七八）正月是春条にも「天神地祇を祠らむとして、天下に悉に祓禊す。斎宮を倉梯の河上に竪つ」とあることなども、具体的な内容が分明でない部分もあるが天皇にとって祭祀が重要であることを伝えたものでもある。

律令施行以前には天皇の代替わり毎に群臣による新天皇の推戴と、新天皇による群臣の職位認定が行なわれていたが、(32) このことは君臣関係において双務的性格が強く、群臣の王権への帰属意識が強いものであったことを物語る。それゆえ、天皇の代替わり毎に改めて群臣による政治上の重要課題を審議することが恒例であったのであり、仏教受容も議題となったのである。

古代の天皇には、石上神宮の神宝とともに、王権の領域内に鎮座している諸々の神々、天神地祇を祭らなければならないという一面も存在した。『紀』の所伝は断片的であるが、天武天皇七年四月丁亥朔（一日）に倉梯河上斎宮に行幸しようとしたものの、癸巳（七日）に十市皇女が急病で亡くなったので、行幸は中止になり神祇も祭らなかったと伝える。

古代の天皇が倭国の政治的、世俗的君主であるだけでなく、宗教的秩序を体現する存在と観念されていた社会では、天皇の代替わりによって古い秩序が新しい秩序に更新され、社会全体が活力に満ちた新しい世界が出現すると幻想されていたと考えられる。天皇は、その支配する世界の政治的、かつ宗教的秩序を体現する存在と観念されていたが故に、容易に仏教信仰の受容に踏み切れなかったものと思われる。つまり、天皇が仏教信仰を受容することで、王権の宗教的秩序が崩壊するのではないかと危惧され、さらに天皇に体現される王権の崩壊に繋がると恐れられたのである。

宗教的秩序体現の構造について言えば、そこには支配層を結集（王権を形成）させる宗教的秩序の核としての神祇信仰、すなわち共同幻想としての神話と歴史の共有、王権儀礼としての神祇祭祀、それらと同時に並行して発する各集団（氏族）の王権への帰属意識、その中心に坐す天皇という伝統的観念の存在が想定される。すなわち、天皇が仏教信仰の受容に踏み切れなかったことの背景には、そのことによる王権の宗教的秩序と紐帯が崩壊することへの、強い危惧が存在したのではないかと憶測される。

さて、令制下では朝廷の恒例祭祀で最も重要とされた祈年祭の起源である御歳神の信仰と祭儀が海外から齎されたものだった[33]ことや、今木神とともに祭られた渡来系竈神である久度神を王権の祭祀（平野祭）に受け入れたことなどを思えば、単に「異国の宗教」という理由だけで宗教的秩序の崩壊が危惧され、天皇の仏教崇敬が認められなかったとは考えられない。神の姿を見ることが禁忌であるだけでなく、祭祀以外にその姿を思い浮かべて名を口にすることも憚られた、当時の伝統的神祇観にあって、天皇が王家の祖神「日の女神」（天照大神）に勝るかの如き、常に堂内で金色の光を放つ人の形に似せた像を礼拝する外来の新宗教を信仰することなど、想像も出来ないことではなかったかと推察される。

『記』・『紀』が雄略天皇と全く同じ姿で顕現したと伝える一言主神（一事主神）についての例外的所伝を除けば、神の姿は見ることは出来ず、それを禁忌とする古代の神観念のもとでは、祭祀王でもある天皇が新しく齎された常に金色に光を放つ仏像を礼拝することに、強い抵抗感を懐いたのも当然のことであった。燦然と輝く偶像を崇拝するという点で、それ以前に海外から伝来した多様な神信仰とも、全く異なるものと観念されたであろう。

また、従前の神祇観では、神は常坐するものではなく祭祀の度に迎えられ、終わりと同時に神界へ帰り戻ると観念されたことに比べ、堂塔内に常坐する仏というあり方にも、馴染めない面があったのかも知れない。さらに、神が巫覡など仲だちとなる宗教者の口を借りて、もしくは祥瑞や災異を現出させて、その意思を示したのに対して、僧尼がすでに経典に記されている法を説くことに、違和感を懐いたかも知れない。

仏教は従前の神祇信仰と比べて余りにも異質であったということだが、天皇が世俗の秩序だけでなく宗教的な秩序を体現する存在と観想されていたとすれば、それへの違和感が醸成されることは寧ろ当然であったと思われる。天皇が仏教信仰を受容すれば、天皇に体現される宗教秩序が崩壊し王権と社会の解体に繋がることが危惧されたのである。

一部の群臣だけでなく、祭祀王である天皇自身も、当初は仏教信仰に違和感と危惧を懐いていたわけで、王家の祖神である「日の女神」との異質性が明白になるなど、天皇の仏教信仰受け入れまでには時の経過が必要であった。

第一〇節　古代王族の仏教信仰

仏教信仰の受容について群臣内で反対の動きが出てくるのは、天皇と大臣蘇我氏の公的な立場でのそれであり、その理由が両者で異なることは先に記した通りである。祭祀王でもある天皇が、堂塔内に常坐して燦然と輝く放光仏を礼拝することには、王権内に強い抵抗があったが、王族や蘇我氏の私的な信仰にはその規制が及ばなかったことは、やはり天皇の宗教的性格を明瞭に示すものと言える。

敏達天皇紀六年五月丁丑・十一月庚午朔条にみえる大別王の仏教信仰が問題視されていないことは先に触れたが、廏戸皇子（聖徳太子）の仏教信仰はより明瞭である。古代史上の「聖徳太子」像をめぐって様々な議論のあることは後に詳述するが、廏戸皇子が推古天皇九年（六〇一）二月に斑鳩宮造営に着手し同十三年十月に遷居したこと、この斑鳩宮に隣接して斑鳩寺（若草伽藍／創建法隆寺）の造営を並行して進めたことなどは、考古学の上からも否定し難いことである。

条里制に先立つ異なる地割の存在から、廏戸皇子の斑鳩遷居が大規模な斑鳩の地域開発をともなうもので、彼を本主とする上宮王家の経済的かつ政治的な基盤の確保であったことは、すでに明らかにされている。(34)これは王位継承権を持つ王家としての自立を意味するものでもあったが、斑鳩宮と対で斑鳩寺を創建したことは、廏戸皇子・上宮王家の公的立場における仏教信仰受容の表明でもあった。王位継承権を持つ有力王族だけに、王権内部に与えた宗教的影響も少なくなかったと推察されるが、それが王権内部で問題化された状況は窺われない。

それよりも、推古天皇紀二年四月朔条に、

皇太子及び大臣に詔して、三宝を興し隆えしむ。是の時に、諸臣連等、各君親の恩の為に、競ひて仏舎を造る。即ち是を寺と謂ふ。

と三宝興隆の詔を出していることは、推古朝には仏教導入・崇敬は王権の基本方針として確定し、廏戸皇子・上宮王家の公的な仏教崇敬が異論なく許容される状況になっていたことを物語る。そのことは、推古天皇の即位時に仏教をめぐる群臣への諮問が、行なわれた形跡がないことからも理解される。飛鳥寺（法興寺）創建のことも同様に捉えられるが、物部守屋大連が滅ぼされ、崇峻天皇が殺害されて王権内部の統一が実現し、時の進展によって「日の女神」

と放光仏の本質的差異についても理解が進み、仏教崇廃が王権の重要課題ではなくなったことを示している。

第一一節　廏戸皇子と仏教

ここで、廏戸皇子による仏教崇敬に関わり、勝鬘経と法華経の講経をめぐる問題について、少し触れておこう。推古天皇紀十四年条は、廏戸皇子による勝鬘経と法華経の講説を次のように伝えている。

秋七月に、天皇、皇太子を請せて、勝鬘経を講かしめたまふ。三日に説き竟へつ。是歳、皇太子、亦法華経を岡本宮に講く。天皇、大きに喜びて、播磨国の水田百町を皇太子に施りたまふ。因りて斑鳩寺に納れたまふ。

これをめぐって議論もあるが、以下に述べるように、推古朝の仏教に対する方針に従ったものと見做してよいと考える。ただし、勝鬘経と法華経の講経が同年に行なわれたのか定かではなく、『紀』編者は廏戸皇子の講経として推古天皇紀十四年条に一括して記載したとも見られよう。とくに、法華経の講経は行なわれた月日が定かでなかったから「是歳」のこととして編纂されたのであろうが、秋七月条と是歳条は原史料が異なっていた可能性もある。

講経の実施についても多くの議論があるが、石井公成氏(35)は、梁の武帝や昭明太子は自ら講経を行ない、隋の文帝は著名な学僧を招いて講経を行なわせている。仏教を信奉する貴人がその教えを絶賛するのが礼儀であったから、廏戸皇子がそうした在りように倣うこともあり得たと考えられる、と説く。また、『法華経義疏』・『勝鬘経義疏』・『維摩経義疏』のいわゆる三経義疏については、変格漢文が多いことから講経は日本語でなされたこと、経典に対する検討も日本語で行なわれたこと、廏戸皇子の作とは断定できないが倭人が書いていると見られること、などを指摘しているのも参考になる。

さらに留意されるのは、廏戸皇子の勝鬘経・法華経の講経に対して、推古天皇が播磨国の土地を布施していることである。それに関わり、『紀』のほかにも次の関連史料が存在し、事実の確定に若干の問題がある。なお、次に引く天平十九年（七四七）の『法隆寺伽藍縁起幷流記資財帳』の縁起の冒頭部分と平安時代中期成立の廏戸皇子の伝記で他の太子伝より信頼度の高い史料をふくむ『上宮聖徳法王帝説』は、記事の比較が必要なことから原文を記し、参考までに『日本霊異記』の関連記事も掲げる。

・『法隆寺伽藍縁起幷流記資財帳』(36)

①丁卯、小治田大宮御宇
天皇幷東宮上宮聖徳法王、法隆学問寺、幷四天王寺、中宮尼寺、橘尼寺、蜂岳寺、池後尼寺、葛城尼寺乎、敬造仕奉、
亦小治田
天皇大化三年歳次戊申九月廿一日己亥、許世徳陁高臣宣命為而、食封三百烟入賜岐、②又戊午年四月十五日、請上宮聖徳法王、令講法華勝鬘等経岐、其儀如僧、諸王公主及臣連公民信受無不憙、講説竟高座爾坐奉而、大御語止為而、……播磨国佐西地五十万代布施奉、……③是以聖徳法王受賜而、此物波私可用物爾波非有止為而、伊河留我本寺・中宮尼寺・片岡僧寺、此三寺分為而入賜岐、……

・『上宮聖徳法王帝説』(37)

ⓐ太子起七寺四天皇（マヽ）寺、法隆寺、中宮寺、橘寺、蜂丘寺幷彼宮賜川勝秦公、池後寺、葛木寺賜葛木臣、
ⓑ代午年四月十五日、少治田天皇、請上宮王令講勝鬘経、其儀如僧也、諸王公主及臣連公民、信受無不嘉也、三箇日之内、講説訖也、天皇布施聖王物播磨国揖保郡佐勢地五十万代、聖王即以此地為法隆寺地也今在播磨田三百余町者

・『日本霊異記』「信敬三宝得現報縁第五」

大花位大部屋栖野古連公は、紀伊国名草郡、宇治の大伴連等の先祖なり。天年澄める情ありて三宝を重尊ぶ。本記を案ふるに曰はく、…吉野の竊（比曾）寺縁起譚…

元年夏四月庚午朔己卯に、廏戸皇子を立てて皇太子にしたまふ。即ち屋栖古連公を以て太子の肺脯の侍者とす。……十七年己巳春二月に、皇太子、連公に詔して、播磨国揖保郡内二百七十三町五段余の水田の司に遣したまふ。

まず、件の所伝は『法隆寺伽藍縁起幷流記資財帳』の冒頭に記されていて、法隆寺創建に関わる重要事項と見られていたことが分かる。その傍線部①は『上宮聖徳法王帝説』の㋐、同じく②と㋑（「代午年」とあるのは、諸書が校訂するように戊午年の誤記であろう）は対応し、参考までに㋑の読み下し文も左に掲げるが、表記も含めて酷似している。

代《(戊)》午年四月十五日に、少治田天皇、上宮王に請せて勝鬘経を講かしめたまひき、其の儀僧の如し。諸王・公主及び臣・連・公民、信受けて嘉みせずといふこと無し。三箇日の内に、講説訖へつ。天皇、聖王に布施したまふ物は、播磨国揖保郡佐勢地五十万代なり。聖王、即ち此地を以て、法隆寺地と為たまひき。今播磨に在る田、三百余町なり。

これは、両者が同じ原史料を使用しているか、もしくは『上宮聖徳法王帝説』が『法隆寺伽藍縁起幷流記資財帳』を参照しているか、あるいはその反対の何れかであろう。従って、『法隆寺伽藍縁起幷流記資財帳』のこの部分の所伝について、『上宮聖徳法王帝説』のそれを傍証に用いることは控えなければならないし、その反対の場合も同様である。

次に、「五十万代」は過大に思われ、傍線部③の土地分納に該当する所伝は『上宮聖徳法王帝説』には見えないけれども、三寺への土地分納については法隆寺領鵤荘（兵庫県龍野市誉田町の北東部）[38]が存在することや、嘉暦四年（一三二九）の『法隆寺領播磨国鵤荘絵図』[39]には西部の林田川流域に「片岡」の地名が集中して分布することが参考になる。同図の左部には、「西三ケ條佰捌拾町五段内参拾壹町陸段廿五代片罡庄内弘山押領分在之 定佰肆拾捌段廿五代　建治元年御實検目録定」との付記があり、そこに「片罡庄」

とみえることも参考になる。片罡（片岡）庄は領主や庄域は不詳ながら平安時代末頃には独立した荘園であったが、後に鵤荘に包摂され、さらにその一部が弘山庄に押領された。[40] これらのことからも、主体や時期など定かでない部分もあるが、播磨国佐西地（播磨国揖保郡佐勢地）の三寺への土地分納のことは実際に存在したと見られる。[41]

第二節　三寺への土地分納の事実

それでは、廏戸皇子の講経を契機に推古天皇が布施した土地を廏戸皇子が伊河留我本寺（斑鳩寺）・中宮尼寺・片岡僧寺の三寺に分納したという『法隆寺伽藍縁起幷流記資財帳』の所伝から、どのような事実を導くことが出来るであろうか。次に関連所伝について検討を進めるが、先ずその前後を含めて関連の所伝の大要を記載順に整理しよう。

Ⅰ傍線部①：丁卯歳に小治田大宮御宇天皇と東宮の上宮聖徳法王が、法隆学問寺をはじめ四天王寺・中宮尼寺・橘尼寺・峰岳寺・池後尼寺・葛城尼寺を創建した。

Ⅱ波線部：また、小治田天皇大化三年歳次戊申九月二十一日己亥に、許世徳陁高臣に命じて食封三百烟を施入した。資財帳部分でも、左のようにこれをそのまま引き写している。

合食封参佰戸

右本記云、又大化三年歳次戊申九月廿一日己亥、許世徳陀高臣宣命納賜、己卯年停止、

Ⅲ傍線部②③：また、戊午年四月十五日、上宮聖徳法王が法華経・勝鬘経の講説を行なったことに対して、推古天皇が播磨国佐西地五十万代を布施し、太子はそれを伊河留我本寺・中宮尼寺・片岡僧寺に分納した。

法隆寺が播磨国揖保郡内に、推古天皇が施入し廏戸皇子が納めたと伝える広大な寺領を有したことは確かであるとしても、紀年と天皇の間で不整合が見られ、所伝の信憑性に問題がある。

まず、Ⅰの「小治田大宮御宇天皇」とは小墾田（小治田）宮を正宮とした（十一年〈六〇三〉十月壬申）推古天皇の

ことであり、「丁卯」が推古天皇十五年（六〇七）に当ること間違いなかろうが、この年に七カ寺がそろって創建されたということではなかろう。

Ⅱの「小治田天皇大化三年歳次戊申」の紀年表記については、推古天皇はその三十六年（六二八）に七十五歳で死亡しており、大化三年（六四七）には既に存在しないから、この「小治田天皇」を推古天皇にあてることは出来ない。さらに、『紀』では大化三年の干支は丁未であり、大化三年歳次戊申とあるのと違っているだけでなく、そもそも推古朝には戊申年が存在しないから、これを推古朝に求めることも無理である。大化四年の干支は戊申であるから、大化三年は大化四年の誤記、あるいは大化三年の干支を戊申とする別系統の原史料に依拠した可能性もあろうが、小治田天皇＝推古天皇と大化の元号は全く相いれないわけだから、この部分は記事そのものか、もしくはこれまでの解釈に根本的な問題がある。

次に、廏戸皇子の三寺への土地分納の当否に関わる、Ⅲの「戊午年」も問題となる。推古朝で干支が戊午であるのは推古天皇六年（五八九）であるが、廏戸皇子の勝鬘経・法華経の講経を推古天皇十四年丙寅（六〇六）とする『紀』とは大きく異なるから、『紀』とは別系統の所伝が存在したのではないかと思われる。さらに、推古天皇六年戊午には斑鳩寺をはじめ、中宮尼寺や片岡僧寺[42]（葛下郡神戸郷片岡／北葛城郡王寺町）が存在したとは見られないことから、土地分納もこの年のこととしては認め難い。しかし、『法隆寺伽藍縁起并流記資財帳』資財帳の部分でも、

播磨国揖保郡貳佰壹拾玖町壹段捌拾貳歩右播磨田、小治（田脱カ）大宮御宇　天皇戊午年四月十五日、請上宮聖徳法乎、令講法華勝鬘等経而、布施奉地五十万代、……

と縁起部の記載を載録しているから、播磨の寺領と小治田天皇と戊午年の結びつきは強く意識されていたことが分かる。この問題について、以前、次のような仮説を示した[43]。

Ⅰ・Ⅱ・Ⅲは必ずしも年代順に配置されたものではなく、とくにⅢはⅡの理由を説明するため、すなわち、小治

田天皇が大化三年歳次戊申に斑鳩寺に食封三百戸を施入したが、これは戊午年に上宮聖徳法王が法華経・勝鬘経の講説を行なったことに対して施入された播磨国揖保郡佐西地が伊河留我本寺・中宮尼寺・片岡僧寺に分納されて寺領が減少したことの補填措置である、ということの説明として挿入されたものではないか。したがって、Ⅱの「小治田天皇」とは乙巳の変で退位した皇極であろう。また、三寺への土地分納は事実であろうが、廏戸皇子によるものかは定かではない。上宮王家が健在な時に、関係が分明でない片岡僧寺へ寺領を分割すれば、軋轢も想定されることから、それは廏戸皇子・上宮王家のなくなってからのことではなかろうか。

右のうち、Ⅱの「小治田天皇」＝退位後の皇極であること（「大宮御宇」の表記がない）、および三寺への土地分納が廏戸皇子・上宮王家のなくなってからのことと見る点は、今も改める必要はないと考える。許世徳陁高臣（巨勢徳陀古臣）についても、大化五年四月甲午に左大臣に任じられ、斉明天皇四年（六五八）正月丙申に亡くなっているから、整合的である。皇極天皇は即位元年十二月壬寅に小墾田宮に遷り、二年四月丁未に飛鳥板蓋宮が完成するまで権宮とした。さらに、斉明天皇として重祚した元年（六五五）一〇月己酉に、小墾田に瓦葺きの宮殿を建築しようとしたと伝えられる。しかしながら、『紀』と異なる「戊午年」は問題が残る。

これに関わり、水野柳太郎氏(44)は、「丁卯」「戊申」「戊午」は干支の順に配列されており、「戊午」は斉明天皇四年にあたるが、「大化三年歳次戊申」を「小治田天皇」＝推古天皇の時期としている「縁起」の作者にとっては、斉明天皇四年も推古天皇の時期と考えるのに問題はなかったであろう、と述べる。しかし、『法隆寺伽藍縁起幷流記資財帳』は、天平十八年（七四六）に聖武天皇の勅を奉じた左大臣橘諸兄の宣を受けた僧綱が出した牒に基づいて作成され、天平十九年に提出されたものである。意図しない瑕疵や寺領などで意図的に強調した表現はあろうが、「縁起」の筆録者が、「大化三年歳次戊申」だけでなく「丁卯」から半世紀後の「戊午」までを推古朝とするほど、杜撰な記述をしたとは考えられない。

『法隆寺伽藍縁起幷流記資財帳』の引用部は法隆寺創建に関わる縁起であるから、Ⅲ（傍線部②③）をⅡの理由を説明（大化三年の食封三百戸施入は、播磨国揖保郡の寺領が三寺に分納されて減少したことの補填措置）したとの一案も、確証がない。Ⅰ・Ⅱ・Ⅲは年代順か否かに囚われず、所伝内容から柔軟に解さなければばらないが、やはり傍線部①丁卯条の「小治田大宮御宇天皇」と波線部の「小治田天皇」は、別の天皇であったと理解すべきと考える。「大宮御宇」でその時に位にあったか否かを区別しているとすれば、波線部の「小治田天皇」が退位した皇極女帝にあたることはほぼ確かと思われる。このことを敷衍すれば、『法隆寺伽藍縁起幷流記資財帳』資財帳部にみえる「小治（田脱カ）大宮御宇天皇」は、「戊午年」に位に在った天皇と解さなくてはならない。この期の「戊午年」には、推古天皇六年と、その六十年後の斉明天皇四年（六五八）があるが、『法隆寺伽藍縁起幷流記資財帳』や『上宮聖徳法王帝説』の当該記事の内容から見て水野氏の説く斉明天皇四年にあてることには無理がある。

　要するに、傍線部②の「戊午年に廏戸皇子が講経を行ない推古天皇から播磨国佐西地を布施された」ことを受けた③からは、「それを伊河留我本寺・中宮尼寺・片岡僧寺に分納した」ということしか読み取れない。従って、波線部の記事は年代順に掲載されているのではなく、やはり何らかの理由で『法隆寺伽藍縁起幷流記資財帳』の編纂時に挿入された記事と解する以外にない。『上宮聖徳法王帝説』には、この部分が見えないことも参考になるが、上宮王家滅亡後の大化三年に（退位した皇極女帝の意向を受けて）王権から斑鳩寺への援助が行なわれたということであろう。

　大臣蘇我氏が信仰したのは、百済から王権に贈与されたのを天皇から下賜された仏教であり、あるいは天皇から許認された上での崇仏であって、元興寺も官の工人を用いて公的な業として創建されたのに対し、廏戸皇子の仏教信仰にはそうした側面が伝えられていないところに大きな特色がある。

第一三節　古代天皇の仏教受容

元興寺や斑鳩寺の本格的な伽藍造営や、日々の僧尼の活動を目にするにつけ、天皇には従前の神祇信仰との違いについて認識も進み、違和感は薄れていったと考えられる。さきに触れたように廏戸皇子には即位の可能性があったわけだから、それが実現していれば史上最初の仏教信者である天皇の誕生となっていただろうが、廏戸皇子が四十九歳で歿したのに反して推古天皇が七十五歳と長寿だったために適わなかった。推古天皇紀四月戊辰条の「憲法十七条」の仏教崇敬を説いた第二条はしばし措くが、(46)同紀二年丙寅朔条の仏教興隆の詔を信じるならば、天皇と仏教の間隙はほぼ埋められたと思われる。

大業三年（推古天皇十五年／六〇七）の小野妹子を主席とする遣隋使は、「聞く、海西の菩薩天子、重ねて仏法を興すと。故に遣わして朝拝せしめ、兼ねて沙門数十人、来って仏法を学ぶ」と語ったと伝えられるが（『隋書』倭国伝）、まさに仏教外交の展開であり、「沙門数十人」は国費留学僧である。

乙巳の変後の改革を推進した孝徳朝になれば、もはや王権と仏教が一体化したかの如き観が現出する。史料は先に引いたので割愛するが、大化元年（六四五）八月癸卯には欽明朝以来の仏教史を回顧するとともに各氏族の寺院造営に対する援助を詔し、白雉二年（六五一）十二月晦条では、左のように昼には二千百人余りの僧尼を請じて味経宮で一切経を読ませ、この日の夕には難波長柄豊碕宮への遷居に先立って朝庭内で安宅・土側経などの読経を行なわせている。

冬十二月晦に、味経宮に、二千一百余の僧尼を請せて、一切経読ましむ。是の夕に、二千七百余の燈を朝の庭内に燃して、安宅・土側等の経を読ましむ。是に、天皇、大郡より、遷りて新宮に居す。号けて難波長柄豊碕宮と曰ふ。

これは難波長柄豊碕宮の完成と、遷宮にともなう仏事であろうが、催されたのが神事でないことに注目される。さらに翌年四月壬寅条には、

沙門恵穏を内裏に請せて、無量壽経を講かしむ。沙門恵資を以て、論議者とす。沙門一千を以て、作聴衆とす。

とあって、内裏において沙門千人を前に恵資を論議者（問者）とし恵隠に無量寿経の講経をさせるなど、孝徳天皇を「尊仏法」と評した情況が現れている。

さて、天皇が仏教信仰の本格的な受容を正式に表明するのは大化の少し前、舒明天皇が最初である。舒明天皇紀十一年（六三九）条は、それを次のように伝える。

秋七月に、詔して曰はく、「今年、大宮及び大寺を造作らしむ」とのたまふ。則ち百済川の側を以て宮処とす。是を以て、西の民は宮を造り、東の民は寺を作る。便に書直県を以て大匠とす。

すなわち、八年六月に飛鳥岡本宮が火災に遭い田中宮に仮居していた舒明天皇は、十一年七月に百済川側に正宮を造営し、宮と対になる大寺＝王家の寺院の創建も開始した。西方から徴用した人民は大宮造営、東方からの人民には大寺創建に従事させたとあるから、百済川を挟んで西には百済大宮、東には百済大寺が造営されたとみられる(47)。

同年十二月是月条には百済川側に九重塔が立てられたとあり、十二年十月是月条には舒明天皇が百済大宮に遷居したとあるから、大宮・大寺の工事はかなり進捗していたようである。しかし、翌十三年十月丁酉条に舒明天皇は百済大宮で殁し、九日後の丙午条には宮の北で百済大殯が催されたとあるが、その後も百済大寺の造営が続行されたかは詳らかでない。

ここで重要なことは、舒明天皇による百済大寺の創建が、祭祀王でもある天皇自身にとって最初の仏教信仰の受容表明でもあることである。特に注目されることは、仏教が百済から初めて贈与された欽明朝のように天皇の崇仏について群臣への諮問、王権内で可否を検討し見解の統一がはかられた形跡が全く見られず、舒明天皇が自らの意思で百

済大寺の造営を行なっていることである。

今一つ注目されることは、舒明天皇が百済大宮と対で百済大寺を造営していることである。これは多分に、廏戸皇子の斑鳩宮・斑鳩寺のあり方を意識してのことであったに違いないと考えられる。こうした王宮と対をなす寺院や王宮内の仏教施設の政治的機能にかかわり、そこで催される仏事を通じて君臣統合が行なわれたとの指摘もあるが[48]、百済大寺が単に舒明天皇個人の寺院ではなく、王家の総意に基づく「王家の大寺」としての地位が付与されていることから、さらに深い宗教的意味があったのではないかと思料される。

百済大寺創建の事情について、天平十九年（七四七）の『大安寺伽藍縁起幷流記資財帳』[49]が伝える契機も、あながち虚構ではなかったとも考えられる。次は、その要旨である。

病に伏せる廏戸皇子を見舞うため、推古天皇は田村皇子（後の舒明）を飽波葦墻宮に遣わした。廏戸皇子は自分が創めた羆凝村の道場（羆凝寺）を、過去と将来世々の帝皇のため大寺に営造することを願い、朝廷に譲り献上した。そして、仏法を長く伝えるために羆凝寺を田村皇子に付与された。のち、崩御に際して推古天皇が、この寺を後世に流伝せよと田村皇子に遺詔されたことを承けて、舒明天皇が十一年己亥春二月に、子部社を切り排って百済川の側に九重塔を造営し、寺封三百戸を入れて百済大寺と号した。この時、子部社の社神が怨んで失火し、九重塔と金堂石鴟尾を焼破した。

関連寺院などの遺構が未検出であることもあって、説話的な所伝内容については疑問視される傾向にあった[50]。廏戸皇子と田村皇子の会話や推古天皇の遺詔などは信憑性が疑われる内容であるけれども、飽波葦墻宮に近い「羆凝道場」については検討が必要である。

法隆寺僧顕真が延応元年（一二三九）に著した『聖徳太子伝私記』（古今目録抄）下巻[51]は、羆凝寺について「同国平群郡額部郷額田寺、今額安寺也。推古天皇御願、今大安寺之本寺也」と記すが、額田部連氏の氏寺である額安寺（大和郡山市額田部町）境内から七世紀初頭の法隆寺若草伽藍と同系の手彫り唐草紋軒平瓦が出土していることから、[52]額安寺の前身となる草堂的寺院が存在したことは考えられる。これを羆凝寺にあてることも想定可能であるが、『聖徳太子伝私記』下巻が時代の降る史料だけに確かさに欠ける憾みがあって、断定は出来ない。

第一四節　飽波評の設定

羆凝村の道場について考える際に触れなければならないのが、廏戸皇子が亡くなったという飽波葦墻宮と、飽波評の存在である。これは大宝令前の「評」と関わり、葛城県について考察する第四章でも参照することから、少し詳しく見ておこう。

大宝令施行によって大和国平群郡に併合される飽波評については、狩野久氏[53]の論攷が参考になる。狩野氏は、一九七六年度の正倉院染色品類整理の際に発見された幡の残片に「阿久奈弥評君女子為父母作幡」との墨書があったことや、一九八〇年からの法隆寺伝来の上代裂調査でも平絹幡に天武十年（六八二）にあてられる「壬午年飽波書刀自入奉者田也」とあったことなどから、概ね次のように説いている。

飽波評は、飽波地域（大和郡山市池沢町・今国府町・椎木町、生駒郡安堵町東安堵・西安堵・笠目）と額田地域（大和郡山市額田部北町・額田部南町・額田部寺町）を領域としたが、評域があまりに狭隘であったために、大宝令施行にともなって平群郡に併合され飽波里・額田里となった。飽波評成立の歴史的背景については、『大安寺伽藍縁起幷流記資財帳』に推古天皇が田村皇子を派遣して病気の廏戸皇子を「飽波葦墻宮」に見舞ったとみえ、『続日本紀』神護景雲元年（七六七）四月乙巳に称徳天皇は飽波宮に行幸して法隆寺の奴婢二十七人に爵を与えている。同三年十月己酉の河内由義宮行幸の際にも飽波宮に一泊している。天平勝宝二年（七五〇）の『官奴司解』（『寧楽遺文』下）は東大寺に施入する二百人の官奴婢を選定した記録だが、その中に嶋宮・広瀬村・春日村・奄知村とともに飽波村の常奴八人婢一人が見える。常奴婢は七世紀の王家の宮室に隷属したものの遺制であるから、かつての王家の宮室と密接に結びつく。すなわち、飽波評は、七世紀前半に王家が飽波に造営した宮室「飽波宮」を核とする地域的まとまりをもとに編成されたものである。

小論も狩野氏説に全面的に依拠するところであるが、この飽波宮について『大和志』（並河誠所、享保二十一年）は安堵町東安堵の飽波神社の辺に比定するが、『斑鳩町史』(54)は斑鳩町法隆寺南の成福寺の地とし、富雄川西岸の斑鳩町「阿波」は飽波の転訛ではないかとする。ただし、地名の阿波については訓が「アワ」であることからみて、令制前後に各地（この場合は四国の阿波国）から徴発された役民が集住したことに由来する、大和に数多く見られる国号地名と解することも出来よう。

それはさておき、近年、成福寺の北に位置する斑鳩町上宮遺跡から、奈良時代を中心とする大型建物群や平城宮使用瓦と同笵の軒瓦が出土し、称徳天皇が行幸した飽波宮跡である蓋然性が高まった。さらに、飛鳥時代の土器類が出土し、飽波葦墻宮（葦垣宮）が周辺に存在した可能性も指摘されている。(55)

飽波宮ついては仁藤敦史氏(56)も、次のように述べている。

『大安寺伽藍縁起幷流記資財帳』の他、十三世紀前葉に法隆寺僧顕真が撰述した『聖徳太子伝私記』にも廏戸皇子が「飽波葦垣宮」で亡くなったと見える。『聖徳太子伝私記』は飽波宮に膳妃、すなわち膳菩岐々美郎女が居住したとあり、膳氏との関係が考えられる。膳菩岐々美郎女が亡くなった後は、泊瀬王が継承し、舒明天皇即位前紀に見える「泊瀬王宮」とはこの飽波宮のことであろう。平群郡飽波東郷付近には、「カシワテ」「カシハテ」「膳手」など鎌倉時代の古地名がみえ、斑鳩町高安には膳氏の後裔氏族の氏名と同じ「高橋」の字名も残り、飽波西郷である平群郡九条七里が富雄川西岸に及んでいることなどから、飽波と称された地域は富雄川西岸に及んでいた可能性が高い。

六・七世紀の王宮や皇子宮の造営が、その経済的基盤とする地域開発をともなうものであり、主の遷居や死亡の後も廃絶せずに後裔王族に家産として伝領されたことは、つとに明らかである[57]。一方、飽波（葦垣宮）は平群郡夜麻郷に接することから、飽波評の領域は斑鳩宮・岡本宮・中宮など上宮王家の諸宮がある夜麻郷を含み[58]、さらに法隆寺西院の西南域にあたる坂門郷あたりまで及んでいたと見る説もある[59]。

飽波評の領域は確かでないが、もし飽波評が斑鳩地域にあたる夜麻郷や坂門郷をも領域としていたのならば、それは廏戸皇子の斑鳩宮を核とする地域基盤を継承したものであったと見なければならない。すなわち、飽波評は上宮王家の地域基盤を中心にして設定されたものとなるが、それならば評の設置時に「斑鳩評」、もしくは法隆寺の所在地であり有力檀越山部氏の本貫でもある地名を採って「夜麻（山部）評」と命名しても不思議ではないのに、どうして飽波評と命名されたのか、疑問が残る。また、皇極天皇二年（六四三）十一月の斑鳩宮に拠る上宮王家（山背大兄王）滅亡のこともあるが、斑鳩宮は後に継承されなかったのに、なぜ飽波宮だけが奈良時代まで存続したのかについても、問われなくてはならない。

要するに、飽波宮を核にその基盤とされた地域に飽波評が建てられたことや、飽波宮が王家の家産として伝領され称徳朝まで維持、経営されていたことなどは、飽波には上宮王家が基盤とした狭義の斑鳩地域とは異なる歴史的背景が存在したことを示すものである。つまり、上宮王家と飽波葦垣宮の関係は薄くはないが斑鳩地域とは歴史的背景が異なることから、飽波評の領域は上宮遺跡のある富雄川西岸側を部分的に含む額田・飽波地域とする、狩野氏説が妥当であると考えられる。

第一五節　飽波宮から飽波評へ

飽波の地域は富雄川東岸を中心とし、一部で西岸にも及んでいたと見られるが、飽波宮は上宮王家の斑鳩地域の諸宮とは歴史的性格や、その起源を異にするものであったと考えられる。

飽波評には額田地域が含まれることからみて、それは額田部皇女（推古天皇）との関係に由来する可能性が大きいと考えられる。大后時代の額田部皇女は、海石榴市の衢に隣接する海石榴市宮を後宮としていたが（用明天皇紀元年五月条／奈良県桜井市の三輪山南西麓）、海石榴市後宮は父の欽明天皇の磯城嶋金刺宮に近接している。額田部皇女の資養を担ったのが額田部連氏であるが、これに関わり推古天皇紀十六年（六〇八）条の、次の所伝が注目される。

夏四月に、小野臣妹子、大唐より至る。唐国、妹子臣を号けて蘇因高と曰ふ。即ち大唐の使人裴世清・下客十二人、妹子臣に従ひて、筑紫に至る。……唐の客の為に、更新しき館を難波の高麗館の上に造る。……秋八月辛丑朔癸卯に、唐の客、京に入る。是の日に、飾騎七十五匹を遣して、唐の客を海石榴市の術に迎ふ。額田部連比羅夫、以て礼の辞を告す。……

帰国する小野妹子にともなって来日した隋使裴世清一行を、額田部連比羅夫が飾馬七十五匹も連ねて海石榴市の衢に迎えるなど、額田部連氏が騎馬に巧みな馬匹集団であったことは第五章で詳述する。額田部連氏の本貫が平群郡額田郷であり、額田寺（額安寺）がその氏寺であったことも周知のところである。

海柘榴市の地は、初瀬川・横大道・磐余山田道・上ツ道・山辺道などが交差し、かつ東国に向かう玄関口に位置する、奈良盆地南東部の交通の要衝である。また、海柘榴市は、六世紀以降に磯城・磐余に置かれた王宮、すなわち磐余玉穂宮（継体天皇）・磯城嶋金刺宮（欽明天皇）・訳語田幸玉宮（敏達天皇）・磐余池辺双槻宮（用明天皇）などに附属した、王権直轄の市であったと考えられる。

敏達天皇紀十四年三月丙戌条には、蘇我馬子の仏教弘通策に反対する物部守屋は善信尼らを海石榴（海柘榴）市の「亭」で鞭打ちにしたとあり、海柘榴市には㕓（亭）もあった。武烈天皇即位前紀の、即位前の武烈と平群真鳥大臣の子の鮪が海柘榴市の歌垣で物部麁鹿火大連の娘影媛を争奪する物語で、武烈が平群真鳥大臣に「官馬」を要求したところ、虚言を弄して従わなかったと伝えられることを参酌すれば、海柘榴市廏も王権管理下にあって、額田部連氏や平群臣氏が海柘榴市廏の管理や馬飼の業務に従っていたのではないかと推察される。

額田部連氏や平群臣氏と馬匹文化の関係については後に譲るが、額田部皇女は額田の地に別業（行宮）のような施設を所有し、時々利用していたとしても不思議でない。その近くには「阿斗桑市」（敏達天皇紀十二年是歳条）や「阿斗河辺館」（推古天皇紀十八年十月丙申条／いずれも大和川を挟んで額田の対岸に位置する奈良県安堵町の辺）など、王権の外交的な施設も置かれ、王家の拠点の一つであったとみられる。それらの施設を維持・経営するための経済的基盤として画定されたのが、後に飽波評が設定される地域であったと考えられる。

廏戸皇子一族が斑鳩へ遷居する際にも、額田部皇女の協力と額田部連氏の援助があった可能性が小さくない。(60)「廏戸」の名は馬匹集団との関係が想定されるが、斑鳩の属する平群郡の馬匹集団には平群臣氏と額田部連氏があり、そのいずれとも結び付きが考えられる。額田部皇女には豊御食炊屋姫尊という名（謚号）が贈られるが、その意味は「豊かなお食事を調理される姫様」であり、宮廷の食膳のことを掌った膳臣氏の職掌に通じるものがある。おそらく、額田部皇女は膳臣氏とも何らかの結びつきを有していたのではないかと想定される。

こうした関係を介して、廏戸皇子の妃となった膳臣傾子の娘菩岐々美郎女に、飽波に有した王家の施設を妃宮として貸与し、その飽波宮は飽波地域を基盤として経営された。ただ、上宮王家滅亡後には、飽波宮は斑鳩の諸宮とは分離されて、王家に返還されたと推考される。その後、飽波宮が基盤とした地域に飽波評が設定され、それが平群郡に併合された後も、飽波宮の施設は政府により称徳朝まで維持されたのであろう。

斑鳩町上宮遺跡からは、少数の破片だが飛鳥時代の軒丸瓦や、(61)手彫りの忍冬唐草文軒平瓦が出土し、飽波葦墻宮のなかに仏堂が存在した可能性もある。(62)羆凝寺の所在地や遺構が明確でないのは、それが独立した寺院ではなくて、宮附属の小規模な仏堂であったからとも考えられる。それは飽波葦墻宮と対になる寺院であり、『大安寺伽藍縁起幷流記資財帳』にいう羆凝道場（羆凝寺）に比定することも可能と推考される。

第一六節　羆凝寺から百済大寺へ

このように、廏戸皇子所縁の羆凝道場（羆凝寺）については、古伝承に基づき額安寺の地、もしくは飽波葦垣宮の有力比定地である斑鳩町上宮遺跡の、いずれかに求めることも可能と思われるが、憶測の域を出ない。

さて、舒明天皇が百済大宮と対で百済大寺を創建するには、反対はなくても王族らを納得させる理由づけが必要であったと考えられる。その際の名目として、推古天皇・廏戸皇子ゆかりの飽波葦墻宮と対で存在した羆凝道場の、法灯継承を掲げたとしても不自然ではない。舒明天皇には仏法護持の正統性獲得のうえでも、いち早く斑鳩寺を創建した廏戸皇子との関係の主張は不可欠であったと思われ、(63)百済大寺創建の際に羆凝道場の法灯継承を名目としたのではないかと推察される。百済大宮・百済大寺は、大和川を挟んで南北に対峙する上宮王家・山背大兄王の斑鳩宮・斑鳩寺を、強く意識したものであったと考えられる。(64)舒明天皇が改葬された押坂陵は、これまでの天皇とは異なる独自な、最初の八角形墳（段ノ塚古墳／奈良県桜井市忍阪）であり、大寺の創建とともに舒明天皇系王族の独自性の表出としても注目される。(65)

ちなみに、『大安寺伽藍縁起幷流記資財帳』に舒明天皇が子部社（十市郡の式内大社子部神社／橿原市飯高町）を切り払って百済大寺を造営したので、社神が怨んで火を放ち九重塔と金堂石鴟尾を焼破したとあるが、内容が説話的で『紀』に関連記事もないことから舒明天皇創建を疑問視するむきがあるかも知れない。だが、『大安寺伽藍縁起幷流記資財帳』の資財帳部分には「組大灌頂一具　右前岡本宮御宇　天皇以庚子年納賜者」、すなわち舒明天皇が百済大宮に遷居した庚子年（六四〇）に奉納したものと伝え、資財帳部でも食封の「参佰戸　右飛鳥岡基宮御宇　天皇歳次己亥納賜者」、同じく舒明天皇が百済大寺の造営を始めた己亥年（六三九）に施入したと伝えることから、この大寺が舒明天皇の発願に始まることは間違いない。

次に百済大寺のことが『紀』に見えるのは、皇極天皇紀元年九月乙卯条である。

天皇、大臣に詔して曰はく、「朕、大寺を起し造らむと思欲ふ。近江と越との丁を発せ」とのたまふ。百済大寺ぞ。復、諸国に課せて、船舶を造らしむ。辛未に、天皇、大臣に詔して曰はく、「是の月に起して十二月より以来を限りて、宮室を営らむと欲ふ。国々に殿屋材を取らしむべし。然も東は遠江を限り、西は安芸を限りて、宮造る丁を発せ」とのたまふ。

すなわち、皇極天皇は即位した九月乙卯（三日）に大寺と宮殿の造営を開始し、大寺造営は近江と越から徴発した人民を、宮殿には東・西それぞれ遠江と安芸を限りとして徴発した人民を充てるよう命じたという。なお、宮殿造営の人民徴発を十二月までに限っているのは、正宮の完成を急いでいたためと見られる。

皇極天皇は元年十二月甲午（十三日）に夫舒明天皇の喪儀を始め、誄が奉られてのち、壬寅（二十一日）に滑谷岡に埋葬した（ただし二年九月壬午に押坂陵へ改葬）。さらに、その日のうちに百済大宮から小墾田宮に移り、二年四月丁未には遠江と安芸を限りとして徴発した人民に造営させていた飛鳥板蓋宮に遷居した。ここで留意されるのは、皇極天皇も正宮である飛鳥板蓋宮と大寺を同時並行で造営していることである。問題は、この大寺を『紀』分註が「百済大寺」と記していることに関わり、一般に考えられているように舒明天皇が創建した地で造営を継続したのか、王宮も遷していることから別の地での造営か、確かでないという問題がある。

これについて、舒明天皇創建の百済大寺が『大安寺伽藍縁起幷流記資財帳』がいうように一部焼失した、もしくは未完成だったので、皇極天皇が夫の意志を継いで引き続き同地で造営を進めたとみるのが一般的であるが、別の解釈を考えることもできる。すなわち、「大寺を起し造らむと思欲ふ」ということで「近江と越との丁」の大規模な徴発を命じていることからすれば、百済川側に舒明天皇が創建した百済大寺の継続的な修築というようなものではなく、別な場所での新たな「百済大寺」の造立ではなかったかと考えることもできる。『大安寺伽藍縁起幷流記資財帳』が、この時に阿倍倉橋麻呂と穂積百足を造寺司に任じたとあることは、それが本格的な造営事業であったことを示している。

皇極天皇の大寺造営が進捗していたことは、孝徳天皇紀大化元年八月癸卯条は、前半でそれぞれ欽明天皇紀十三年十月条、敏達天皇紀十四年二月・三月条、敏達天皇紀十四年六月条、推古天皇紀十三年四月・十四年四月条に対応した「古代仏教史」を概観した後、次のように述べていることから明らかである。

朕、更に復、正教を崇ち、大きなる猷を光し啓かむことを思ふ。故、沙門狛大法師・福亮・恵雲・常安・霊雲・恵至・寺主僧旻・道登・恵隣・恵妙を以て、十師にす。別に恵妙法師を以て、百済寺の寺主にす。此の十師等、能く衆の僧を教へ導きて、釈教を修行ふこと、要ず法の如くならしめよ。凡そ天皇より伴造に至るまでに、造る所の寺、営ること能はずは、朕皆助け作らむ。今寺司等と寺主とを拝さむ。諸の寺を巡り行きて、僧尼・奴婢・田畝の実を験へて、尽に顕め奏せ」とのたまふ。即ち来目臣（名を闕せり。）三輪色夫君・額田部連甥を以て、法頭にす。

すなわち、さらに仏教を興隆させるために、大寺に使者を派遣して僧尼を召集して、僧尼を統制する十師の任命、天皇から氏々に至るまでの寺院造営の援助、十師のひとり恵妙法師には重ねて百済寺の寺主にすることなどを詔し、寺院財政などを監督する俗官の法頭も任じたという。この時に、百済大寺が諸寺の筆頭として存在したことは確かである。

その後については、『大安寺伽藍縁起幷流記資財帳』の「資財帳」部分に、脇侍菩薩八部等卅六像を具えた繍仏像は難波宮にいた袁智天皇、すなわち退位した皇極女帝が庚戌年（六五〇）十月に製作を始め翌辛亥年三月に完成したものとある。孝徳天皇紀白雉元年（六五〇）十月是月条にも、大寺への奉納のことはないが丈六の繍像・侠侍・八部等三十六像を造ったとあるから、このことであろう。なお、この記事に続く是歳条に、漢山口直大口に千仏像を刻ませたとあるが、これも大寺、おそらくその塔内に安置するためのものであろう。すなわち、孝徳朝には、百済大寺は右の諸像が安置できるほどに伽藍が整っていた。

第一七節　百済大寺から高市大寺へ

これ以降、『紀』には斉明・天智朝に大寺の関連記事はないが、『大安寺伽藍縁起幷流記資財帳』の資財帳部分には「淡海大津宮御宇天皇」、すなわち天智天皇の奉造という丈六仏像や四天王像が見え、『扶桑略記』はそれを天智天皇七年（六六八）のことと伝える。なお、『紀』によれば天智天皇は六年三月癸卯に近江大津に遷宮し（ただし、「都遷すことを願はずして、諷へ諫く者多し。童謡亦衆し。日日夜夜、失火の処多し」とある）、正式に即位式を執り行なうのが七年正月戊子（三日）のことであるから、大寺への仏像奉納は近江大津への遷宮・正式即位にともなう記念的な営為であったと解される。

ちなみに、『紀』や『大安寺伽藍縁起幷流記資財帳』は斉明天皇との関係を伝えないが、三年七月己丑（三日）には飛鳥寺の西に須弥山像を作り盂蘭盆会を行なっているから、女帝に仏教的な関心が薄らいだわけではなかろう。ただ、飛鳥板蓋宮の火災による新宮（後飛鳥岡本宮）や田武嶺（多武峯）への両槻宮（天宮）、吉野宮など造営、狂心の渠の掘削、石上山から石を運送して石山丘の構築などの、大土木・建築事業や対蝦夷、さらに百済救援軍などの大規模な出兵等々で、この大寺まで手が回らなかったというのが実際であろう。

次に確かなのは、天武天皇紀二年（六七三）十二月戊戌条である。

小紫美濃王・小錦下紀臣訶多麻呂を以て、高市大寺造る司に拝す。今の大官大寺、是なり。時に知事福林僧、老いぬるに由て知事を辞る。然れども聴されず。

美濃王と紀臣訶多麻呂を高市大寺の造寺司に任命、すなわち高市大寺の造営と大寺の知事福林の辞任を認めなかったという記事だが、「今の大官大寺、是なり」の分註によって、それが百済大寺の法灯を受け継いだ王家の大寺であったことが分かる。

『大安寺伽藍縁起幷流記資財帳』にもほぼ同じ記事があるが更に詳しく、「自百済地移高市地」とあって、それが全くの創建というよりは法灯を継承しての移建であったこと、天武天皇六年には高市大寺を改めて大官大寺と号したことなどを伝えている。

天武天皇の高市大寺の造営は、天武天皇元年に飛鳥岡本宮の南に新宮を造営したことと対の営為とみなしてよかろう。[66]『紀』は天武天皇紀元年九月条と十一月条の間に、是歳条をたてて「宮室を岡本宮の南に営る。即冬に、遷りて居します。是を飛鳥浄御原宮と謂ふ」と記すのはその造営開始を物語るが、高市大寺の造営はそのほぼ一年後のことであったから、ここでも正宮と大寺が対で造営されていることが知られる。なお、飛鳥浄御原宮という宮号は、天武天皇が死に直面した朱鳥元年（六八六）七月戊午に延命を願って改称した結果であって、この時に存在したものではない。

要するに、王家の大寺は、舒明天皇が百済大宮と対で創建したのに始まり、皇極天皇は飛鳥板蓋宮とほぼ同時に受け継いで造営し、壬申の乱に勝利した天武天皇も飛鳥浄御原宮と対で高市大寺として移建、造立した。その後は、持統天皇がその八年（六九四）十二月乙卯（六日）に藤原宮に遷り、その三年後に即位した文武天皇は藤原京内に大官大寺として造営する。しかるに、それは和銅四年（七一一）に焼失し、[67]慶雲四年（七〇七）六月に二十五歳で早世した文武天皇のあとを承けた元明天皇が和銅三年三月に平城宮に遷ると、霊亀二年（七一六）五月に大官大寺も平城京左京六条四坊に移建して大安寺と号した。なお、孝徳・斉明・天智朝には大寺移建のこと（正宮と対になる大寺）がないのは、いずれも正宮が大和の外に移されていることが関係していると考えられる。

このように、この大寺が天皇の正宮とともに移建、造営され続けたのは、それが天皇・王家の大寺であったからである。

第一八節　吉備池廃寺の出土

このように、百済大寺・高市大寺・大官大寺・大安寺は天皇（王家）の大寺として法灯が継承された寺院であり、常に天皇の正宮と対で造営・存在・移動していることは重くみなければならない。

ちなみに、大安寺はいまも奈良市大安寺町に法灯（高野山真言宗別格本山）を伝え、発掘調査によって明らかとなった旧伽藍（国史跡）は、南大門・中門・金堂・講堂が南北に配されて回廊は金堂と中門を結び、さらに南大門の南方に東西二基の七重塔が建つという、大安寺式伽藍配置であった。

その前身、文武朝の大官大寺跡（国史跡）はかつての藤原京の一廓を占める奈良県高市郡明日香村小山にあり、一九七四年以来の発掘調査で、藤原京の条坊に合致する伽藍中軸線上に中門・金堂・講堂が南北に並び、金堂前方の東側には九重塔が建ち、回廊は中門から金堂を結び、さらに東・西の回廊は北に延びて講堂の背後で閉じていたこと、造営半ばで焼失したことなどが明らかとなった。

さらに遡って、天武朝の高市大寺は、その寺院名から高市郡高市里の辺に存在したのではないかと思われるが、橿原市木之本町の木之本廃寺（ただし、伽藍遺構がまったく検出されず寺院跡か疑問であって、単なる瓦集積場の可能性も考えられる）や文武朝大官大寺西方の明日香村雷の飛鳥川右岸のギヲ山西方、(68)明日香村小山の小山廃寺(69)や明日香村奥山の奥山廃寺、(70)橿原市飛騨町の日高丘陵辺りなど、(71)様々に求められているものの、明確でない。

その始原である百済大寺も、これまでは奈良県北葛城郡広陵町百済の地に比定されてきたが、一九九七年以来の発掘調査で瓦窯の存在が想定されていた奈良県桜井市吉備の吉備池南堤から、吉備池廃寺（国史跡）が出土したことから事情は一変した。(72)吉備池廃寺の伽藍は、東に金堂、西に塔を配し、周りを東西幅約一五六メートルの回廊で囲むもので、金堂の南正面やや西よりに金堂・塔に不釣合いな小規模中門がある。吉備池廃寺の特徴の第一は、基壇規模が非常に巨大なことで、金堂のそれは東西約三七メートル、南北約二八メートル、心礎を抜き取った痕跡のある塔のそれは一辺約三二メートルと他の古代寺院を凌駕する。次に、出土した軒丸瓦は皇極天皇二年（六四三）に造営が始まった山田寺金堂（桜井市山田）のものより大型で紋様も僅かに遡り、忍冬紋のスタンプを押した軒平瓦は若草伽藍（斑鳩寺）で使用されたものの再利用である。

このように、基壇規模がこの時期としては他に例を見ない巨大なものであること、出土瓦が六四〇年前後という極めて限られた時期を示していることをはじめ、焼失の痕跡がないのに瓦の出土量が非常に少なく、塔心礎の抜き取りとともに移建を思わせることなどから、舒明天皇発願、創建の百済大寺の遺構である可能性が非常に高いと考えられるに至った。奈良文化財研究所の報告書の副題が「百済大寺跡の調査」とあることはもはや断定されたと言ってもよく、多くはそれが受容されているようであるが、岩本次郎氏(73)や鷺森浩幸氏(74)、水谷千秋氏(75)らも述べているように、吉備池廃寺を舒明朝の百済大寺とみなすことに不安がないわけではない。

第一九節　吉備池廃寺は舒明朝の百済大寺か

吉備池廃寺を舒明天皇創建の百済大寺とみなすことへの主な疑問点については、先著でも縷々述べたので出来るだけ重複は避けるが、なお若干の私見を記してみたい。

まず、百済大寺が大和国十市郡の百済川側に創建されたことは、舒明天皇紀十一年（六三九）七月条や『大安寺伽藍縁起幷流記資財帳』だけでなく、大安寺の要請に基づいて百済大寺と高市大寺があった「十市郡百済川辺田一町七段百六十歩。高市郡夜部村田十町七段二百五十歩」を大安寺に返入することを命じた『日本三代実録』元慶四年（八八〇）十月二十日条などから、確かなことである。しかし、吉備池廃寺の所在地名は百済ではなく、かつ周辺にも百済の地名や百済川が存在せず、古代に遡ってもそれが認められない。吉備池廃寺＝百済大寺説にとって、これは最大の疑問点といえるが、未だ解かれていない。

ちなみに、吉備池廃寺の存在する地域は、飛鳥に本拠を遷す以前の王家の拠地、多くの王宮が営まれた磐余の有力比定地である。初代天皇神武の和風諡号である神日本磐余彦尊をはじめ、神功皇后の磐余若桜宮・履中天皇の磐余稚桜宮・清寧天皇の磐余甕栗宮・継体天皇の磐余玉穂宮・敏達天皇の訳語田幸玉宮（『扶桑略記』などには十市郡磐余訳語田宮）・用明天皇の池辺双槻宮（『延喜諸陵式』には磐余池辺列槻宮）・崇峻天皇の石寸神前宮（『上宮聖徳法王帝説』）などが営まれたと伝え、王家にとって最も重要な拠地であった。廐戸皇子の上宮（用明天皇紀元年正月壬子朔条、推古天皇紀元年四月己卯条には「上殿」）も池辺双槻宮に近接していたとみられるから磐余の域内であり、履中天皇紀二年十一月辛未条にみえる「磐余市磯池」や用明天皇紀元年五月条の「磐余池」も、いまの桜井市池ノ内もしくは橿原市東池尻町辺に存在したと想定されている。

『延喜式』神名帳には、十市郡に石村山口神社、城上郡に若桜神社の鎮座が記され、前者は桜井市谷に、後者は桜井市谷の若桜神社と桜井市池ノ内の稚桜神社に比定する二説がある。

香久山東北麓に位置する磐余の領域は概略、東西は大和川支流の寺川西岸辺から米川流域に及び、南北は阿部・膳夫から訳語田（他田）までを含む、ほぼ二キロ四方ほどの比較的広い地域だったと推察される。(76) なお、磐余の域内に、王宮に供膳で仕奉した阿倍臣氏（桜井市阿部／法隆寺式伽藍配置で国史跡の安倍寺跡がある）と膳臣氏（橿原市膳夫町／白鳳期創建の膳夫寺跡がある）の本貫が存在することも、故のないことではない。

要するに、桜井市池ノ内の稚桜神社の北五〇〇メートルに位置する吉備池廃寺の地が、磐余の域内、それもそのほぼ中心的位置にあることは間違いない。そこでもし、吉備池廃寺が本当に舒明天皇創建の大寺だったとすれば、どうして王家・王権にゆかりの深い地名を冠して「磐余大寺」もしくは「磐余百済大寺」と名づけなかったのかが、次なる疑問として存在する。

加えて、『大安寺伽藍縁起幷流記資財帳』が「此時、社神怨而失火、焼破九重塔金堂石鴟尾」と記すが、吉備池廃寺には火災の痕跡が全く存在しないという、遺跡上の問題がある。この記事を縁起筆者の作文ないしは『扶桑略記』第六が伝える和銅四年の大官大寺焼失と混同したと解することは容易であるが、政府に提出する縁起に大安寺にとって不名誉な記事をわざわざ作文したとは考えられず、また筆録の際の事実誤認が見過ごされたというのも杜撰に過ぎよう。吉備池廃寺に火災の痕跡が確かめられないことは、舒明朝の百済大寺に比定することを躊躇させる。

さらに看過されてきたことは、天皇の大寺が常にその正宮と対で存在し、並んで造営されてきた事実である。孝徳・斉明・天智朝における正宮と大寺の関係が例外となるが、孝徳天皇は大和を離れて難波に長柄豊碕宮を造営、斉明天皇は百済出兵のため遠く九州の朝倉橘広庭宮に移り、白村江での大敗などで六年間も即位できなかった天智天皇は近江大津宮に遷居していることなど、時の政情と関わって正宮が大和を離れたことの影響が考えられる。天皇本来の拠地は大和とする伝統意識が根強く存在し、その大寺まで同時に遷すことが出来なかったのかも知れない。

具体的に記すと、孝徳天皇が難波長柄豊碕宮に遷居するのは白雉二年（六五一）十二月晦、完成は白雉三年九月であり、遷宮以前は飛鳥板蓋宮を正宮としていた。斉明天皇も飛鳥板蓋宮に重祚し、その冬に飛鳥板蓋宮が火災に遭うと、ほぼ同所に後飛鳥岡本宮を営んだように、あくまでも飛鳥宮を正宮と意識していた。天智天皇も六年三月己卯に近江大津宮に遷るまでは後飛鳥岡本宮を正宮としたので、彼の正宮が飛鳥を離れていたのは僅かの期間であった。ちなみに、飛鳥岡本宮・飛鳥板蓋宮・後飛鳥岡本宮・飛鳥浄御原宮は、明日香村岡の同所に存在したことが、発掘調査により重層する各々の宮殿遺構が検出されたことから明らかとなった(77)。

要するに、天皇の大寺は、舒明朝の百済大宮と百済大寺、皇極朝の飛鳥板蓋宮と「百済大寺」、天武朝の飛鳥浄御原宮と高市大寺、文武朝の藤原宮と大官大寺、元明朝の平城宮と大安寺、と変遷した。この大寺が転々と場所を移動させたのは、本来的に天皇と共に在らなければならない寺院と意識されていたからである。ここで留意されるのは、正宮と対で存在するというこの大寺の性格が、皇極朝には一時的に中断したように見えることだが[78]、これはどのように解すればよいだろうか。

再び皇極天皇紀元年九月乙卯条を確認すれば、皇極天皇が近江と越から人民を徴発して造営した大寺の名は分註でしか判らないということである。分註に「百済大寺」とあることから、これまでは無条件に舒明朝と皇極朝の大寺は同じ場所の同じ寺院で、皇極天皇は夫舒明天皇の遺志を承けて百済大寺の造営事業を推進したとみられてきた。百済大寺とする分註が『紀』編纂時に記されたものだとしても、この時に皇極天皇の造営した大寺が、舒明天皇創建大寺の焼失後に同じ場所で再建されたのか、それともまったく別の場所で造営事業を継承したものかは定かでない[79]。これまで述べてきたように、天皇の大寺が正宮とともに造営・移動するのが常だったことからすれば、それは舒明天皇創建の百済大寺と同じ場所ではなかった可能性が大きく、この視点からの分析が求められる。

つまり、皇極天皇の正宮は百済大宮から飛鳥板蓋宮に遷っているのだから、皇極天皇が造営した大寺は舒明天皇創建の百済大寺とは別の場所に存在したのではないかと考えられる。というより、寧ろそのように理解するべきではなかろうか。要するに、皇極天皇の大寺は飛鳥板蓋宮に比較的近いところに造立されたのではなかったか。吉備池廃寺は、舒明天皇創建の百済大寺の法灯を継承するものの、飛鳥板蓋宮と対になる、皇極天皇が別の場所に新たに造営した「大寺」ではなかったか。そうだとすれば、吉備池廃寺に火災の痕跡がないのも肯けよう。分註の「百済大寺」という記載は、皇極天皇創建の大寺は、舒明天皇創建の百済大寺の法灯を継承したもの、という謂であったと考えられる。

ちなみに、皇極天皇が飛鳥から東の地域に強い関心を懐いていたことや、王宮と宗教施設を対で造営したことは、斉明天皇として重祚した二年（六五六）に、後飛鳥岡本宮と同時に田身嶺に天宮とも称された両槻宮と石山丘を作ったと伝えられることから窺われる。一九九九・二〇〇〇年の調査で、両槻宮の一部と目される飛鳥酒船石遺跡から、類例のない亀形石造物を中心に大規模な階段状石敷き遺構などが出土したことは、(80)耳目に新しい。

もちろん、吉備池廃寺を皇極天皇が建立した「大寺」と解しても、いくつかの問題が残ることは言うまでもない。まず、大寺が常に天皇の正宮に近接して対で存在していなければならないとすれば、吉備池廃寺と飛鳥板蓋宮は直線で約三・七キロの距離があり、加えて飛鳥板蓋宮からは丘陵に遮られて直接吉備池廃寺を眺めることが出来ない、という問題がある。

一方、吉備池廃寺は規模や所在地からみて王家関連の寺院であったことはほぼ間違いないと思われるが、通説のようにこれを舒明天皇が創建した百済大寺と解した場合でも、百済大宮の比定地が定まらないこととともに、なぜ香具山の東方、磐余の中心地域に造営したのか、未だ説明がない。

これらについては、まず飛鳥寺との関係が考えられる。飛鳥板蓋宮に北接してすでに飛鳥寺が存在し、飛鳥板蓋宮の近接地に新たな大寺を建立し辛い情況が存在したのではないかと推察される。さらに、官衙建物が配置された宮外郭部が北に拡大し、それが飛鳥寺境内の南付近にまで及んでいて、飛鳥板蓋宮と飛鳥寺の間には大規模な寺院を建立するのに十分な空閑地が存在しなかったことも考えられる。

すなわち、皇極天皇が飛鳥板蓋宮の隣接地に舒明天皇創建の百済大寺を移建しなかったわけは、最初の本格的伽藍である飛鳥寺との関係や、十分な空閑地が得られなかったことなど、いくつかの要因が重なって存在したのではないかと推考される。

大寺造立地に、ことさら磐余の中心地域が選ばれたことには、皇極天皇の強い意志が働いていたのではないかと推察される。皇極天皇は舒明天皇の大后であったけれども、父系（茅渟王—押坂彦人大兄皇子—敏達天皇）・母系（吉備姫王—桜井皇子—欽明天皇）ともに三世王であり、特別な継体天皇を除けば二世王（仲哀天皇・顕宗天皇・仁賢天皇）の即位はあるが、三世王で即位した例は未だなかった。舒明天皇の大后に就いたことで一世王とみなされたと思われるが、実際に一世王である推古天皇とは異なり、彼女に系譜上の劣位観念が強く残ったのではないかと推察される。それを払拭するために、王家の伝統的な拠地である磐余のほぼ中央に大寺を建立したのであり、それによって自身の系譜上の正統性を主張したのではなかったかと推考される。

次の問題は、『大安寺伽藍縁起幷流記資財帳』が天武天皇二年の高市大寺の建立にかかわり、「自百済地移高市地」と記すことである。すなわち、吉備池廃寺を皇極天皇の造営した百済大寺だとすれば、吉備池廃寺の所在地が「百済」の地だったことになり、吉備池廃寺の所在地名が百済ではないとする私説が自家撞着を来たすことになる。

このことは、たとえば平城遷都にともなって飛鳥・藤原京の諸寺院が平城京に移建されたことが参考になる。平城京に移建された寺院のなかには、伽藍・仏像・什物の一部を元に残した寺院があったことは周知のところである。舒明天皇創建の百済大寺では焼失を免れた一部がなお当初の地に残存するなか、皇極天皇は百済大寺の法灯を継承して別の場所にまったく新しい大寺を造営したが、天武天皇は父・母の造営した二つの大寺を併せ全てを移して高市大寺を造営したので、『大安寺伽藍縁起幷流記資財帳』は「自百済地移高市地」と記したと解せられないこともない。あるいは、皇極天皇建立の吉備池廃寺も「百済大寺」と称していたので、「自百済地移高市地」と記されたとも考えられる。さらに目下の課題ではないが、吉備池廃寺が何れであれ、飛鳥板蓋宮と飛鳥浄御原宮は同一場所に存在したのだから、天武天皇が吉備池廃寺の地から高市に大寺を移建した理由も明らかでなく、この大寺については遺された問題が少なくない。

いずれにしても、舒明天皇以降は、天皇の崇仏に関して群臣の合議が不要になったことは、王権の仏教に対する態度の変化だけでなく、古代天皇像の変貌としても注目されよう。

小結

百済国王から贈与された仏教の受容を、欽明天皇が自ら決することが出来なかったのは、当時の王権では重要事項が群臣らの合議の結果を受けて判断されていたこと、天皇の仏教信仰が群臣の協議が必要なほどに王権にとって重要事項であったことを示している。

ただし、当初の葛藤は天皇についてのことであり、他の王族や氏族が個別、私的に信仰することが王権の問題になったのではない。天皇による仏教信仰が反対されたのは、天皇の宗教的側面、天神地祇の祭祀が務めであるという、祭祀王としての性格が主な理由である。祭祀王であることが天皇の聖性と王権の正統性を保証していたからであり、王権の宗教的秩序を体現する存在に祭祀王天皇の本質があった。天皇の崇仏により、宗教的秩序だけでなく、それによって支えられている王権そのものが崩壊するのではないかと恐れられたのである。

蘇我氏が仏教信仰を受容した契機は、百済から贈与された仏教を、天皇から下賜されたことにあった。仏教に限らず、海外から王権に贈与された文物は、王権・天皇の占有物であった。蘇我氏が信仰したのは、天皇から大臣へ下賜された仏教であり、物部氏・中臣氏との間に仏教崇廃をめぐる軋轢が生じたのも、それが大臣蘇我氏だったからである。大臣蘇我氏が公的立場で仏教を信仰する場合にも天皇の許諾が必要であった。その際、先進文物の集約である仏教を大臣蘇我氏の占有として認められるか、という確執が王権内部に生起した。そこに、天皇が仏教信仰を受容できない事情と時の王位継承問題が絡んで問題は複雑に見えるが、蘇我氏と物部氏の抗争は基本的には王権内部の執政官による権力抗争と捉えられる。仏教の受容可否はその中の一部に過ぎず、蘇我氏が開明的で物部氏が守旧的である、といった評価は適切ではない。

天皇自身の仏教受容に関わり、堂塔内に常坐して金色の光を放つ仏像を礼拝する仏教には従前の神祇祭祀との違和感が大きく、宗教的秩序の崩壊が危惧されたのも呪的信仰が支配的な社会にあっては理解されよう。

それ以降の一世紀近い時間は、王家の祖神・日の女神（天照大神）と放光仏の本質的な違いを受け入れるためにも必要であった。祭祀王天皇の仏教受容は、天皇自身と、彼の祭祀に収斂する伝統的な神祇観にも大きく変貌を迫ることになったと考えられる。また、仏教受容をめぐる混乱には、外から齎された異なるものが、従前は明確に意識されなかった内なるものの存在を照射し、明瞭にすることがあることの影響も考えられる。

舒明天皇が正宮の百済大宮と対で百済大寺を創建したことは、彼を主とする王家・王権の総意として仏教信仰を受容することの正式表明でもあった。したがって、天皇の大寺は常に彼の正宮と対で造営されて存続したのであり、正宮が遷れば当然、この大寺も移された。ただし、これによって天皇が神祇信仰に由来する権威を放棄したのではなく、その上に仏教的権威を重ね纏ったとみなすべきであろう。

ちなみに、古代寺院の遷移が王家の大寺に限らないのも参考になる。天智天皇八年（六六九）に藤原鎌足の病気平癒を願って妻の鏡女王が山背国山科に創建した山階寺が、飛鳥還都とともに大和国高市郡厩坂に移されて厩坂寺、さらに平城遷都とともに藤原不比等が春日の地に遷して興福寺となったことはよく知られている。[81]

奈良県桜井市の吉備池廃寺を、舒明朝の百済大寺に比定する説が有力であるけれども、なお文献史料の側からは多くの疑問が残る。天皇の大寺が正宮と対に存在するとの視点から、吉備池廃寺は舒明天皇創建の百済大寺ではなく、彼の大后であった皇極天皇がその法灯を継承して造営した大寺と解することの可能性について述べたが、これとて全ての史料が整合するわけではない。[82]

註

（1）河村秀根・河村益根『書紀集解』一七八五年。敷田年治『日本紀標註』敬愛社、一八九一年。飯田武郷『日本書紀通釈』

明治書院、一九〇二年。藤井顕孝「欽明紀の仏教伝来の記事について」『史学雑誌』三六‐八、一九二五年など。
（2）津田左右吉『日本古典の研究』下巻、岩波書店、一九五〇年。井上薫「日本書紀仏教伝来記載考」「道慈」『日本古代の政治と宗教』吉川弘文館、一九六一年。大山誠一『〈聖徳太子〉の誕生』吉川弘文館、一九九九年。同「『日本書紀』の構想」『聖徳太子の真実』平凡社、二〇〇三年。北條勝貴「祟・病・仏神」『王権と信仰の古代史』吉川弘文館、二〇〇五年。吉田一彦『仏教伝来の研究』吉川弘文館、二〇一二年。
（3）皆川完一「道慈と『日本書紀』」『中央大学文学部紀要』史学科四七、二〇〇二年。これに対する吉田一彦氏の反批判もある。吉田一彦「道慈の文章」大山誠一編『聖徳太子の真実』平凡社、二〇〇三年。
（4）勝浦令子「『金光明最勝王経』の舶載時期」『続日本紀の諸相』塙書房、二〇〇四年。同「仏教と経典」『列島の古代史』七、岩波書店、二〇〇六年。
（5）小島憲之『上代日本文学と中国文学』上、塙書房、一九六二年。
（6）西宮一民「編纂の過程」『新編日本古典文学全集　日本書紀』一、小学館、一九九四年。
（7）坂本太郎「史筆の曲直」『古事記と日本書紀』坂本太郎著作集第二巻、吉川弘文館、一九八八年。
（8）森博達「日本書紀の研究方法と今後の課題」『聖徳太子の実像と原像』大和書房、二〇〇二年。
（9）本郷真紹「仏教伝来」『古代を考える　継体欽明朝と仏教伝来』吉川弘文館、一九九九年。西宮秀紀「神祇祭祀」『列島の古代史』七、岩波書店、二〇〇六年。曾根正人『聖徳太子と飛鳥仏教』吉川弘文館、二〇〇七年。
（10）古川貴和子「蘇我氏再考」『龍谷大学大学院文学研究科紀要』三六、二〇一四年。
（11）石井公成『聖徳太子―実像と伝説の間』春秋社、二〇一六年。
（12）石井公成、註11。
（13）川上麻由子『古代アジア世界の対外交渉と仏教』山川出版社、二〇一一年。
（14）熊谷公男『大王から天皇へ』講談社、二〇〇一年。

なお、初期仏教の公的信仰と私的信仰という視点は、曾根正人氏（『聖徳太子と飛鳥仏教』、註9）も注目するところである。

(15) 加藤謙吉『吉士と西漢氏』白水社、二〇〇一年。
(16) 安井良三「物部氏と仏教」『日本書紀研究』三、塙書房、一九六八年。
(17) 八尾市文化財調査研究会『渋川廃寺』第2次調査・第3次調査、二〇〇四年。
(18) 上田正昭「祭官制成立の意義」『日本古代国家論究』塙書房、一九六八年。同『藤原不比等』朝日新聞社、一九七六年。岡田精司「日奉部と神祇官先行官司」『古代王権の祭祀と神話』塙書房、一九七〇年。中村英重『古代祭祀論』吉川弘文館、一九九九年。
(19) 中村英重『古代氏族と宗教祭祀』第四章、吉川弘文館、二〇〇四年。
(20) 池田源太「物部・中臣二氏の居地の依る交友関係の可能性」『日本書紀研究』八、塙書房、一九七五年。
(21) 蘇我氏と物部氏の抗争の本質、原因に関するこうした視点は、すでに日野昭氏や篠川賢氏も説くところである。日野昭「六世紀における氏族の動向」『日本書紀と古代の仏教』和泉書院、二〇一五年、初出は一九八五年。篠川賢『物部氏の研究』雄山閣、二〇〇九年。
(22) 川尻秋生「仏教の伝来と受容」『古墳時代の日本列島』青木書店、二〇〇三年。
(23) 吉村武彦『日本古代の社会と国家』岩波書店、一九九六年、初出は一九八六年。
(24) 坂本太郎『聖徳太子』吉川弘文館、一九七九年。田村圓澄『飛鳥・白鳳仏教史』上、吉川弘文館、一九九四年。
(25) 新編日本古典文学全集『日本書紀』3、四六四頁頭注。
(26) 二葉憲香「古代天皇の祭祀権と仏教」井上薫教授退官記念『日本古代の国家と宗教』上巻、吉川弘文館、一九八〇年。
(27) 井上光貞「随書倭国伝にみえる天と日の関係」『日本古代思想史の研究』岩波書店、一九八二年。
(28) 須原祥二「『随書』倭国伝にみえる「倭王」と「天」」『日本歴史』七一九、二〇〇八年。
(29) 平林章仁『「日の御子」の古代史』塙書房、二〇一五年。

(30) 松前健「石上神宮の祭神とその祭祀伝承の変遷」『国立歴史民俗博物館研究報告』第七集、一九八五年。松倉文比古「石上社の神宝管治と物部連・物部首氏」『『日本書紀』の天皇像と神祇伝承』雄山閣、二〇〇九年。篠川賢『物部氏の研究』一二三頁、雄山閣、二〇〇九年。

(31) 本郷真紹、註9。

(32) 吉村武彦「古代の王位継承と群臣」『日本古代の社会と国家』岩波書店、一九九六年。

(33) 平林章仁『神々と肉食の古代史』吉川弘文館、二〇〇七年。

(34) 岩本次郎「斑鳩地域における地割の再検討」『文化財論叢』同朋舎、一九八三年。荒木敏夫『古代の皇太子』吉川弘文館、一九八五年。辰巳和弘「上宮王家と古代平群地域」『地域王権の古代学』白水社、一九九四年。仁藤敦史「上宮王家と斑鳩」『古代王権と都城』吉川弘文館、一九九八年。

(35) 石井公成、註11。

(36) 竹内理三編『寧樂遺文』中巻、東京堂出版、一九六二年。

(37) 知恩院蔵。中田祝夫編『上宮聖徳法王帝説』勉誠社、一九八一年、に収録する影印による。沖森卓也・佐藤信・矢嶋泉『上宮聖徳法王帝説　注釈と研究』吉川弘文館、二〇〇五年、も参照。

(38) 日本歴史地名大系『兵庫県の地名』Ⅱ、六三一頁、平凡社、一九九九年。

(39) 法隆寺蔵。太子町史編集専門委員会『太子町史』一、太子町、一九九六年、に印影図、復原図などが付されている。

(40) 太子町史編集専門委員会『太子町史』一、六三六頁、註39。

(41) 水野柳太郎氏は、三寺分納説話にはなにがしかの事実が含まれているかも知れない。「五十万代」は過大であるから、三寺分納説話を利用して田積の合理化をはかっている、とみる。水野柳太郎「法隆寺伽藍縁起幷流記資財帳」『日本古代の寺院と史料』吉川弘文館、一九九三年。

(42) 広瀬郡から葛下郡地域に進出した敏達天皇後裔王族（後に臣籍に降って大原真人氏を称する）による創建で、斑鳩寺より若干遅れるであろう。東野治之氏は、片岡王寺（片岡僧寺）は聖徳太子の娘の片岡女王の開創であるが、実質的には百済系大原史氏を檀越とする寺で、大原史氏はのちに皇親氏族である大原真人氏を仮冒するようになった、と説く。東野治之「片岡王寺と尼寺廃寺」『大和古寺の研究』塙書房、二〇一一年。しかし、大原史氏による大原真人氏仮冒は確証がなく、大原史氏の創建にかかる寺院は、片岡王寺の東に近接して存在した西安寺（久度寺とも。王寺町舟戸）、彼らの奉斎したのが式内社の久度神社（王寺町久度）である。岸俊男「山部連と斑鳩の地」『日本古代文物の研究』塙書房、一九八八年。平林章仁『七世紀の古代史』白水社、二〇〇二年。

(43) 平林章仁、註42。

(44) 水野柳太郎、註41。

(45) 津田左右吉、吉田一彦、いずれも註2。

(46) 石公成氏によれば、内容的には推古朝頃のものとして大きな矛盾はないという。石井公成、註11。

(47) 水野柳太郎「大安寺伽藍縁起并流記資財帳」『日本古代の寺院と史料』、註41。

(48) 古市晃「七世紀倭王権の君臣統合」『日本古代王権の支配論理』塙書房、二〇〇九年。

(49) 原文は左の通り。

初飛鳥岡基宮御宇　天皇之未登極位、号曰田村皇子、是時小治田宮御宇　太帝天皇、召田村皇子、以遣飽浪葦墻宮、令問廏戸皇子之病、勅、病状如何、思欲事在耶、楽求事在耶、復命、蒙天皇之頼、無楽思事、唯臣伊羆凝村始在道場、仰願奉為於古御世御世之帝皇、将来御世御世御宇　帝皇、此道場乎欲成大寺営造、伏願此之一願、恐朝廷譲献止奏支、太皇天皇受賜已訖、又退三箇日間、皇子私参向飽浪、問御病状、於玆上宮皇子命謂田村皇子曰、…中略…　故以羆凝寺付汝、宜承而可永伝三宝之法者、…中略…　後時、天皇臨崩日之、召田村皇子遺詔、皇孫　朕病篤矣、今汝登極位、授奉宝位、与上宮皇子譲　朕羆凝寺、亦於汝毛授祁利、此寺後世流伝勅支、仍即　天皇位十一年歳次己亥春二月、於百済川側、子部社乎切排而、院寺家建九重塔、入賜三百戸封、号曰百済大寺、此時、社神怨而失火、焼破九重塔並金堂石鴟尾、…後略…

（『寧楽遺文』中）
(50) 福山敏男『奈良朝寺院の研究』綜芸社、一九七八年、初版一九四八年。水野柳太郎、注47。
(51) 『聖徳太子全集』一。
(52) 上原真人「額田寺出土瓦の再検討」『国立歴史民俗博物館研究報告』八八、二〇〇一年。
(53) 狩野久「額田部連と飽波評」『日本古代の国家と都城』東京大学出版会、一九九〇年。辰巳和弘「飽波評と葦垣宮」『地域王権の古代学』、註34。
(54) 斑鳩町『斑鳩町史』、一九七九年。
(55) 平田政彦「上宮遺跡」『奈良県内市町村埋蔵文化財発掘調査報告会資料』、一九九二年。
(56) 仁藤敦史、註34。
(57) 仁藤敦史、註34。平林章仁、註42。小澤毅『日本古代宮都構造の研究』青木書店、二〇〇三年。
(58) 森公章「額田部氏の研究」『国立歴史民俗博物館研究報告』八八、二〇〇一年。岩本次郎「山部氏に関する一考察」『奈良学研究』八、二〇〇六年。
(59) 辰巳和弘、註34。
(60) 平林章仁、註42。森公章、註58。
(61) 橿原考古学研究所附属博物館『聖徳太子の遺跡』二〇〇二年。
(62) 斑鳩町教育委員会「上宮遺跡（第一一次）の調査」『奈良県内市町村埋蔵文化財発掘調査報告会資料』一九九九年。
(63) 北康宏「法隆寺金堂薬師仏光背銘文再読」『文化史学』五五、一九九九年。
(64) 平林章仁、註42。
(65) 白石太一郎「古墳の終末と寺院造営の始まり」『河内古代寺院巡礼』近つ飛鳥博物館、二〇〇七年。
(66) 木下正史『飛鳥幻の寺、大官大寺の謎』角川書店、二〇〇五年。

(67)『扶桑略記』第六。
(68)小澤毅「寺名比定とその沿革」『吉備池廃寺発掘調査報告』奈良文化財研究所、二〇〇三年。
(69)猪熊兼勝「瓦と塼」『高松塚と藤原京』日本美術全集三、学習研究社、一九八〇年。森郁夫『日本古代寺院造営の研究』法政大学出版局、一九九八年。
(70)田村吉永「百済大寺と高市大寺」『南都仏教』八、一九六〇年。
(71)鷺森浩幸「大安寺の所領」『日本古代の王家・寺院と所領』塙書房、二〇〇一年。
(72)奈良文化財研究所『吉備池廃寺発掘調査報告』二〇〇三年。
(73)岩本次郎「木上と片岡」奈良国立文化財研究所『長屋王家・二条大路木簡を読む』吉川弘文館、二〇〇一年。
(74)鷺森浩幸、註71。
(75)水谷千秋『謎の豪族蘇我氏』文芸春秋、二〇〇六年。
(76)和田萃「磐余地方の歴史的研究」『磐余・池之内古墳群』奈良県教育委員会、一九七三年。『角川日本地名大辞典奈良県』角川書店、一九九〇年。
(77)小澤毅、註57。
(78)木下正史、註66。
(79)水野柳太郎、註47。
(80)奈良文化財研究所飛鳥資料館『あすかの石造物』二〇〇一年。
(81)『興福寺縁起』(『群書類従』二四)。
(82)百済大宮を吉備池廃寺に西接し、同時期には膳氏の拠地となっていた橿原市膳夫町辺りに求める考えもあるが、それならばどうして磐余宮、もしくは膳宮と称しなかったのかという疑問もある。笹川尚紀「皇極朝の阿倍氏」『史林』八七－一、二〇〇四年。

第三章　蘇我氏と物部氏と石上神宮

はじめに

蘇我氏と物部連氏の抗争は、宗教政策も含めた王権内の主導権争いであったと述べたが、そのことは物部連氏の拠地の一つでもある大和国山辺郡に鎮座する、名神大社の石上坐布都御魂神社（以下、石上神宮／天理市布留町）の祭祀をめぐる動向からも明らかになる。

部の設置は、王権が六世紀前葉頃から以前のトモ（伴）制を改変して導入した、物的貢納と労役奉仕の義務を課した人的支配制度であり、屯倉制や国造制の創設ともほぼ一体的な、継体天皇系王権による政治改革であった。物部連氏は物部を統轄、管理した伴造であるが、物部の「物」の意味については、石上神宮の祭祀と関わって後に順次述べていく。物部連氏は王権の軍事・警察的職務と王権内の祭祀を担った有力氏族で大連として執政官をつとめ、その活躍も『記』・『紀』では蘇我氏より古い時期から記載されるが、五世紀末以前の記事に現れるそれらの氏名表記は後のあり方を遡及させて用いたものである。

その始祖については神武天皇記に、次のように見える。

故爾に邇芸速日命参赴きて、天つ神の御子に白ししく、「天つ神の御子天降り坐しつと聞けり。故、追ひて参降り来つ」とまをして、即ち天津瑞を献りて仕へ奉りき。故、邇芸速日命、登美毘古が妹、登美夜毘売を娶して生める子、宇摩志麻遅命。此は物部連、穂積臣、婇臣の祖なり。

また、神武天皇即位前紀にも、左のように詳しく記されている。

時に長髄彦、乃ち行人を遣して、天皇に言して曰さく、「嘗、天神の子有しまして、天磐船に乗りて、天より降り止でませり。号けて櫛玉饒速日命と曰す。是吾が妹三炊屋媛亦の名は長髄媛、亦の名は鳥見屋媛。を娶りて、遂に児息有り。名をば可美真手命と曰す。故、吾、饒速日命を以て、君として奉へまつる。夫れ天神の子、豈両種有さむや。奈何ぞ更に天神の子と称りて、人の地を奪はむ。吾心に推るに、未必為信ならむ」とまうす。天皇の曰はく、「天神の子亦多にあり。汝が君とする所、是実に天神の子ならば、必ず表物有らむ。相示せよ」とのたまふ。長髄彦、即ち饒速日命の天羽羽矢一隻及び歩靫を取りて、天皇に示せ奉る。天皇、覧して曰はく、「事不虚なりけり」とのたまひて、還りて所御の天羽羽矢一隻及び歩靫を以て、長髄彦に賜示ふ。

このように、遠祖饒速日命は天孫瓊瓊杵尊に先立って天降ったと伝え、河内国渋川郡（大阪府八尾市辺り）を本拠に盤踞し、大和・難波間の大和川に沿った水陸交通の要衝を押さえて勢力基盤としていたとされる(1)。

五世紀中葉の履中朝に物部伊莒弗大連が・葛城円大使主らと国事を執行したとあるが、これについては第一章で触れた。物部連氏が執政官として政治的地位を上昇させるのは、五世紀末に葛城氏が衰亡して以降のことであろう。この間に、五世紀の王統が衰退し、近江から越前を勢力基盤に難波・淀川・琵琶湖・日本海を結ぶ水運網を掌握して、息長氏や尾張氏らを後背勢力とする応神天皇五世孫という継体天皇が即位するという、大きな変動が存在した。

六世紀初頭の継体天皇擁立に功績があったのが、大伴金村大連・許勢男人大臣・物部麁鹿火大連らであったと見られる。『紀』が執政官任命記事で「並に故の如し」と記すのは大臣・大連らの再任を意味し、継体天皇紀元年二月甲午条で「並に故の如し」と記されるこの三名は武烈朝からの再任であるが、武烈朝の大臣は平群真鳥であり許勢男人のことは見えない。また、この時点で物部麁鹿火は未だ執政官の次々席である。

継体天皇紀二十二年十一月甲子条に、物部大連麁鹿火が大将軍として九州の筑紫君磐井と自ら交戦し平定する功績をあげたとあるが、大伴連氏・物部連氏という席次はそのままである。ところが、欽明天皇紀元年九月己卯条では、大伴大連金村が継体天皇六年に任那四県を百済に割譲した問題の責任を物部大連尾輿らに追及されて失脚し住吉宅に退居したことで、筆頭大連となり全盛期を迎えたと見られる。

さて、古代が現代と大きく違うことの一つに、事物の存在に対する考え方がある。古代社会では、人間をはじめ世界はそのままでは存在しない。名をつけられ、言葉によって陰影や変化や意味を与えられることで、現実の存在となった。事実によって人々を取りまく世界が成り立っているのではなく、世界を支えているのは共同体規制の強い社会で共有される宗教的幻想であった。その中心には象徴として神が存在し、共有された幻想はこの世の始原を語る神話とそれの再演である祭祀儀礼によって実在性を獲得した。

共同幻想である神話は歴史的な事実を伝えるものではないが、さりとて無から創作され実社会とは何の縁りもないまったくの虚構でもない。神話が語られ機能していた古代社会にあって、それは信仰と祭儀に裏打ちされた宗教的真実の物語であり、現実の社会を秩序づける規範でもあった。神話と祭儀は社会に秩序をもたらし、自己を含めあらゆる存在に意味を与えていたのである。

神話と祭儀は、人間と文化の起源を神々に託して語り演じることで、世界の始原と現実の社会の在りようを説明し、人々の思考や認識を基礎づけていたのである。それは彼らの世界観の表明でもあった。

神話と祭儀で表される神界は、この世とは論理の逆転した世界と観念されたが、要となる神の存在は始原的には、畏怖すべき霊か、霊威の現れであった。その姿を想いうかべることや象に造ることも憚られたが、依り代で存在を仮の象に表す段階になっても、特定のものに定まらず、自在であった。実名で呼ぶことを忌避する習俗は貴人だけでなく神にも適用されて、神の名を直接口にすることが憚られた。たとえば、大物主神・大国主神・天照大神などの名はその神に特徴的な機能や神格などを示す語彙を用いて、間接的に表現した呼称ではなかったかと推考される。

写真３　石上坐布都御魂神社（天理市布留町）

物部連氏に比肩する有力氏族であった葛城氏や蘇我氏は、神話を持たなかったわけではなかろうが、それは全く伝えられていない。また、天武天皇四年（六七五）四月に恒例（四月・七月）の国家祭祀として創祀された広瀬大忌祭（大和国広瀬郡／北葛城郡河合町川合に鎮座する式内名神大社の広瀬坐和加宇加乃売命神社）と龍田風神祭（平群郡／生駒郡三郷町立野に鎮座する式内名神大社である龍田坐天御柱国御柱神社）の祭神が、『記』・『紀』神話に登場することもない。律令制下の恒例祭祀で最も重視された祈年祭の起源についても、『古語拾遺』には御歳神の神話として載せられるが、『記』・『紀』には見えない。さらに、蘇我氏の本貫である大和国高市郡蘇我里（奈良県橿原市曽我町）に鎮座する式内大社の宗我坐宗我都比古神社は蘇我氏が奉斎したと見られるが、それに関わる神が『記』・『紀』神話に登場することはない。

これらは単に『記』・『紀』神話に載録されなかっただけという編纂上の問題ではなく、異族視された南九州の隼人や物部連氏のそれは載せられているから、古代王権の成立やその権力編成の歴史に起因するのではないかと憶測されるが、具体的には分明ではない。

物部連氏やその関連する問題を考察する上で避けることが出来ないのが、物部連氏の拠地の一つ大和国山辺郡に鎮座する石上神宮（石上坐布都御魂神社／天理市布留町）のことである。石上神宮の祭神は、熊野で神の毒気にあたり生気を喪失した神武の東遷軍を援けるために武甕槌神が降したという霊剣「韴霊」である。ちなみに、フツ・フル（プル）は、剣で物を切断する時の音の神格化ではなく、もとは漢語の「祓」に起源し、かつ神霊降臨や光輝を意味する朝鮮語プリにも通じる、災厄の除去と霊魂の招き入れを意味する古語と解するのが妥当と考える。[2]

蘇我氏と物部連氏の対立の原因が仏教信仰の受容問題だけでないことや、物部連氏が反対したのは大臣という職位にある蘇我氏の公的な仏教信仰であったことなど、先に述べて来たところである。物部大連守屋が滅ぼされた後、蘇我大臣蝦夷が石上神宮の祭祀権に介入して神宮から物部連氏の勢力を一掃した[3]、あるいは石上神宮の祭祀権を掌握した[4]、などと説かれている。ここでは、それらの説の当否の検討とともに、天皇の本質を物語る石上神宮の性格とその祭祀権、およびそれに関わる蘇我氏と物部連氏の関係について分析し、先述した抗争の真相を鮮明化するとともに古代王権の実態に迫ってみたい。

そのことは、石上神宮の性格とその収蔵品の古代的意味の考察から明瞭に出来ると考えるが、『記』・『紀』で特別に「神宮」と記される石上神宮の古代史上の重要性については、これまでは正当に評価されなかった面もある。石上神宮には解明すべき問題が少なくないが、ここではその性格と王権・天皇の宗教的性格の具体像、およびその祭祀を担った物部連氏や物部首氏らと蘇我氏の関係を中心に分析、考察を進める。

第一節　神宮の呼称からみた石上神宮

先ず、『記』・『紀』における「神宮」の呼称から、古代の石上神宮が特別な地位にあったことを明らかにするため、以下に『記』・『紀』において「神宮」と記された神社をすべて掲出した。

①崇神天皇八年十二月乙卯条：神宮（二回）＝大神神社。三輪君氏らの祖、大田田根子による大物主神祭祀の起源譚。神宮の門、神宮で宴。

【『日本書紀』における「神宮」】

②崇神天皇六十年七月己酉条：出雲大神宮。出雲臣氏の祖、武日照命が天から将来した、出雲神宝の本来の収蔵場所。

③垂仁天皇三十九年十月条：石上神宮（「一云」を含め三回）。五十瓊敷命に茅渟菟砥川上宮で作らせた剣一千口を収蔵。

④垂仁天皇八十七年二月辛卯条：石上神宮。石上の天神庫に納める神宝の管掌を、五十瓊敷命と妹の大中姫命から物部十千根大連に変更、丹波国桑田村の甕襲の犬が食い殺した獣の腹から得た八尺瓊勾玉を収蔵。

⑤景行天皇四十年十月癸丑条：伊勢神宮。東方遠征に出立する日本武尊が拝した。

⑥景行天皇四十年是歳条：神宮＝伊勢神宮。日本武尊が俘虜にした蝦夷を献上。

⑦景行天皇五十一年八月壬子条：神宮（二回）＝伊勢神宮。⑥の蝦夷を御諸山麓、さらには播磨・讃岐・伊豫・安芸・阿波の五国に移配したことと、佐伯部の起源伝承。

⑧仁徳天皇四十年二月条：伊勢神宮。隼別皇子・雌鳥皇女の事件における、二人の逃亡先。

⑨履中天皇即位前紀：石上振神宮。住吉仲皇子事件で、即位前の履中が逃亡した先。

⑩雄略天皇三年四月条：石上神宮。伊勢斎宮の帛幡皇女事件に関わる、阿閉臣国見の逃亡先。

⑪欽明天皇十六年二月条：神宮＝百済の神宮。百済王子恵による、父の聖明王が新羅に殺害されたことの報告に対

する、蘇我卿（稲目カ）の「邦を建し神とは、……自天降来りまして、国家を造り立し神なり。……方に今、前の過を悛めて悔いて、神宮を修ひ理めて、……」という言の中に見える。
⑫用明天皇即位前紀：伊勢神宮。酢香手皇女が斎宮として日神の祭祀に奉仕。
⑬斉明天皇五年是歳条：神宮＝出雲国造に修厳を命じたが、変異が発生した。出雲国意宇郡の熊野坐神社と解するむきもあるが、出雲郡の杵築大社（出雲大社）と見るのが妥当。
⑭天武天皇二年四月己巳条：天照太神宮。伊勢斎宮の大来皇女、泊瀬斎宮で潔斎。
⑮天武天皇三年八月庚辰条：石上神宮。忍壁皇子が膏油で神宝を磨く。
⑯天武天皇三年十月乙酉条：伊勢神宮。大来皇女が泊瀬斎宮から出立。
⑰天武天皇四年二月丁亥条：伊勢神宮。十市皇女・阿閉皇女が参赴。
⑱天武天皇十年正月己丑条：天社地社神宮。畿内・諸国にその修理を命じた。
⑲天武天皇朱鳥元年四月丙申条：伊勢神宮。多紀皇女・山背姫王・石川夫人を派遣。

右の『紀』における事例の内、⑤・⑥・⑦・⑧・⑫・⑭・⑯・⑰・⑲は伊勢神宮をさしているが、一九例中九例と過半数を占めることは、当然であろう。次いで多いのが石上神宮で、③・④・⑨・⑩・⑮と、五例を占める。あとは、②・⑬が出雲の杵築大社、①が三輪の大神大物主神社、⑪・⑱の具体的名称は分からない。
次に、用例は多くはないが『古事記』について見てみよう。

【『古事記』における「神宮」】
①神武天皇記：石上神宮。神武の一行が熊野で疲瘁した際、建御雷神が高倉下の倉に下して災難から救った横刀＝

佐士布都神＝甕布都神＝布都御魂の収蔵場所（分註）。
②崇神天皇記：伊勢大神之宮。豊鉏比売命（豊鉏入比売命）が拝祭（分註）。
③垂仁天皇記：石上神宮。印色入日子命が鳥取の河上宮にいて作らせた横刀一千口の奉納先。
④垂仁天皇記：伊勢大神宮。倭比売命が拝祭（分註）。
⑤垂仁天皇記：大神宮・神宮＝出雲大神（杵築大社）。本牟智和気王の出雲巡行譚。
⑥景行天皇記：伊勢大御神宮。倭建命（小碓命）が東征に際して参拝。
⑦履中天皇記：石上神宮（二回）・神宮。墨江中王の事件で履中が逃亡した先。
⑦継体天皇記：伊勢神宮。佐佐宜王を斎宮に任命。

『記』でも七例中、②・④・⑥・⑦の四例が伊勢神宮であり、次いで①・③・⑦の三例が石上神宮、杵築大社は⑤の一例のみで、傾向は『紀』と等しい。すなわち、『記』・『紀』において神宮の呼称を附して記されるのは、伊勢神宮と石上神宮が主であった。杵築大社（出雲大社）と大神大物主神社も神宮の呼称が附されることがあるが、一般化はしていない。このことは、伊勢神宮と石上神宮が特別な扱いをうける、王権にとって最も重要な神社であったことを示している。

石上神宮は皇祖神天照大神を祭る伊勢神宮と並ぶ、王権・王家には特別に重要な神社であって、物部連氏という一氏族の氏神を奉斎した神社でないことは、このことからも明白であろう。次の課題は、伊勢神宮に匹敵するという、石上神宮が帯びていた宗教的重要性と意味の解明と、蘇我氏との関係である。

第二節　石上神宮と七枝刀

石上神宮が伊勢神宮とならぶ重要な神社であったことの理由は、その収蔵物にある。石上神宮の収蔵物で、最も重要なものの一つが、神功皇后紀摂政五十二年（紀年を補正すれば三七二）九月丙子条に百済王から贈られた「七枝刀」と目される、中国・東晋の「泰（太）和四年（三六九）」で始まる金象嵌銘文がある七支刀である。これは、古代の日本・韓国・中国の関係を考える上で重要であるだけでなく、石上神宮の性格を考える上でも看過できない。先ず、関連する神功皇后紀摂政五十二年九月丙子条から見ていこう。

久氏等、千熊長彦に従ひて詣り。則ち七枝刀一口・七子鏡一面、及び種種の重宝を献る。仍りて啓して曰さく、「臣が国の西に水有り。源は谷那の鉄山より出づ。其の邈きこと七日行きて及らず。当に是の水を飲み、便に是の山の鉄を取りて、永に聖朝に奉らむ」とまうす。乃ち孫枕流王に謂りて曰はく、「今我が通ふ所の、海の東の貴国は、是天の啓きたまふ所なり。是を以て、天恩を垂れて、海の西を割きて我に賜へり。是に由りて、国の基永に固し。汝当善く和好を脩め、土物を聚斂めて、奉貢ること絶えずは、死ぬと雖も何の恨みかあらむ」といふ。是より後、年毎に相続ぎて朝貢る。

応神天皇記にも、

亦百済の国主照古王、牡馬壹疋、牝馬壹疋を阿知吉師に付けて貢上りき。此の阿知吉師は阿直史等の祖。亦横刀及大鏡を貢上りき。

と見え、月日など細かな点を除けば、各記事は一定の事実を踏まえていると見られる。

百済の東晋への遣使が三七二年一月、東晋の百済冊封使の派遣が同年六月と見られることからして[5]、七支刀は「太（泰）和四年（三六九）」に東晋で製作され、三七二年（六月か）に東晋から百済の第十三代肖古王（近肖古王／在位三四六〜三七五）へ下賜されたと見られる。[6]『三国史記』によれば、百済の近肖古王は三六九年〜三七一年にかけて高句麗と激しく戦い、勝利を重ねていた。七支刀銘文には未確定部分もあってすべてに亘り検討を加える暇はないが、百済の近肖古王と世子（第十四代貴須王、銘文に見える「世子奇生」は第十四代百済王の貴須王か）[7]が、倭国との関係強化を意図し、東晋から下賜された「原七支刀」を百済で模造するとともに裏銘文を新たに象嵌して、三七二年に七子鏡とともに倭国に贈ったものである可能性が大きいと考えられる。[8]東晋から百済に下賜されたものを、さらに百済が仿製して倭国に贈与したものであったとしても、四世紀後半に百済王から倭国王に贈られた記念すべき「七枝刀」が石上神宮に収蔵され、今日まで伝世している事実こそが重要である。

第三節　石上神宮は物部連氏の氏神か

石上神宮に収蔵する神宝の管理については、次に引く垂仁天皇紀の記事をめぐって議論が展開してきたところである。

三十九年冬十月に、五十瓊敷命、茅渟の菟砥川上宮に居しまして、剣一千口を作る。因りて其の剣を名けて、川上部と謂ふ。亦の名は裸伴、此をば阿箇播娜我等母と云ふ。と曰ふ。石上神宮に蔵む。是の後に、五十瓊敷命に命せて、石上神宮の神宝を主らしむ。一に云はく、五十瓊敷皇子、茅渟の菟砥の河上に居します。名は河上を喚して、大刀一千口を作らしむ。是の時に、楯部・倭文部・神弓削部・神矢作部・大穴磯部・泊橿部・玉作部・神刑部・日置部・大刀佩部、幷せて十箇の品部もて、五十瓊敷皇子に賜ふ。其の一千口の大刀をば、忍坂邑に蔵む。然して後に、忍坂より移して、石上神宮に蔵む。是の時に、神、乞して言はく、「春日臣の族、名は市河をして治めしめよ」とのたまふ。因りて市河に命せて治めしむ。是、今の物部首が始祖なり。

八十七年春二月丁亥朔辛卯に、五十瓊敷命、妹大中姫に謂りて曰はく、我は老いたり。神宝を掌ること能はず。今より以後は、必ず汝主れ」といふ。大中姫命辞びて曰さく、「吾は手弱女人なり。何ぞ能く天の神庫に登らむ」とまうす。神庫、此をば保玖羅と云ふ。五十瓊敷命の曰はく、「神庫高しと雖も、我能く神庫の為に梯を造てむ。豈庫に登るに煩はむや」といふ。故、諺に曰はく、「天の神庫も樹梯の隨に」といふは、此其の縁なり。然して遂に大中姫命、物部十千根大連に授けて治めしむ。故、物部連等、今に至るまでに、石上の神宝を治むるは、是其の縁なり。

すなわち、垂仁天皇紀三十九年十月条は「五十瓊敷命が茅渟の菟砥川上宮で剣一千口を作って石上神宮に納め、五十瓊敷命にその神宝を管理させた」。八十七年二月辛卯条では「年老いた五十瓊敷命は妹の大中姫に石上の天神庫の管理を譲ろうとしたが、手弱女人には無理だと断り、彼女はそれを物部十千根大連に命じた。物部連氏が今に至るまで石上の神宝を管理するのは、この縁による」と伝える。ただし、三十九年十月条と八十七年二月辛卯条に間には他に記事がないから、本来両条は石上神宮の天神庫の神宝の起源を語る一連の所伝であったと見られる。垂仁天皇記にも、

次に印色入日子命は、……又鳥取の河上宮に坐して、横刀壹仟口を作らしめ、是れを石上神宮に納め奉り、即ち其の宮に坐して、河上部を定めたまひき。

と見える。

先ず、関連所伝に関わる問題は、石上神宮が物部連氏の氏神を祭る神社であったことが読み取れるか否か、さらに石上神宮（神宝）の祭祀を担った本来の集団が物部連氏であったか、それとも三十九年冬十月「一に云はく」のいうように春日臣氏系物部首氏であったのか、ということである。

後者は第六節で述べるので、本節では前者について検討するが、従前から石上神宮は物部連氏の氏神を祭る神社であったとする見方が根強く存在する(9)。しかし、右の垂仁天皇紀では、石上神宮の神宝管治に当初は垂仁天皇の子の五十瓊敷命や大中姫命が従事したとあることから、王族が行なうのが本来であったとする意識が窺われる。天神庫（収蔵する神宝）の管治が石上神宮の祭祀でもあったが、神宮の呼称や収蔵された神宝の性格などから、後述するように石上神宮の国家的性格は否定できない。すなわち、物部連氏の氏神を祭る神社であったとは見られないだけでなく、在地集団の保有していた祭祀権を物部連氏が横領して祭ったものでもない(10)。石上神宮の在地的性格は、後述する

ように平安時代初めになって表面化する。

また、垂仁天皇紀三十九年十月条をはじめ、後述する天武天皇紀三年（六七四）八月庚辰条や『日本後紀』延暦二十三年（八〇四）二月庚戌条などの記載から、石上神宮には大量の器仗が収蔵されていたことが知られる。このことから、それは王権の武器庫でもあり、ゆえに軍事的氏族である物部連氏が管理したとされる。

しかし、ここに収蔵される厖大な器仗が実戦に出庫された記録はなく、単純に武器庫であったとは言えない。王権の武器庫なら名称は「石上兵庫」とするべきであり、特別に「神宮」と称することはない。神宝の器仗を祭ることは、器仗の帯する強力で呪的な霊的威力を祭るということであり、石上神宮は畏怖すべき霊的威力を有する器仗を納めた宮であった。それは後述する器仗の性格から明らかになるが、その強力な霊的威力を鎮定＝祭祀することで、天皇による領域の平安な統治が完結すると観念されたのである。ただし、畏怖すべき霊的威力に向き合うには、それに打ち負けない宗教的威力が不可欠と考えられ、誰もが可能であったわけではなかった。「物部」の氏名をもつ集団のみが、それに立ち向かう呪力を保持していると考えられたのであるが、その呪力については後述する。

第四節　収蔵物からみた石上神宮の性格

石上神宮には、百済国王とその世子から贈与された七支刀をはじめ、次に掲げる主な収納関連記事から明瞭なように、天皇自らが納めた多くの器仗・神宝が収蔵されていた。石上神宮の祭祀とは天神庫に収蔵されるこれらの神宝を祭ることであったが、左の各所伝からも、石上神宮が王権の武器庫であるとともに物部連氏がその氏神を奉斎した神社であったことを導くことは出来ない。

①布都御魂【熊野で悪気に当たり活力を喪失した神武の一行を救った刀】（神武天皇記「此刀者、坐石上神宮也」）。

②蛇之麁正【素戔嗚尊が八岐大蛇を切った剣】（神代紀第八段「一書曰」第二「此は今、石上に在す」・「一書曰」第三「今吉備の神部の許に在り。出雲国の簸の川上の山是なり」…備前国赤坂郡石上布都之魂神社）。

③剣一千口【川上部・裸伴ともいう。五十瓊敷命が茅渟の菟砥川上宮で作らせた】垂仁天皇紀三十九年十月一云条「一千口の大刀をば、忍坂邑に蔵む。然して後に、忍坂より移して、石上神宮に蔵む」。

④八尺瓊勾玉【丹波国桑田村甕襲の犬が山獣牟士那を咋い殺して得た】垂仁天皇紀八十七年二月辛卯条「是の玉は、今石上神宮に有り」。

⑤天日槍将来の神宝【垂仁天皇紀八十八年七月戊午条：羽太玉・足高玉・鵜鹿鹿赤石・日鏡・熊神籬・小刀】『釈日本紀』巻第十所引「天書第六曰」に「石上神宮に蔵めしむ」。

⑥諸家宝物【子孫に返還】天武天皇紀三年八月庚辰条「忍壁皇子を石上神宮に遣して、膏油を以て神宝を瑩かしむ。即日に、勅して曰はく、「元来諸家の、神府に貯める宝物、今皆其の子孫に還せ」とのたまふ」。

⑦器仗・神宝【石上神宮神宝の移動】『日本後紀』延暦二十三年二月庚戌条「大和国の石上社の器仗を山城国葛野郡に運収す」・同延暦二十四年二月庚戌条「…石上神社に兵仗を返納せしむ」・「昔来、天皇の其の神宮に御して、便に宿収する所なり。…歴代の御宇天皇、慇懃の志を以て送納する所の神宝なり」。

⑧石上神宮の鑰と匙は朝廷が管理【石上神宮は朝廷管理の神社】持統天皇紀六年九月条「神祇官、奏して神宝書四巻・鑰九箇・木印一箇を上る」。『延喜臨時祭式』「凡そ石上社の門の鑰一勾・匙二口は、官庫に納めよ。祭に臨み、前だちて官人・神部・卜部各一人を遣わして、門を開き掃除して祭に供えよ。自余の正殿幷びに伴・佐伯の二殿の匙各一口は、同じく庫に納めて輙く開くことを得ず」。

いま右史料のすべてに亘って細かく論及する紙幅はないが、目下の課題に即して少しだけ述べておこう。

④の八尺瓊勾玉や⑤の天日槍将来の神宝などから、武器（兵仗）だけが石上神宮に収蔵されていたのではないことが分かるが、この点からも王権の武器庫（兵庫）であったとは言えない。今日まで収蔵される国宝の七支刀や鉄楯も実用品ではなく、外交記念的、呪術的な性格の器物である。

⑥の天武天皇紀三年（六七四）八月庚辰条は、壬申の乱に勝利した天武天皇が逸早く行なった神祇関係施策として、同年十月乙酉条の大来皇女の伊勢斎宮派遣とともに注目されるが、問題は忍壁皇子に石上神宮の神宝を膏油で磨かせたうえ、それらを元の所有者に返還させたことの理由である。これについてもすでに先学の研究があり、松前健氏は次のように述べている。(11)

五・六世紀のころ、実際に朝廷側で、地方の首長らの持っていた呪宝・レガリアの類を取りあげ、そのカリスマを失わせ、中央集権の実を挙げるために行った政策の反映であり、…神宝類は、単なる武器類ではなく、祭祀王の呪物であり、そのカリスマの源泉であったのであるが、律令制以後になると、中央集権化がそうした形で行われる必要はなくなったので、天武天皇三年の、諸国の豪族から徴収していた神庫の宝物類を、その子孫に還す詔が発せられたのである。

ほぼ妥当な見解と言えよう。松倉文比古氏(12)が、

地域首長の王権への服属の確認が、それらの世界を象徴する宝器としての神宝の貢上にあった。…服属が誓詞、所有する神宝、支配領域を献じる行為を通じて成立する。…石上神宮は政治支配者としての大王と、大王の体現する大和王権の支配領域と秩序を象徴する場、聖域にほかならないのであって、単に武器庫というような理解は成立しにくい。…天武天皇紀三年八月庚申条の、諸氏への神宝返還は、律令制に基づく新たな王権と地方諸勢力との秩序関係の構築が、その背景にあった。

と説き、篠川賢氏(13)が、

石上神宮の神宝は、諸豪族から大王への服属の証として献上され宝物とみるのが妥当であろう。…石上神宮に大王への服属を示す神宝が収められていたのであれば、大王の主斎する神宮であったと考えるのが自然である。

と述べるのも、基本的立場では等しい。

要するに、石上神宮に収蔵される神宝の多くは、諸地域の豪族から服属の証に献上されたものであり、本来は彼らの権威を宗教的に保証する霊的威力に満ちた宝器であった。天皇はそれらを所有する限りにおいて、諸豪族を呪術宗教的意味において永続的に支配することが可能であると信じられたのである。故にそれは、丁重に祀られなければならなかったのであり、ここに祭祀王＝天皇の姿を窺うことが出来よう。壬申の乱に実力で勝ち抜いた天武天皇には、かつて自らの神宝を献上した諸豪族間との、力の差は歴然であった。諸豪族が服属の証に差し出した神宝を保有することで、王権領域内の支配と統一が完結するという時代が終了したことは間違いない。法（後の飛鳥浄御原令）による支配の実現を進めた天武天皇政権は、呪術宗教的段階を脱したと位置づけられる。

さらに、耕作に必要な潤沢な水を願う広瀬大忌祭（広瀬郡〈北葛城郡河合町川合〉鎮座の広瀬坐和加宇加乃売命神社）や風害のないことを祈る龍田風神祭（平群郡〈生駒郡三郷町立野〉鎮座の龍田坐天御柱国御柱神社）、中でも全国の天神地祇に稲穀が豊穣であることを予祝する祈年祭など、後の神祇令に結実する新たな神祇制度が、天武天皇四年（六七五）に創始されることの影響も少なくなかったと考えられる。旧主である豪族へ石上神宮の神宝の返還が命じられる天武天皇三年には、宗教的側面において天皇の領域統治を象徴する石上神宮の神宝祭祀に代わる、新たな神祇制度が準備されつつあったのである。

ちなみに、膏でその器仗を磨き返還することの責任者が忍壁皇子であったことは、垂仁天皇紀三十九年一〇月一云条の十箇品部のなかに「神刑部」があり、製作した大刀一千口が忍坂邑に収蔵された後、石上神宮に移されていることなどと無関係ではなかろう。石上神宮の神宝に向き合う人物として、忍坂に縁りの人物がふさわしいとする伝統的観念が存在したのではないかと推察される。

ひるがえって言えば、壬申の乱以前の王権や天皇は、呪術宗教的要素の色濃い存在であったということである。また、⑧の持統天皇紀六年九月条は具体的には明らかではないが、石上神宮の神宝や蔵の管理に関わることと推察される。とするならば、⑥の天武天皇三年八月庚辰に諸家の神宝をその子孫に返却させていることから、神宝の旧所有者に関する正確な記録が存在したことは確かであり、「神宝書四巻」はその目録であったと見られる。『延喜中務式』監物および典鑰条によれば、朝廷諸司の蔵庫の鑰と匙は原則、中務省の典鑰が保管・管理にあたり、内蔵寮の蔵と兵庫を除き、中務省監物を介して使用することになっていた。石上神宮の鑰と匙を朝廷が管理していたことは、石上神宮と神宝を収めたその蔵が朝廷の直轄であったことを示しており、この点からも石上神宮が一氏族のものでなかったことは明白である。石上神宮の天神庫に収蔵される神宝・器仗の祭祀は、天皇の領域支配を呪術宗教的に保証するものであった。

第五節　石上神宮の神宝移動

石上神宮が王権において特別な存在であったことは、⑦からも理解されるが、『日本後紀』延暦二十四年（八〇五）二月庚戌条は、ちょうど一年前である延暦二十三年二月庚戌に「大和国の石上社の器仗を山城国葛野郡に運収」したことの後日譚であり、その祭祀を担った氏族の問題とも関わることから、少し長いが関連部分を次に引用しよう。

造石上神宮使正五位下石川朝臣吉備人等、功程を支度して、単功一十五万七千余人を申上し、太政官奏す。勅して曰はく、「此の神宮の他社に異る所以は何ぞ」と。或る臣奏して云ふ、「多く兵仗を収むる故なり」と。勅すらく、「何の因縁有りてか、収むる所の兵器ある」と。答へ奉りて云ふ、「昔来、天皇の其の神宮に御して、便に宿収する所なり。都を去ること差や遠くして、非常を慎む可し。伏して請ふらくは、卜食して運び遷さんことを」

と。是の時、文章生従八位上布留宿禰高庭、即ち解を脩して官に申して云ふ、「神戸百姓等の款を得るに称はく、『比来、大神頻りに鳴鏑を放ち、村邑咸く怪む。何の祥なるかを知らず』者。未だ幾時を経ずして、神宝を運び遷す。望み請ふらくは、此の状を奏聞して、停止に従ふを蒙らむことを」と。官即ち執奏す。報宣を被るに称はく、「卜筮吉に合う。妨言す可からず」と。所司咸く来りて、神宝を監運し、山城国葛野郡に収め訖りぬ。故無くして倉仆れ、更に兵庫に収む。既にして聖体不予なり。典闈建部千継、春日祭使に充てらる。平城の松井坊に新神有りて、女巫に託すと聞く。便ち過りて請問するに、女巫云ふ、「今問ふ所は、是凡人の事にあらず。宜しく其の主を聞くべし。然らざれば、問ふ所を告げず」と。仍りて聖体不予の状を述ぶ。即ち託語して云ふ、「歴代の御宇天皇、慇懃の志を以て送納する所の神宝なり。今吾が庭を践穢して、運び収むること当らず。所以に天下の諸神に唱へ、諱を勒して天帝に贈るのみ」と。登時京に入りて密奏す。即ち神祇官幷びに所司等に詔して、二幄を神宮に立て、御飯を銀笥に盛りて、御衣一襲を副へ、並びに神輿に納む。典闈千継を差して使に充て、彼の女巫を召して、御魂を鎮めしむ。女巫通宵忿怒し、託語すること前の如し。遅明にして和解す。勅有りて、御年の数に准じて、宿徳の僧六十九人を屈して、石上神社に読経せしむ。詔して曰はく、「天皇が御命に坐せ、石上の大神に申し給はく、大神の宮に収め有りし器仗を、京都遠く成りぬるに依りて、近処に治めしめんと為てなも、去年此に運び収め有る。然るに比来之間、御体常の如く御坐さず有るに、大御夢に覚し坐すに依りて、大神の願い坐しし任に、本の社に返し収めてし。驚くこと无く、咎むること无く、平けく安けく御坐す可しとなも念し食す。…中略…辞別きて申し給はく、神ながらも皇御孫の御命を、堅磐に常磐に、護り奉幸へ奉り給へと、称辞定め奉らくと申す」と。典薬頭従五位上中臣朝臣道成等を遣して石上神社に兵仗を返納せしむ。

ここで、重視するべき要点は、次の三つにまとめられる。

①石上神宮に収蔵する器仗・神宝は、歴代の天皇が慇懃の志をもって収めて来たものである。

②平安京に遷都した桓武天皇は、都と石上神宮が離れて天皇との関係が疎遠になるという進言を入れて、その器仗・神宝を、造石上神宮使正五位下石川朝臣吉備人を責任者として山城国葛野郡に運ばせて倉に収納した。
③ところが、その倉が倒壊し重ねて桓武天皇が不予になった際、平城京松井坊の女巫に新神の神託があり、それが石上神宮の大神の祟りによると解釈されたので、器仗・神宝を大和国の石上神宮に戻させた。

なお、桓武天皇に臣下が石上神宮の器仗・神宝を山城国葛野郡に遷す理由として述べた、「非常を慎む可し」について、「不測の事態に備えるため（＝器仗は実戦用の武器）」と解されるかも知れない。しかし、それは「天皇の其の神宮に御して、便に宿収する」ことが、「都を去ること差や遠く」なったことで、「非常」＝これまでの常のようにできなくなったことを、「慎む可し」＝畏れるべきである。すなわち、天皇と石上神宮の関係が「常」でなくなることを畏れる、という意に解すべきだと考える。このことから、石上神宮の神宝は常に天皇とともにあらねばならない、という石上神宮の本質にかかわる観念を読み取ることが出来る。

次に神宝が元に戻された問題であるが、布留宿禰高庭が先頭に立って石上神宮の器仗・神宝の山城国葛野郡への運収に反対してきたが、そのことが強行された。そこで、平城京松井坊の新神の託宣を持ち出して布留宿禰高庭側が巻き返したということだが、布留宿禰の旧姓は物部首であり、物部連氏とともに石上神宮の祭祀に従事してきた氏である。物部首氏と石上神宮の祭祀の関係は次述するが、神宝の返納からは、石上神宮が山辺郡の在地社会に基盤を置く神社に変貌しつつある姿が窺われる。布留宿禰氏が器仗・神宝の山城国葛野郡への運収に反対したのは、そのことが当時の石上神宮の祭祀を衰退させ、布留宿禰氏の権威基盤の崩壊につながることを恐れたからであろう。

結果として、器仗・神宝は元のように石上神宮の倉蔵に返納されることになったが、そのために延べ十五万七千余人の労働者が計上されている。この労働者数は、倉の修築に充てられる人数を除いても、器仗・神宝がいかに多量であったかを推し量るに十分である。また、事にあたった造石上神宮使は、正五位下石川朝臣吉備人であるが、石川朝臣の旧姓は蘇我臣であり、後述する蘇我馬子の時の石上神宮との縁りを踏まえて造石上神宮使に任命されたとみることも出来る。

王権・天皇の支配を宗教的に保証する石上神宮の祭祀に従事した物部氏には、垂仁天皇紀三十九年十月から物部連氏（本文）と物部首氏（一云）の二氏の存在したことが知られる。連姓と首姓の物部氏に関わり、石上神宮の祭祀に従事した時期の先後や、蘇我氏と石上神宮との関連などの問題が推察されることから、次は物部二氏について取り上げよう。

第六節　石上神宮と布留宿禰氏

先ずここでは、石上神宮の祭祀を担った本来の集団が物部連氏であったか、それとも春日和珥氏系物部首（布留宿禰）氏であったのかについて、考えよう。その先行研究については既に篠川賢氏[14]の要約があるので割愛し、関連史料は先の第三節に引用したのでここでは要旨を記し、続いて問題の「一云」を大字で再掲しよう。

すなわち、垂仁天皇紀三十九年十月条と八十七年二月辛卯条の本文の伝えるところは、

五十瓊敷（五十瓊敷入彦）命が、茅渟の菟砥川上宮（和泉国日根郡鳥取郷／大阪府阪南市）で製作した剣一千口を石上神宮に収蔵し、それらの神宝を主らせた。しかし、五十瓊敷命が老いたので妹の大中姫命に神宝管治のことを譲り、石上神宮の高い天神庫には梯を造ったけれども、大中姫命は女性には荷が重いとして物部十千根大連にこれを授けた。これが、今に至るまで物部連氏が石上神宮の神宝を管治する（石上神宮の祭祀を担う）由縁である。

ということである。物部連氏による石上神宮の神宝管治を語って終わることから、物部連氏系の主張を加味した記載になっている。本来、王家が伝えた所伝は、垂仁天皇記に見えるような、素朴な内容であったのではないかと推考される。

これに対して、垂仁天皇紀三十九年十月一云条は、

一に云はく、五十瓊敷皇子、茅渟の菟砥の河上に居します。鍛名は河上を喚して、大刀一千口を作らしむ。是の時に、楯部・倭文部・神弓削部・神矢作部・大穴磯部・泊橿部・玉作部・神刑部・日置部・大刀佩部、幷せて十箇の品部もて、五十瓊敷皇子に賜ふ。其の一千口の大刀をば、忍坂邑に蔵む。然して後に、忍坂より移して、石上神宮に蔵む。是の時に、神、乞して言はく、「春日臣の族、名は市河をして治めしめよ」とのたまふ。因りて市河に命せて治めしむ。是、今の物部首が始祖なり。

と、五十瓊敷皇子に楯部以下の十箇の品部を賜わり、一千口の大刀を忍坂邑に収蔵した後、さらに石上神宮に遷し収めて、神の要請により春日臣族の市河に管治させたが、これが今の物部首氏の始祖である、という。十箇の品部・忍坂邑・神の要請のことなどはここにしか見えず、春日和珥氏系物部首氏の所伝より出たものであることは間違いなかろう。課題は、石上神宮の祭祀における物部連氏と物部首氏の先後、あるいは上下などの関係解明である。

これについて、津田左右吉氏は次のように説く。(15)

物部首（布留宿禰）は、石上の地に土着した古い豪族で、石上神宮との関係も古くからのことであったに違いない。石上神宮の神宝が武神とされていたため、物部連が自家の管理に収めて以降に、物部首が物部連に服従して物部を称するようになった。

なお、物部首氏は、天武天皇十二年（六八三）九月丁未に物部連、天武天皇十三年十二月己卯に布留宿禰と改姓するが、石上神宮の神宝が諸豪族に返却されて間もない頃のことである。

その神宝は諸豪族から服属の証として献上された呪術宗教性をもった宝器であったが、篠川賢氏(16)は、垂仁天皇紀八十七年二月辛卯条本文については、

石上朝臣麻呂（天武朝から元正朝まで活躍、大宝四年正月に右大臣、和銅元年三月に左大臣）が台頭し、天皇の奉斎す

る石上神宮に深く関わるようになった天武・持統朝以降の作文とみるのが妥当であるが、物部連が石上神宮と無関係であったということではない。

と、天武・持統朝以降の作文とみる。また、物部首氏については、

物部首（布留宿禰）は、王権により石上神宮が創祀された当初から、物部を率いて神宮の神宝管掌に当たった在地の伴造である。物部連は、それも含めた各地の物部、およびその伴造を統括した職（地位）であったから、石上朝臣麻呂の台頭以前も、物部連が石上神宮の神宝管掌と無関係であったとはいえない。

と、物部連氏との関係を上下関係で理解する。また、何れも物部首氏の在地性を重視して、石上神宮の関係を物部連氏よりも古く、本来的なものと理解する。

しかし、右説には布留宿禰という氏姓や石上朝臣麻呂の活躍以外に主たる論拠がなく、その理解に疑問も存在する。例えば、垂仁天皇紀八十七年二月辛卯条を石上朝臣麻呂の作文とみる説について、石上朝臣麻呂が何故そうした所伝を作文しなければならなかったのか明らかでない。一氏にのみに都合のよい所伝が編纂期に新しく創作されて、『紀』の記事として採録されることが可能であったか疑問が大きい。そうした場合に、他の氏から反論や反発が出なかったのだろうか。そうしたことが可能ならば、他の有力氏族らも自氏に有利な所伝を創作し、その掲載を求めたのではなかろうか。結果、『紀』は氏々によって都合よく創作された記事の満載に終わったであろう。

さらに、物部連（石上朝臣）氏が、天武・持統朝になってから、どうして石上神宮の祭祀に深く関わるようになったのか、その理由も判然としない。先に触れた天武天皇紀三年八月庚辰条からも明らかなように、石上神宮の神宝（の一部）は旧主の諸豪族に返還されているが、このことは、石上神宮の祭祀と、その対象である天神庫に収蔵される神宝の重要性が、従前よりも低下したことを意味している。それは、献上された神宝により呪術宗教的側面において支配を完結するという方針が転換されて、法に基づく国家、法による支配が目指されたことを示している。呪物に

よる支配が廃止される時期に、物部連（石上朝臣）氏が石上神宮の祭祀に深く関わって、どのような神祇祭祀的、かつ歴史的意味が存在したのであろうか。

要するに、石上神宮の祭祀に従事したのが、物部連氏と物部首氏の何れが先であったかについては、俄かには決し難いことである。そこで次に、蘇我氏と石上神宮の関係からその課題解明に迫ってみよう。

第七節　蘇我馬子の物部連氏の妻と石上神宮

いま少し、石上神宮の祭祀に関わる物部連氏と物部首氏の関係について見ていくが、次に引く皇極天皇紀二年十月壬子条から、石上神宮の祭祀に大きな変化の生起したことが推察される。

蘇我大臣蝦夷、病に縁りて朝らず。私に紫冠を子入鹿に授けて、大臣の位に擬ふ。復其の弟を呼びて、物部大臣と曰ふ。大臣の祖母は、物部弓削大連の妹なり。故母が財に因りて、威を世に取れり。

蘇我氏本宗家が滅ぼされる乙巳の変の直前に配置されたこの記事は、冠位の授与・大臣任命という天皇大権を侵害した蘇我氏の擅断な振る舞いとして、そのことの説明の一つと位置づけられ、使用されてきた。反対に、そうした内容が事実の伝えとは考え難いとして疑問視する説[17]もあり、見解が一定していない。

このことに関して、以下に引く二点の史料から、右は一定の史実を踏まえていると考えられる。

その一つは、次の奈良時代末から平安時代初頭頃に紀氏の氏族誌として纏められた『紀氏家牃』逸文[18]である（原文は註に記す）。

馬子宿祢の男、蝦夷宿祢が家、葛城県豊浦里にあり。故に名づけて豊浦大臣と曰ふ。亦、家に兵器を多く貯へ、俗に武蔵大臣と云ふ。母は物部守屋大連（亦、弓削大連と曰ふ。）の妹、名を太媛と云ふ。守屋大連家亡びて後、太媛、石上神宮の斎神の頭と為る。是に於て、蝦夷大臣、物部族神主家等を以て僕と為し、物部首と謂ひ、亦神主首と云ふ。[19]

蘇我蝦夷の家は葛城県豊浦里にあったので、豊浦大臣と称した。家に兵器を多く貯えていたので、俗に武蔵大臣とも称された。母は物部守屋大連の妹で名を太媛と言い、守屋大連家が滅んで後に、太媛は石上神宮の斎神の頭になった。それで、蝦夷大臣は物部族神主家等を僕となし、物部首、また神主首と称した、という。

なお、兵器を多く貯えたという蘇我蝦夷の家は、文意からは葛城県豊浦里にあった家と見られるが、あるいは乙巳の変の前、皇極天皇紀三年十一月条に武備を固めたとある飛鳥「甘檮岡」の家であろうか。

次に右所伝の信憑性であるが、孝徳天皇紀大化五年三月戊辰条には「蘇我臣日向日向、字身刺。」、『上宮聖徳法王帝説』裏書には「曾我日向子臣、字無耶志臣」、皇極天皇紀三年正月乙亥朔条分註に蘇我倉山田麻呂の族の「身狭臣」、『藤氏家伝』鎌足伝の中大兄皇子が蘇我倉山田麻呂の娘に求婚したところ既に蘇我日向が関係を結んでいたという行に、「遂聘女于山田臣之家。山田臣許之。……其弟武蔵、挑女将去。」とあり、蝦夷とは別にあと一人蘇我氏でムサシと呼ばれた人物が存在する。すなわち、武蔵大臣＝蝦夷と、蘇我倉山田麻呂の弟の日向＝身刺（無耶志臣／身狭臣／武蔵）であるが、その異同が問題となる。要するに、ムサシなる字（別名）の人物は蘇我氏では一人だけで『紀氏家牒』逸文は間違いであるのか、それとも両者ともにムサシの字を用いていたのか、ということである。

蝦夷を武蔵大臣と記す例が他にないことからすれば、『紀氏家牒』逸文は蘇我日向の字を蝦夷と混同したとも見られようが、十六世紀には葛城の地に豊浦の地名（葛上郡高宮郷豊浦／奈良県御所市伏見）が存在し、それが鎌倉時代まで遡る可能性があることからすれば[20]、『紀氏家牒』逸文の所伝が強ち間違いとも言えない。おそらく、蘇我雄当から石川麻呂に名号「クラ」が継承されたのと同様に、蘇我蝦夷の字のムサシを甥の日向が継承したのではないかと考えられる。そうすれば、右の『紀氏家牒』逸文の所伝も、矛盾なく理解することが可能となる。

次の課題は、物部守屋の妹の太媛が、蘇我馬子の妻となり蝦夷をもうけ、守屋大連が滅んだ後に石上神宮の斎神の頭になった（祭祀に従事した）ということの事実関係の見極めと歴史的評価である。これについては信憑性が定まらない部分もあるが、平安時代初期に物部連氏系の所伝を纏めた『先代旧事本紀』「天孫本紀」(21)も参照しなければならない。その十四世孫物部大市御狩連公条には、次のようにある。

弟物部守屋大連公、弓削大連と曰ふ。此連公は、池辺双槻宮御宇天皇の御世に、大連となり神宮を斎ひ奉る。……

妹物部連公布都姫夫人、字は御井夫人、亦は石上夫人と云ふ。此夫人、倉梯宮御宇天皇御世に、立ちて夫人となり、亦朝政に参で神宮を斎ひ奉る。弟物部石上贄古連公。此連公は、異母妹御井夫人を妻として四児を生めり。小治田豊浦宮御宇天皇御世に、大連となり神宮を斎ひ奉る。(22)

同じく十五世孫物部大人連公条は、

妹物部鎌姫大刀自連公。此連公は、小治田豊浦宮御宇天皇御世に、政に参で神宮を斎ひ奉る。宗我嶋大臣の妻となり、豊浦大臣を生み、名づけて入鹿連公と曰ふ。(23)

と伝える。

前者は、物部守屋大連が池辺双槻宮御宇天皇(用明天皇)の御世に(石上)神宮を奉斎し、守屋の妹の物部連公布都姫(御井夫人/石上夫人)は倉梯宮御宇天皇(崇峻天皇)の夫人(キサキの一人)になり、朝政に参与して神宮を奉斎した。さらに、守屋の弟の物部石上贄古連は(崇峻天皇の殺害後か)御井夫人(布都姫)を妻として四児を生み、小治田豊浦宮御宇天皇(推古天皇)の御世に神宮を奉斎した、という。

次に後者は、物部鎌姫大刀自連公(物部石上贄古連の娘/母は御井夫人か)は、推古朝に朝政に参与して神宮を奉斎し、宗我嶋大臣(蘇我馬子)の妻となって豊浦大臣を生み、入鹿連公と名付けた、と伝える。

ただし、所伝に不整合も存在するとともに、『紀』や『紀氏家牒』逸文との異同もあって、信憑性には問題が残る。例えば、崇峻天皇が殺害されて後にうまれた物部鎌姫大刀自連が蘇我馬子の妻となり蝦夷を生むのは世代的に無理であることや、嶋大臣の子の豊浦大臣の名を入鹿と記すなど、明らかな錯簡が認められる。けれども、石上神宮を奉斎した女性については、「参朝政奉斎神宮」・「為参政奉斎神宮」と、必ず朝政への参与を前提とした記述がなされている。これは、男性の「為大連奉斎神宮」という、大連就任を前提とした記述とは明らかに異なる。これは、『先代旧事本紀』の筆録者、ないしは物部連氏において、石上神宮の祭祀を担う場合の前提条件が意識されていたことを示唆しており、無条件に「奉斎神宮」関連記事が記されたのではないことを思わせる。要するに、具体的事実は確定し難い面もあるが、『先代旧事本紀』が物部守屋大連の近親女性が馬子の妻となり、守屋大連が滅亡後には彼女らが石上神宮の祭祀に従事したと伝えていることは見逃せない。

そのことは、崇峻天皇即位前紀の、蘇我馬子らが物部守屋を滅ぼしたことに関わる、次の行の信憑性にも連関する。

時の人、相謂りて曰く、「蘇我大臣の妻は、是物部守屋大連の妹なり。大臣、妄に妻の計を用ゐて、大連を殺せり」といふ。乱を平めて後に、摂津国にして、四天王寺を造る。大連の奴の半と宅とを分けて、大寺の奴・田荘とす。

このことから、蘇我馬子は物部守屋の妹を妻とし、蝦夷をもうけたことは事実と見て間違いないと考えられる。ここでの問題は、蘇我馬子の妻となった物部守屋の妹が、「石上神宮斎神之頭」になった、あるいは「奉斎神宮」したことの、歴史的評価である。

すなわち、彼女が石上神宮の祭祀に従事したのは物部連氏としての立場からか、それとも大臣蘇我馬子の妻としての立場からか、ということである。もちろん、そのことを指示した人物が存在するわけであるが、太媛が「石上神宮斎神之頭」になったのは「守屋大連家亡之後」であり、物部連公布都姫の「参朝政奉斎神宮」は崇峻朝、物部鎌姫大刀自連公の「参政奉斎神宮」は推古朝である。すなわち、いずれも物部守屋大連の滅亡後、蘇我馬子が大臣在任時ということでは一致している。蘇我馬子は「大臣、妄に妻の計を用ゐて」物部守屋に勝利した伝えるから、物部連氏出身の馬子の妻の立場について、二者択一的な解釈は控えるべきであろう。彼女が石上神宮の祭祀に従事したのは、物部連氏の出身であるとともに、夫である大臣蘇我馬子の意を受けてのことではなかったかと考えられる。「参朝政」とあるのは、それが王権内の公的職務としてという意であろう。

大連就任者が石上神宮の祭祀に従事するのが常であった物部連氏において、女性の石上神宮奉斎者は異常事態と言えよう。おそらく、守屋大連が滅ぼされて後、暫くは物部連氏出身の女性が石上神宮の祭祀を担うことがあったのではないかと推察される。石上神宮の奉斎に関わる物部連氏の発言力が、王権内で低下したことは否めない。『先代旧事本紀』に歴代のすべてに亘り石上神宮奉斎者が記されているわけではないが、推古朝の後、孝徳朝までの間はその関連記事がない。舒明・皇極朝には、物部連氏からの石上神宮奉斎者任命が途絶えていた可能性もあり得ないことではない。

物部連氏出身の女性を母とする蘇我蝦夷が大臣であったのは、舒明・皇極朝である。皇極天皇紀二年十月壬子条には「私に紫冠を子入鹿に授けて、大臣の位に擬ふ。復其の弟を呼びて、物部大臣と曰ふ」とあるが、舒明・皇極朝に石上神宮を奉斎したのはこの「物部大臣」ではなかったか。「物部大臣」の名は女系で継承したのであろうが、石上神宮の祭祀権をも継承したから「物部大臣」を称したものと考えられる。彼の物部の名が形式的なものではなく、実を伴なうものであったことは、次述する春日和珥氏系「物部首」氏の例から明白である。『紀氏家牒』逸文に「於是、蝦夷大臣以物部族神主家等為僕、謂物部首、亦云神主首」とあるのは、正にこの時のことではなかったかと考えられる。おそらくは、この時に蘇我蝦夷大臣と子の入鹿、物部大臣らが石上神宮の祭祀に大きく介入し、特に物部大臣が中心になって祭祀実務担当者の任免をともなう組織の改編が断行されたものと推考される。

皇極天皇紀四年六月戊申条で、蘇我入鹿が殺害されたことに驚いた皇極天皇の問いに、中大兄皇子が「鞍作、天宗を尽し滅して、日位を傾けむとす。豈天孫を以て鞍作に代へむや」と答えたというが、そのことの一つには天皇大権である石上神宮の祭祀に蘇我入鹿（鞍作）らが介入したことを指している、と解することも出来よう。

第八節　蘇我氏と石上神宮の変質

石上神宮の祭祀が、物部守屋滅亡から乙巳の変の間に、蘇我馬子・蝦夷・入鹿らの介入によって大きく変化したのではないかと考えられる。石上神宮の祭祀を担った集団が、物部連氏と物部首氏の何れが本来なのかについても少しは先が見えて来たのではと思うが、次に引く『新撰姓氏録』(24) 大和国皇別の布留宿禰（旧姓物部首）条から、さらに焦点を絞ることにしよう。

布留宿禰
柿本朝臣と同じき祖。天足彦国押人命の七世孫、米餅搗大使主命の後なり。男、木事命の男、市川臣、大鷦鷯天皇の御世、倭に達でまして、布都努斯神社を石上の御布瑠村の高庭の地に賀ひまつりて、市川臣を以て神主と為たまふ。四世孫、額田臣、武蔵臣なり。斉明天皇の御世、宗我蝦夷大臣、武蔵臣を物部首、幷びに神主首と号づけり。茲に因りて臣の姓を失ひて、物部首と為れり。男、正五位上日向、天武天皇の御世、社の地の名に依りて、布瑠宿禰の姓に改む。日向の三世孫は、邑智等なり。

右の布留宿禰条の内容については、佐伯有清氏(25)により、以下の問題点が指摘されている。

・「市川臣を以て神主と為たまふ」と「四世孫、額田臣」の間に、世系にかかわる祖先名が記されていたのが、抄録の際に逸したとみられる。
・「斉明天皇の御世」というのは、和風諡号の「天豊財重日足姫天皇」を重祚した斉明天皇と誤解したもので、皇極天皇の時とみなすべきである。
・「茲に因りて臣の姓を失ひて」とあるが、市川臣らの臣は姓ではなく、個人名に付した尊称であり、後世に貶姓されたように思われた、もしくは姓でないことを知っていながら強いて高い姓を得るために、貶姓されたと主張したものとみられる。

これらの指摘に留意して、関連の所伝を目下の課題に引きつけて解すれば、次のように考えられる。

①天足彦国押人命と米餅搗大使主命は、春日和珥（和邇／丸邇）氏系諸氏の祖と伝えられるが、木事命は、反正天皇記に丸邇之許碁登臣、反正天皇紀元年八月己酉条に大宅臣祖木事と見えるから、布留宿禰（物部首）氏は春日和珥氏の同族を称していたことが知られる。これは、垂仁天皇紀三十九年十月条一云に「春日臣の族、名は市河をして治めしめよ」とあることと整合し、垂仁天皇紀三十九年十月条一云を布留宿禰（物部首）氏系の所伝とした先の推定が傍証される。

②「宗我蝦夷大臣、武蔵臣を物部首、幷びに神主首と号づけり」とあることも、皇極天皇紀二年十月壬子条や『紀氏家牒』逸文の内容とも齟齬する点はなく、皇極朝に蘇我蝦夷大臣が石上神宮の祭祀に介入し、大きな変更が生じたこともほぼ事実と認められる。

これらの点はこれまでの諸説の認めるところでもあるが、[26]石上神宮の祭祀に物部連氏と物部首氏が従事した時期をめぐっては、先にも触れたように見解に差異が存在する。

関連の所伝で留意するべきは、『紀氏家牒』逸文に「蝦夷大臣、物部族神主家等を以て僕と為し、物部首と謂ひ、亦神主首と云ふ」、『新撰姓氏録』大和国皇別の布留宿禰条に「宗我蝦夷大臣、武蔵臣を物部首、幷びに神主首と号づけり。玆に因りて臣の姓を失ひて、物部首と為れり」とあることである。すなわち、春日和珥氏系の「物部首」という氏姓は、蘇我蝦夷大臣が石上神宮の祭祀に関与した際に与えられた（成立した）と伝えられることである。

布留宿禰（物部首）氏関連の諸史料を参酌すれば、蘇我蝦夷大臣が石上神宮の祭祀に関与した際に物部首氏が成立したとする点は、事実を踏まえていると考えられる。物部首を神主首とも称したというのは、物部首氏が石上神宮の神主職に就いたことに由来する呼称であろう。[27]

石上神宮の祭祀に従事した春日和珥氏系の集団が、「物部首」の氏姓を称するのは皇極朝・蘇我蝦夷大臣在任期以降である。おそらく彼らは、以前から物部連氏の下で石上神宮の祭祀の一部に従事していたのであろうが、神主職に就いて祭祀を主宰することはなかったものと考えられる。それが、皇極朝になって蘇我蝦夷大臣の計らいで物部首の氏姓を与えられ、石上神宮の神主職に抜擢された、ということであろう。それが、垂仁天皇紀三十九年十月一云条・『紀氏家牒』逸文・『新撰姓氏録』布留宿禰条などの関連史料が語る、物部首氏成立の真実と考えられる。

これらのことから、石上神宮の祭祀について、以下のような推論を導くことが出来る。

用明天皇二年（五八七）七月に大臣蘇我馬子らが大連物部守屋を滅ぼして後、守屋の妹で馬子の妻となっていた女性が「石上神宮斎神之頭」となってその祭祀を担った。[28] このことには夫の大臣蘇我馬子の意向が働いていたと見られるが、彼女が物部連氏出身ということが前提条件として存在した。この事を契機に、祭祀王天皇の本質に関わる石上神宮の祭祀に、大臣蘇我氏の意向が及ぶようになり、反対に物部連氏の影響力が退潮した。

石上神宮の祭祀は、崇峻・推古朝までは右の体制が続いたと見られるが、舒明朝の状況は具体的でない。蘇我蝦夷は舒明朝から大臣の職位にあったが、大臣蝦夷・入鹿体制が成立する皇極朝になれば、物部連氏出身の馬子の妻が亡くなったのであろうか、大臣蘇我氏による石上神宮の祭祀への関与が一歩進められ、入鹿の弟が「物部大臣」として石上神宮の祭祀を統轄することになったと推察される。その際に、従前は物部連氏の下で石上神宮の祭祀の雑務に従事していた在地の春日和珥氏系集団に、物部首の氏姓が与えられ神主職に補任された。蘇我蝦夷大臣により、物部連氏と石上神宮の祭祀の間に大きな楔が打ち込まれたことを意味するが、乙巳の変で蘇我氏本宗家が滅ぼされるまでその状態が継続したと考えられる。『先代旧事本紀』において、舒明・皇極朝で石上神宮祭祀の関連記事が途絶えた後、難波（孝徳）朝になって物部馬古連公（石上朝臣麻呂の父）が「授大華上氏印大刀…奉斎神宮」として再び現れることは、そのことを物語っていると考えられる。

物部馬古連公は、『続日本紀』養老元年（七一七）三月癸卯条の左大臣正二位石上朝臣麻呂の薨伝に、「大臣は泊瀬朝倉朝庭の大連物部目が後、難波朝の衛部大華上宇麻乃が子なり」と見える宇麻乃のことである。『公卿補任』大宝元年条大納言石上朝臣麻呂の項に記された同文は『続日本紀』に依拠したものであろうが、大華上（大花上）は大化五年（六四九）二月制定の冠位十九階の第七位であり、令制の正四位にほぼ相当する。これに関わり、物部馬古（宇麻乃）連の冠位大華上は、斉明・天智朝の物部連氏の地位低迷からみて粉飾とみなす説もある。(29)他に関連史料がなく当否は判じ難いが、「衛部」については笹山晴生氏(30)が孝徳朝の官制は大夫層による国政諸部門分掌の体制であり、「衛部」と呼ばれる官職が存在した、とする。

孝徳朝に衛部の存在が認められるならば、『続日本紀』の「難波朝の衛部大華上宇麻乃が子なり」だけでなく、『先代旧事本紀』にいう物部馬古連公の「授大華上氏印大刀…奉斎神宮」についても、一概に捏造とは言えなくなる。物部守屋が滅ぼされて逼塞状態に在った物部連氏が、蘇我氏本宗家が滅亡した後、孝徳朝に「奉斎神宮」の職位に復活したとの推定も肯定的に捉えられよう。大臣蘇我蝦夷・入鹿によって物部連氏は石上神宮の祭祀から遠ざけられていたのであるが、彼らの滅亡により復権したことは間違いなかろう。このことは、乙巳の変の原因についても、従前とは異なる理解の成立する余地があることを示している。

第九節　物部と石上神宮の祭祀

次に重要なことは、入鹿の弟が「物部大臣」と称して石上神宮の祭祀を統轄し、春日和珥氏系集団が石上神宮の神主職に補任されるに際し特別に「物部首」の氏姓が与えられたこと、すなわち石上神宮の祭祀に従事するには「物部」を称することが不可欠であったことである。

要するに、物部とは何を意味しているのかということだが、「部」は百済などの部制に倣って六世紀前半代に導入された人的支配制度であり、王権に定められた物品の生産や貢納、あるいは労働や技術で奉仕する義務を課された人間集団を指すことについては、概ね異論はない。

問題は物部の「物」の意味と、物部連氏の本来的職掌である。これに関わる先行学説の内容は多岐に亘るが、概ね以下のように要約できる。

①物＝武器・武具、物部連氏の職掌＝軍事・警察・刑罰。
・物部は戦士を世職とするところから起った名称[31]。
・大物主神のモノは精霊鬼神をいうが、モノは精霊鬼神だけでなく、武器も指す。物部のモノは武器・剣を指す。剣をモノというのは精霊の意味からではない[32]。
・『記』・『紀』における物部連氏の祭祀に関する記事は加上的に挿入されたもので、それは二次的な職務を示し、本来の職掌は軍事・警察的なものであった[33]。
・物部氏は基本的には「物」を貢納する氏である。その「物」は本来、精霊・霊魂などを意味する物（魂）と思われ、おもに軍事・警察や刑罰、および神事をつかさどる。神事との関係は、物部が扱う「魂」にあるが、軍事・警察は武器・武具のような物との関係であろう[34]。

吉村氏説（註34）は、軍事・警察、武器・武具に重心を置いた主張のようにみえるが、筆者には傍線部はよく理解できない。

②物＝品物一般、物部連氏の職掌＝生産技術集団の統率。
・生産技術集団の統率を本来の職掌[35]。

・物はブツと訓み、物一般の生産に携わることを職掌。(36)

③物＝精霊・霊魂、物部連氏の職掌＝祭祀。

・モノは外から災いを与える霊魂、物部は外から災する恐ろしい力を持った霊魂を、追いやるのが職務。(37)

・三輪の大物主神との関係から、祭祀を本来の職掌とする。(38)

④は①と③の両者を合わせた説。

・物部連氏と物部首氏について「此《レ》も是《レ》も物部氏なるに就てまぎらはしきを、熟考《ヨク》れば」、石上神宮の祭祀職を「共に掌れりしなるべし、……さて共に物部氏といふことは、もと物部《モノノベ》の稱は、此《ノ》神宮の兵器を掌れるより出たることなるべし」(39)。

・モノノベはフツの御魂に宿る霊威によって、武士として勝れた力を発揮したのであって、悪霊や兇徒を祓い除ける強大な呪力の所持者であり呪師的戦士団であった。(40)

・モノは武人・武具と精霊・霊魂の両者を包摂する意味がある、兵器を祭器・呪具とみなしている。物部氏が呪術を司掌することと軍事・警察職に従事することは矛盾しない。(41)

これら諸説のうち、①が有力なように見えるが、王権の軍事的側面を担っていたのは物部連氏だけではなく、大伴連氏も軍事的性格を有したことは周知のところである。①説では、佐伯連氏や久米直氏、靫負などの武力集団を率いた大伴連氏のことが説明できない。さらに①と②では、「物部大臣」・「物部首」、とくに後者が王権の軍事的側面を担った武力集団の性格がないことや、「神主首」としての氏姓「物部首」を与えられていることが説明できないことから、左袒できない。

③と④は必ずしも対立するものではなく、本居宣長が物部連氏と物部首氏はともに石上神宮の祭祀を管掌し、かつ物部は石上神宮の兵器を管掌したからである、すなわち、石上神宮の祭祀とはその蔵する兵器を祀ることであったと述べていることは重要であり、竹野長次氏や本位田菊士氏の説とも通じ合う。

氏の名と職掌の関連については、例えば『養老職員令』大蔵省掃部司に「薦蓆牀簀苫、鋪設、洒掃、蒲藺葦簾」とある、王権の催す祭儀用の薦蓆簾を調達して設営（鋪設）のことに従事した掃守連氏の場合が分かり易い。カニモリという氏名は、『古語拾遺』に見える豊玉姫命が初代天皇神武の父である彦瀲尊を出産する際、氏の祖天忍人命が新生児長生の呪儀として産屋にそれを象徴する蟹を這わせた神話上の故事に由来し、[42]その掃守なる表記は儀場や宮殿の掃除（洒掃）に従っていたことによる。[43]これよりすれば、物部の「物」は、物部連氏や物部首氏を最も特色づける事柄に由来する可能性が大きいが、武器や武力のことが当らないとなれば、諸氏の説き及ばなかったこととしては垂仁天皇紀八十七年二月辛卯条にいう物部十千根大連による石上神宮の神宝管治以外には存在しない。

『日本後紀』延暦二十四年二月庚戌条をはじめ、これまで引用した諸史料から明らかなように、石上神宮に収蔵される神宝の多くは、諸地域の豪族から王権の成員となった（服属した）証に献上されたものであり、天皇が慇懃の礼を以て石上神宮に収納した呪物・神宝であった。本来は基盤とする地域社会において彼らの権威を宗教的に保証する、霊的威力に満ちた宝器であった。天皇がそれらを所有する限りにおいて、諸豪族とその領域を呪術宗教的意味において永続的に支配することが可能であると信じられたのである。かつ、それらの刀剣が鋭利でよく切れ、また楯が矢や刀剣による攻撃をよく防ぐのは、単に機能的に優れているだけでなく、それら自身が内包している霊的威力の強い働きによる、と観念された。器物としての機能とそれが帯する呪的な霊的威力を一体的に捉えていたのであり、膨大な器仗・神宝が帯している霊的威力は非常に強大であり、それらの器仗・神宝を丁重に祭ることは天皇の重い責務であった。

欽明天皇十三年十月の仏教公伝時に、物部大連尾輿が中臣連鎌子とともに「我が国家の、天下に王とましますは、恒に天地社稷の百八十神を以て、春夏秋冬、祭拝りたまふことを事とす。方に今改めて蕃神を拝みたまはば、恐るらくは国神の怒を致したまはむ」と反対したという、その言葉の背景の一つに「石上神宮（の神宝）を祭らなければならない天皇」のことがあったのではないかと考えられる。

第一〇節　石上神宮の器仗と物部連氏の鎮魂

呪術宗教的観念が支配的な社会において、威力の強い神や霊魂に向き合う際（祭祀）には、それに見合った宗教的威力を有する人物が、それに相応しい装束を身をまとうことが必要と信じられた。一例を記せば、『常陸国風土記』行方郡条には、継体朝に郡の西の谷の葦原を開墾する際、箭括氏麻多智が甲鎧を纏って夜刀神に向き合ったとある。『令集解』喪葬令条「古記」によれば、天皇の殯宮に奉仕した遊部の禰義は刀を負い戈を持ち、余比も刀を負うという装いであった(44)。これらは何れも、強力な威力を持つ神や霊魂に対峙するには、甲冑を纏い武器を帯しなければならないという、呪的観念に基づくものである。

石上神宮でも、収納されている器仗・神宝は強力な霊的威力を内包しており、それに対峙できる宗教的威力を有さない人物が関与することは、危険であると観念された。垂仁天皇紀八十七年二月辛卯条の、五十瓊敷命が「我は老いたり。神宝を掌ること能はず」、妹の大中姫も「吾は手弱女人なり。何ぞ能く天神庫に登らむ」と語ったとあるのは、正にそのことを指している。強力な霊的威力が籠る器仗・神宝に対峙するには、それを越える呪的威力が不可欠であった。

すなわち、石上神宮において、多数の神宝・器仗に籠る強力な霊的威力（モノ）が外部に呪的作用（ワザ）を及ぼさないよう、それに打ち勝つ呪的威力を保持した人物が祭祀、鎮定しなければならない、と観念されたのである。これが本来の石上神宮の祭祀であるが、それが可能な適任者は「物部」を名とする氏であり、それは物部連氏が鎮魂の呪儀を有していたからに他ならない。物部連氏の鎮魂こそが、石上神宮の神宝・器仗に籠る霊的威力（モノ）に対峙可能な呪儀であり、その鎮定、祭祀のためのものであった。物部連氏は、石上神宮の神宝・器仗の祭祀に必要な霊的威力（鎮魂の呪儀）を保持する氏であり、春日和珥氏系の集団が石上神宮の神主首に就くにあたって物部首を称さなければならなかったのも、それがためであった。

しかしながら、器仗に籠る霊的威力も永遠ではなく、時が過ぎるとともに衰滅に向かうが、それが消滅すれば天皇が諸豪族を呪的に支配することも不可能になる、と恐れられた。つまり、天皇の統治を変わりなく継続するためには、器仗・神宝の霊的威力の衰滅を防ぐ必要があると観念された。要するに、石上神宮の器仗・神宝に籠る霊的威力を鎮定するだけでなく、同時に維持、継続させる必要もあったが、それには物部連氏の鎮魂がもっとも有効な呪儀であったのである。

先にも触れた天武天皇紀三年八月庚辰条に、

忍壁皇子を石上神宮に遣して、膏油を以て神宝を瑩かしむ。即日に、勅して曰はく、「元来諸家の、神府に貯める宝物、今皆其の子孫に還せ」とのたまふ。

とあることは、石上神宮の神宝が膏油で磨いて手入れされ、かつそれらの元の所有者（元来諸家）について記録し、丁重に管理されていたことを示している。以前から定期的な手入れが行なわれていたのではないかと推察されるが、それらが錆びて朽ち果ててしまうことが恐れられたのである。持統天皇紀六年九月条に、「神祇官、奏して神宝書四巻・鑰九箇・木印一箇を上る」とある「神宝書四巻」はその神宝の記録ではなかったかと推考されるが、石上神宮の門や正殿、伴・佐伯の二殿などの鑰匙が官庫に納めて政府が管理していたのも、その器仗・神宝が王権・天皇に関わる重要な存在であったことを物語っている。

さて、鎮魂（タマフリまたはタマシヅメの二訓がある）とは、身体や器物から遊離しようとする魂を安鎮することで活力を蘇えらせ、病気からの恢復や健康を祈る呪術である。[45] 令制下の宮中で行なわれた鎮魂祭は、新嘗祭の前日である十一月下（または中）寅日夕刻から、神祇官八神殿の神と大直日神の神座を設けて、御巫や猨女らの神祇官巫女が参加して行なわれた。天石窟戸神話はその起源神話と見られており、確かな史料上の初見は天武天皇紀十四年（六八五）十一月丙寅（二十四日）の天皇のための「招魂」であるが、[46] 物部連氏の鎮魂はこれとは少し異なるようである。

『先代旧事本紀』「天神本紀」によれば、物部連氏の祖饒速日尊が天降りに際して天神御祖より授けられた「天璽瑞宝十種」（瀛都鏡・辺都鏡・八握剣・生玉・足玉・死反玉・道反玉・蛇比礼・蜂比礼・品物比礼）を、痛む処があれば「一二三四五六七八九十」と謂い、「布瑠部。由良由良止布瑠部」と為せば死者も生き返る、これが布瑠の言の本である、とある。さらに同じく「天皇本紀」には、それを受け継いだ宇摩志麻治命が神武天皇と后の壽祚を祈ったのが鎮魂祭の起源である、と伝える。

もとより饒速日尊や宇摩志麻治命のことが史実とはみなせないし、また天石窟戸神話における天鈿女命の故事に倣い猨女君が逆さに伏せた宇気槽を桙で撞く呪儀とは方法で異なっているが、[47] 鎮魂の呪儀を保有、継承していたことは認められ、このことが物部連氏の祭祀氏族としての特徴であったと考えられる。これまでは物部連氏の鎮魂の呪儀を石上神宮の神宝祭祀と結びつけて理解することはなかったように思うが、鎮魂の呪儀を保有していたが故に物部連氏は石上神宮の神宝祭祀に従事することになった、とも言えよう。

このように、物部の「物」とは石上神宮の神宝に籠る霊的威力のことであり、その祭祀に物部連氏が従事したのは、その鎮魂の呪儀で強力な霊的威力＝「物」を神宝内に鎮定する同時に、時とともに衰滅していくその霊的威力を存続させるためであった。神宝に籠る霊的威力が消滅すれば、それを保有（具体的には石上神宮に収納）していても、天皇が呪術宗教的に諸豪族を支配することが果たせなくなると観念されたのである。古代の天皇には、その統治を完結する上で、物部連氏の鎮魂は不可欠の呪儀であった。やや後の事であるが、延暦二十四年二月庚戌の石上神宮の器仗移動事件の顚末において、「彼の女巫を召して、御魂を鎮めしむ」と鎮魂の呪儀で対処しているのも、その伝統を踏まえたものであろう。

なお、右の他にも物部連氏やその同族が神宝管治に関わった所伝としては、崇神天皇紀六十年七月己酉条に、「出雲臣氏の祖神、武日照命が天から将来した神宝は出雲大神宮に蔵されていたが、物部連氏の同族である矢田部造の遠祖、武諸隅を派遣して献らせた。神宝を主っていた出雲臣氏の遠祖である出雲振根が留守の間に、弟の飯入根が貢上したので、兄は弟を騙して殺害した。朝廷が出雲振根を誅殺したのを恐れて、出雲臣らは暫く大神を祭らなかった」とある。その後日譚であろう、垂仁天皇紀二十六年八月庚辰条には、「物部十千根大連を派遣して出雲国の神宝を検校させ、神宝を掌らせた」とあるが、物部連氏は、石上神宮だけでなく、それ以外の重要な神宝の管治にも従っていた。

ちなみに、偉大な霊的威力を有する存在が「物」と称された例としては、崇神天皇紀七年二月条に、疫病に苦しむ世が太平になるよう物部連氏の祖伊香色雄を幣帛捧持の「神班物者」とし、大田田根子を神主として三輪山に宿る大物主大神（大和国城上郡に鎮座する式内名神大社の大神大物主神社／奈良県桜井市三輪）を祭らなければならなかった、と伝えられることで十分であろう。

さて、天武天皇三年八月庚辰に、石上神宮に収納する諸豪族の神宝を旧主に返還させていることは、もはや諸豪族を呪術宗教的に永続支配することが不要になったことを意味している。壬申の乱を実力で勝ち抜いた天武天皇には、かつて自らの神宝を献上した諸豪族間との、実力の差は歴然であった。諸豪族が服属の証に差し出した神宝を保有することで、支配と統一を完結するという時代が終了したことは間違いない。これも先述したが、天武朝における広瀬大忌祭・龍田風神祭・祈年祭などの創祀は令制的神祇体制の創始を示し、天武天皇政権は呪術宗教的権威に依拠した段階を脱したと位置づけられる。成文法（飛鳥浄御原令）に基づく国家形成を目指した天武天皇には、それらはもはや不要になったのであり、このことは石上神宮の祭祀にも大きな変化が生じたことを意味している。

すなわち、石上神宮の祭祀を担う集団が「物部」を氏名とする必要がなくなったのであり、物部連氏が朱鳥元年（六八六）九月乙丑以前に石上に、物部首氏は天武天皇十三年（六八四）十二月己卯に布留と氏名を変えることを認められていることは、そのことを明示している。これはまた、石上神宮の在地化進展の一歩でもあった。

第一一節　蘇我氏と神祇祭祀 ―蘇我氏と忌部氏―

蘇我氏が、物部守屋の滅亡後から乙巳の変で蝦夷・入鹿が滅びるまでの間、天皇の宗教的支配権に関わる石上神宮の祭祀に介入することがあった。これが乙巳の変が起こる契機になったのではないかと思われるが、蘇我氏と宗教の関係については、多くはその仏教信仰にのみ注目されてきた。しかし、蘇我氏が神祇祭祀や神祇信仰に否定的でなかったことは、以前にも述べ(48)第一章でも部分的に触れたので、一部重複するが概要を摘記しよう。

・曽我遺跡（奈良県橿原市曽我町）の中心をなすのが、玉作遺構群（曽我玉作遺跡）である。曽我玉作遺跡での玉生産は四世紀後半に始まるようだが、五世紀後半に大々的な玉の一貫生産が行なわれ、六世紀前半まで続くが、六世紀後半には終了する。玉の種類が多く材質も豊富で生産量がきわめて多いことから、王権直属の玉作工房と目されている。原料の石材の産地は、大和で産する物はほとんどなく、紀伊・山陰地域（出雲カ）・北陸地域・越後・安房もしくは陸中など、遠隔地が多い。曽我玉作遺跡は、王権が必要とする多種多量の玉類を一括生産する、王権直属の玉作専門工房として存在した。(49)玉作集団を統率して王権の祭祀に従事していた忌部首氏（前身集団）が、遺跡とその本貫の地理的関係から、曽我玉作遺跡での玉作りに従事していたことも間違いなかろう。同時に、蘇我氏も曽我玉作遺跡や忌部首氏に無縁であったとは考えられず、両氏は王権の神祇祭祀をめぐって親密な関係にあったと見られる。

・推古天皇紀十五年二月甲午条に、皇太子（廏戸皇子）と大臣（蘇我馬子）が百寮を率いて神祇を祭拝したとある。

・孝徳天皇紀大化元年七月庚辰条に、蘇我石川麻呂大臣が「先ず以て神祇を祭ひ鎮めて、然して後に政事を議るべし」と奏上し、倭漢直比羅夫を尾張国に、忌部首子麻呂を美濃国に派遣して、神に供る幣帛を課したとある。

忌部首氏や中臣連氏らの祭祀氏族の成立や、原初的な中央祭祀制度である「祭官制」の成立が、継体天皇系王権による新施策であり、これらが曽我玉作遺跡の消長と有機的に関連することについては第一章で述べた。また、蘇我氏が祭祀氏族である忌部首氏と親密な関係にあった半面、物部連氏は中臣連氏と親しい関係にあり、両者はある種の対抗的関係にあったことも推察された。さらに、石上神宮に関わり蘇我氏が王権の神祇政策に関与した形跡が見られることは、蘇我氏が反神祇の立場でなかったことを示すものであり、そのことは次述する伊勢神宮の斎宮任命からも窺うことが出来る。

第二節　蘇我氏と斎宮

蘇我氏の神祇信仰に対する在りようを知る上で参考になるのが、斎宮の出自である。

伝説的性格が濃く所伝の信憑性を測りがたい崇神朝に、紀伊国の荒河戸畔の女遠津年魚眼眼妙媛の儲けた豊鍬入姫命が倭笠縫邑で天照大神をまつったとあること（崇神天皇記にも、天皇と木国造荒河刀辨の女遠津年魚目目微比売の間に生まれた豊鉏入日売命が「伊勢大神の宮を拝祭」したとある）、垂仁朝に丹波道主王の女日葉酢媛命が儲けた倭姫命が諸国遍歴の後に天照大神の祠を伊勢国にたて五十鈴川上に斎宮を興したとあること、および景行朝に天照大神祭拝に派

	斎宮	斎宮の母・父	斎宮の外祖父母	関連記事
①	稚足姫皇女（栲幡姫皇女）	韓媛 雄略天皇	葛城円大臣	雄略天皇元年三月是月
②	荳角皇女	麻績郎子 継体天皇	息長真手王	継体天皇元年三月癸酉
③	磐隈皇女（夢皇女）	堅塩媛 欽明天皇	蘇我稲目宿禰	欽明天皇二年三月
④	菟道皇女	広姫 敏達天皇	息長真手王	敏達天皇七年三月壬申
⑤	酢香手姫皇女	広子 用明天皇	葛城直磐村	用明天皇即位前九月壬申
⑥	大来皇女	大田皇女 天武天皇	蘇我遠智娘 天智天皇	天武天皇二年四月己巳
⑦	当耆皇女	𦋐媛娘 天武天皇	宍人臣大麻呂	文武天皇二年九月丁卯
⑧	泉皇女	色夫古娘 天智天皇	忍海造小龍	大宝元年二月己未
⑨	田形皇女	太蕤娘 天武天皇	蘇我赤兄大臣	慶雲三年八月庚子

遣されたとある三尾氏磐城別の妹水歯郎媛が儲けた五百野皇女らのことを除けば、雄略朝から令制初期まで斎宮に任じられた皇女らの母系には、一定の傾向がみられる。上は『紀』・『続日本紀』による該期の斎宮の一覧である(50)。

斎宮任命は、伊勢神宮の成立時期と関わり問題の多いことは周知のところであり、伊勢神宮の成立にも及ばなければならないが、以前に述べたのでそれに譲る(51)。

ここで、令制斎宮制が成立する文武朝に至るまでの斎宮九名の母系出自をみてみると、②④は息長氏系、①⑤⑧は葛城氏系（葛城直氏や忍海造氏を含む）、③⑨は蘇我氏系で⑥も祖母が蘇我氏の女性であり、⑦のみ孤立的である。また葛城氏系と蘇我氏系は、紀氏系の豊鍬入姫命も含め武内（建内）宿禰後裔として同一群に括ることも出来る。したがって、原初期の斎宮は母系上では息長氏系か、武内宿禰後裔の葛城氏・蘇我氏系の女性が産んだ皇女ということになる。

ちなみに、最初の斎宮的女性と伝えられる崇神朝の豊鍬入姫命の母が紀伊国荒河戸畔（紀伊国造）の娘の遠津年魚眼眼妙媛とあるのは、事実か否かは別にしても、武内宿禰系の皇女であることが意識されているといえよう。すなわち、武内宿禰の母は紀伊国造である紀直の遠祖菟道彦の娘影媛と伝えるから（景行天皇紀三年二月条）、豊鍬入姫命についても武内宿禰系の女性といえる。紀伊を本貫とする紀氏が日神信仰を有していたことは、神代紀第七段一書第一の所謂天石窟戸神話で、「磐戸を閉じて石窟に籠った天照大神を招き出すため、石凝姥に命じて天香山の金で日矛を作らせ、真名鹿の皮を全剥ぎにした天羽鞴を用いて神象を作らせたが、これは紀伊国に坐す日前神である」との所伝が参考になる。大同二年（八〇七）に祭祀氏族の斎部（忌部）広成が撰述した『古語拾遺』にも、

石凝姥神をして日の像を鋳しむ。初度に鋳たるは、少に意に合はず。是、紀伊国の日前神なり。次度に鋳たるは、其の状美麗し。是、伊勢大神なり。

とあって、最初に鋳造し少しばかり意に適わなかった日像の鏡は日前神で、次に鋳造した美麗な鏡が伊勢大神であると記す。日前神とは紀伊国名草郡に鎮座する延喜式内名神大社の日前神社（和歌山市秋月）のことで、国懸神社と同じ境内に鎮座し、ともに紀伊国造である紀直氏が奉斎した。

すなわち、奈良時代初期までの斎宮に母系において蘇我氏やそれに親縁な氏族出自の人物が多いことは、間接的にではあるが蘇我氏の宗教的な在りようを示していると言えよう。

小結

倭国の宗教的秩序の核には、既に王家の祖神である日の女神の信仰と祭祀が存在していたと考えられるが、欽明朝における従前の神祇信仰とは全く異質、かつ未知でありながら、偉大な宗教的威力を有すると説かれる仏教の導入

は、それまでは強く意識されることが殆どなかったであろう自己に内在する宗教的観念やそれに由来する神祇祭祀を、改めて強く意識させ、かつ顕在化させることに繋がったと思われる。この意識が、廃仏行為の基底にも存在したと考えられる。

『隋書』倭国伝に、開皇二十年（推古天皇八年／六〇〇）の倭国王の使者が、「倭王は天を以て兄となし、日を以て弟となす。天未だ明けざる時、出でて政を聴き跏趺して坐し、日出ずれば便ち理務を停め、いう我が弟に委ねんと」と語ったとあることは、隋の文帝に「此れ太だ義理無し」と言わせたが、これはまさに夜明け前に神を祭って判断を仰ぎ（祭事）、それを承けて夜明け以降（世俗）の政事を行なわなければならない、古代天皇の姿を伝えたものと言える。天皇は祭・政、聖・俗両面の権威と秩序を体現する存在であった。

新しく伝来した宗教や新たな宗教活動が、倭国の宗教的秩序に好ましくない影響を与えるとみなされた場合に統制や弾圧が加えられたのも、こうした観点から理解する必要があると考える。開皇二十年に始まる隋との交渉は、倭国が東アジア世界の情勢を直接に見聞する機会であったが、隋における仏教弘通の情況を眼前にして大きな文化的衝撃を受けたのではないかと推察される。神祇信仰による既存の宗教的秩序と紐帯の崩壊を恐れるよりも、それを内に採り込み新たな権威として加えた方が、利点が大きいとの判断に達して、天皇は仏教を受容したものと考えられる。

したがって、舒明天皇の仏教信仰受容はそれまでの神祇信仰の放棄を意味するものではなく、天皇が体現する従前の宗教的秩序に新たに仏教を取り込んだということであり、天皇がその中心に坐すことの宣言でもあった。

祭祀王天皇の姿は、石上神宮の祭祀からも明瞭にできた。石上神宮の天神庫に収蔵される厖大な神宝・器仗は、諸地域の豪族から王権の成員になった（服属した）証に献上されたものであり、天皇が慇懃の礼を以て収納した呪物であった。それらは本来、地域社会において諸豪族の権威を宗教的に保証する霊的威力に満ちた宝器であったが、天皇がそれらを所有する限りにおいて、諸豪族を呪術宗教的に永続支配することが出来ると信じられた。

物部の「物」とは石上神宮の神宝・器仗に内包される霊的威力のことであり、その祭祀に物部連氏が従事したのは、鎮魂の呪儀で強力な霊的威力＝「物」を神宝に鎮定すると同時に、時の経過で衰滅する霊的威力を存続させるためであった。古代の天皇が、その統治を完結する上で、物部連氏の鎮魂は不可欠の呪儀であった。

大臣蘇我馬子らが大連物部守屋を滅ぼして以降しばらくは、守屋の妹で馬子の妻となっていた女性が石上神宮の祭祀を担った。それは夫の大臣蘇我馬子の意向を受けたものであったが、彼女が物部連氏出身ということが前提条件として存在した。これを契機に、石上神宮の祭祀から物部連氏が一時的に退き、大臣蘇我蝦夷・入鹿体制が成立する皇極朝になれば、入鹿の弟が「物部大臣」を称して石上神宮の祭祀を統轄することになった。その際に、従前は物部連氏の下で石上神宮の祭祀の雑務に従事していた在地の春日和珥氏系集団に、物部首の氏姓が与えられ神主職に補任された。この体制は乙巳の変まで継続するが、変後には物部連氏の石上神宮の祭祀への従事が復活していることからみて、このこと（祭祀王天皇を象徴する石上神宮の祭祀への介入）を乙巳の変の契機の一つと想定することも出来よう。

註

（1）亀井輝一郎「大和川と物部氏」『日本書紀研究』九、一九七六年。
（2）松前健『古代伝承と宮廷祭祀』一一〇頁、塙書房、一九七四年。
（3）加藤謙吉『蘇我氏と大和王権』吉川弘文館、一九八三年。
（4）松前健「石上神宮の祭神とその祭祀伝承の変遷」『国立歴史民俗博物館研究報告』七、一九八五年。
（5）『晋書』帝紀第九簡文帝・『冊府元亀』九六三「外臣部・冊封」。
（6）山尾幸久「石上神宮七支刀銘の百済王と倭王」『古代の日朝関係』塙書房、一九八九年。
（7）三品彰英『日本書紀朝鮮関係記事考証』上巻、一九二頁以下、天山舎、二〇〇二年。

（8）山尾幸久、註6。濱田耕策「「七支刀」銘文の判読と古代東アジアの歴史像」『古代朝鮮資料研究』吉川弘文館、二〇一三年。

（9）『国史大辞典』第一巻、六〇〇頁、吉川弘文館、一九七九年。置田雅昭「禁足地の成立」『大神と石上』筑摩書房、一九八八年。吉井敏幸「石上神宮と布留郷」『山辺の歴史と文化』奈良新聞社、二〇〇六年。黒板伸夫・森田悌編『訳注日本史料日本後紀』、補注一一七八頁、集英社、二〇〇三年など。

（10）弓場紀知「三輪と石上の祭祀遺跡」『古代を考える　山辺の道』吉川弘文館、一九九九年。

（11）松前健、註4。野田嶺志氏も、中央諸氏が天皇へ服属の証として献じていたものとするが、それらを天皇による石上神宮への奉納物と見る点で、違和感がある。野田嶺志「物部氏に関する基礎的考察」『史林』五一－二、一九六八年。

（12）松倉文比古「石上社の神宝管治と物部連・物部首氏」『『日本書紀』の天皇像と神祇伝承』雄山閣、二〇〇九年。

（13）篠川賢『物部氏の研究』雄山閣、二〇〇九年。

（14）篠川賢、註13。

（15）津田左右吉『日本上代史の研究』一三九頁以下、岩波書店、一九四七年。

（16）篠川賢、註13。

（17）篠川賢、註13。

（18）田中卓「『紀氏家牒』について」『日本古代国家の成立と諸氏族』田中卓著作集二、国書刊行会、一九八六年。

（19）「馬子宿祢男、蝦夷宿祢家、葛城県豊浦里。故名日豊浦大臣。亦家多貯兵器、俗云武蔵大臣。母物部守屋大連亦日弓削大連。之妹、名云太媛也。守屋大連家亡之後、太媛為石上神宮斎神之頭。於是、蝦夷大臣以物部族神主家等為僕、謂物部首、亦云神主首。」（原文）

（20）平林章仁『蘇我氏の実像と葛城氏』白水社、一九九六年。

（21）鎌田純一『先代旧事本紀　校本の部』吉川弘文館、一九六〇年。

(22)「弟物部守屋大連公曰弓削大連。此連公。池辺双槻宮御宇天皇御世。為大連奉斎神宮。……妹物部連公布都姫夫人。字御井夫人。亦云石上夫人。此夫人倉梯宮御宇天皇御世。立為夫人。亦参朝政奉斎神宮。弟物部石上贄古連公。此連公。異母妹御井夫人為妻生四児。小治田豊浦宮御宇天皇御世。為大連奉斎神宮。」（原文）

(23)「妹物部鎌姫大刀自連公。此連公。小治田豊浦宮御宇天皇御世。為参政奉斎神宮。宗我嶋大臣為妻、生豊浦大臣、名曰入鹿連公。」（原文）

(24)佐伯有清『新撰姓氏録の研究』考證篇第二、吉川弘文館、一九八二年。

(25)佐伯有清、註24、および佐伯有清『新撰姓氏録の研究』研究篇、三九一頁以下、吉川弘文館、一九六三年。

(26)佐伯有清、註24。松前健、註4。加藤謙吉『ワニ氏の研究』一一七頁以下、雄山閣、二〇一三年。

(27)加藤謙吉、註26。

(28)田中卓「『紀氏家牒』について」、註18。この「頭」の用字は古いという。

(29)野田嶺志、註11。篠川賢、註13。

(30)笹山晴生「「難波朝の衛部」をめぐって」井上光貞博士還暦記念会『古代史論叢』中、吉川弘文館、一九七八年。

(31)植村清二『神武天皇』至文堂、一九六六年。

(32)津田左右吉、註15。

(33)直木孝次郎「物部連と物部」『日本古代兵制史の研究』吉川弘文館、一九六八年。

(34)吉村武彦『蘇我氏の古代』三七頁、岩波書店、二〇一五年。

(35)野田嶺志、註11。

(36)篠川賢、註13。

(37)折口信夫『折口信夫全集』三、中央公論社、一九六六年。

(38)志田諄一「物部連」『古代氏族の性格と伝承』雄山閣、一九七一年。

(39) 本居宣長『古事記伝』十八之巻、『本居宣長全集』十、三五二頁、筑摩書房、一九六八年。
(40) 竹野長次『古事記の民俗学的研究』三〇七頁、文雅堂書店、一九六〇年。
(41) 本位田菊士「物部氏・物部の基盤と性格」『日本古代国家形成過程の研究』名著出版、一九七八年。
(42) 平林章仁『鹿と鳥の文化史』白水社、一九九二年。
(43) 『新撰姓氏録』和泉国神別、掃守首条には、雄略朝からのことと伝える。
(44) なお、『令集解』喪葬令条「古記」に、「此の條の遊部は、謂は、野中古市人の歌垣の類是なり」とあることは、遊部が行なう儀礼の目的が「野中古市人の歌垣の類」と同じで、「遊び」にあることを意味している。
(45) 岩田慶治「鎮魂の論理」『講座日本の古代信仰』三、学生社、一九八〇年。平井直房「鎮魂」『神道史大辞典』吉川弘文館、二〇〇四年。
(46) 岡田精司「鎮魂祭」『神道史大辞典』、註45。
(47) 松前健「鎮魂祭の原像と形成」『古代伝承と宮廷祭祀』塙書房、一九七四年。
(48) 平林章仁『蘇我氏の実像と葛城氏』、註20。
(49) 橿原考古学研究所『曽我遺跡』奈良県史跡名勝天然記念物調査報告書五五、一九八九年。
(50) 山中千恵子『斎宮志』大和書房、一九八〇年。倉塚曄子『巫女の文化』平凡社、二八四頁以下、一九九四年。西宮秀紀「伊勢神宮成立論」『古代王権と交流』四、名著出版、一九九六年。
(51) 平林章仁『「日の御子」の古代史』塙書房、二〇一五年。

第四章　蘇我氏と葛城県　―その成立と伝領、忍海評設定と関わって―

はじめに

蘇我氏は、五世紀末に衰亡した葛城氏の旧権益の継承に執着していたが、それは大臣の権威の裏打ちとなるだけでなく、平群臣氏や許勢臣氏のように大臣職就任を一代で終わらせないためにも、求められたことと思われる。その典型が蘇我馬子大臣による推古天皇への葛城県の割譲要求であったが、推古天皇紀三十二年（六二四）十月癸卯朔条は事の顚末を次のように記している。

大臣、阿曇連〈名を闕せり。〉阿倍臣摩侶、二の臣を遣して、天皇に奏さしめて曰さく、「葛城県は、元臣が本居なり。故、其の県に因りて姓名を為せり。是を以て、冀はくは、常に其の県を得りて、臣が封県とせむと欲ふ」とまうす。是に、天皇、詔して曰はく、「今朕は蘇何より出でたり。大臣は亦朕が舅たり。故、大臣の言をば、夜に言さば夜も明さず、日に言さば日も晩さず、何の辞をか用ゐざらむ。然るに今朕が世にして、頓に是の県を失ひてば、後の君の曰はく、『愚に癡しき婦人、天下に臨みて頓に其の県亡せり』とのたまはむ。豈独り朕不賢のみならむや。大臣も不忠くなりなむ。是後の葉の悪しき名ならむ」とのたまひて、聴したまはず。

これは蘇我氏の出自論（葛城出身説）とも関わって周知の史料であるから第一章でも少し触れたが、現に位にある崇峻天皇を殺害しても、蘇我氏が葛城県を領有することには至らなかったのである。蘇我氏が葛城地域と葛城氏権益の継承に執心していたことは、皇極天皇紀元年是歳条の蘇我蝦夷が葛城高宮に祖廟を、同じく今来に入鹿との寿墓である双墓を造営したことで、一応の決着が付いたものと考えられる。[1]

蘇我馬子が推古天皇に割譲を要求した葛城県の起源が、父の大日下王（大草香皇子）が殺害された復讐に安康天皇を殺害した目弱（眉輪）王を匿ったことの贖罪に、葛城都夫良意富美（円大臣）が雄略天皇に娘の訶良比売（韓媛）とともに差し出した「五処屯宅」（「葛城宅七区」）にあることはほぼ異論がない。安康天皇記は分註で、「謂はゆる五村の屯宅は、今の葛城の五村の苑人なり」と記すが、葛城県そのものについては史料が限られることもあって先行研究は多くない。そんな中で注目されるのが、安康天皇記の「葛城の五村の苑人」と『倭名類聚抄』に忍海郡園人郷が見えること、忍海郡境に北接する葛下郡南部には式内大社の葛木御県神社が鎮座することなどに着目した、塚口義信氏[2]の研究である。塚口氏は、古の葛城地域内に分布する関連地名を分析し、葛城県は令制下の忍海郡（奈良県葛城市忍海）を中心に令制下の葛上郡（奈良県御所市）に広がっていたとみる。

これを受けた吉村武彦氏[3]は、「忍海郡は本来葛城評なので、その後身にあたるだろう」とのべるが、忍海郡の領域が葛城地域の一部であったことは事実であるが、「葛城評」であったことはない。以下に述べるように、評制下において、すでに忍海は「忍海評」であった。

なお、葛城南部地域における関連地名としては、忍海郡園人郷の他に、御所市楢原に園池と薗、御所市伏見にも園と園垣内、朝妻に園、北窪にソノ、池之内に御園、円大臣に関連すると見られるツブラの地名が存在する御所市玉手にもソノの字などが分布するが[4]、葛城県の領域については未だ不明な点が多いと思われる。

ところが近年、この葛城県の歴史的変遷と領域を考察する上で重要な示唆を与える新たな史料が検出され、より正確な復原と関連する歴史像が提示できるようになった。ここでは、葛城県の復原を通して、割譲を要求した蘇我氏の意図と推古天皇が拒んだ真の理由について考察するが、それは葛城県に纏わる五世紀から八世紀初めに及ぶ王権史の解明にも繋がる内容を含んでいる。

第一節　「忍海評」木簡の出土

大宝令施行以前の地方行政組織「コホリ」の表記が、「郡」でなく「評」であったことは周知のことであり、大宝以前の地域社会の復原をはじめ、今日では遺構や遺跡の年代をきめる指標の一つにもなっている。

さて、藤原宮朝堂院回廊東南隅部（橿原市高殿町）を対象とした二〇〇三年の第一二八次調査で、朝堂院東外側を北流する南北溝ＳＤ九八一五から、五〇〇〇点以上の木簡が出土した。大多数が削り屑で、削り屑でないのは二六六点に過ぎない。その中に、次の「忍海評」木簡があった。(5)

□　□
□『山下首得麻呂　忍海評』□□
□置始連安末呂
□

同時に出土した、「□葛木下郡山マ里□田□」・「□□《〔葛〕カ》木下郡」とある二点も留意される。木簡に残る紀年は、戊寅年（天武七年／六七八）・癸卯年（天武八年）・大宝元年（七〇一）・大宝二年・大宝三年がある。忍海評木簡の他に「評」が一点、「五十戸」らしき一点もあるが明らかでない。地名の大部分は郡・里の表記で、八世紀初頭の大宝年間のものが主体をなしているが、物品の保存により廃棄が遅れた天武朝の荷札木簡も若干含まれる。忍海評木簡をはじめ、多くは衛士や仕丁の名前とみられる人名と地名を列記したものである。忍海評木簡は大宝令以前のものだが、伴出木簡との関係から七世紀末頃とみられる。

ちなみに、地方行政組織「郡」の前身である「評」は、国造の管轄領域クニを継承ないしは分割して孝徳朝に一斉に設置されたとみる説が有力であるが、(6) 段階的に設置されたとの反論もある。(7) ここで評設置時期に関する細かな議論に分け入る準備はないが、国造のクニだけでなく、先に触れここでも参考にする飽波評のように、王家や王権と結びついた県や屯倉、宮の基盤地域などにも評が設置されたと考えられる。

第二節　忍海郡の領域

忍海評は大宝令で忍海郡となるが、その忍海郡は古代の葛城地域を南北に二分するように、葛上郡と葛下郡のほぼ中間地域に東西に細長く位置する。忍海郡の領域は忍海評を継承していると思われるが、忍海評の存在は、令制下には葛上郡と葛下郡に継承される葛木上評と葛木下評も設置されていたことを示唆する。同時に出土した「葛木下郡」木簡も、参考になろう。大宝令以前に、葛城地域は葛木上評・忍海評・葛木下評に三分割されていたのである。

『倭名類聚抄』には、令制下の忍海郡に津積・園人・中村・栗栖の四郷があったと見える。その郡域に関し、延久二年（一〇七〇）の『興福寺大和国雑役免坪付帳』（『平安遺文』九）に忍海郡とあるのは、次の京南路西条里である。

二十九条三・四里。三十条二・三・四・五・八里。三十一条二・三・四・五・六・七里。三十二条二・三・四・五・六・七・八里。

ちなみに、『大和国条里復原図』(8)は次の条里を忍海郡とし、二十九条は葛下郡とする。

三十条一里〜七里（ただし、疑問符を付す）。三十一条一里〜七里。三十二条一里〜六里北半（南半は葛上郡）。

『改訂新庄町史』(9)は、忍海郡の南の郡界は『大和国条里復原図』と同様に、三十二条を葛上郡とで直線的に二分する線とするが、北は二十九条三・四里の半ばが北側に入り込み、三十条一・二里で一坪分南に下がっていたように復原する。なお、西の郡界は葛城山系の尾根、東は旧葛城川の分流路と葛上郡の本馬丘を結ぶ線上にあった。

明治三十年（一八九七）に葛上郡と合わせて南葛城郡となる忍海郡域は、令制下の忍海郡をほぼ継承しており、それは大宝令前の忍海評にまで遡ると考えられる。天保五年（一八三四）の「天保郷帳」(10)によれば、忍海郡には柳原・

今城・新・出屋敷・北十三・東辻・藁・忍海・西辻・南花内・林堂・脇田・山田・平岡・山口・馬場・笛吹・梅室・小林の十九村があった。

大化改新詔では「大郡四十里・中郡四里以上三十里以下・小郡三里」、養老戸令では「大郡十六里以上二十里以下・上郡十二里以上・中郡八里以上・下郡四里以上・小郡二里以上」と規定する。里数四は大化制では中郡、養老令制で下郡となるが、そもそも忍海は一郡（評）を設定することが相応しい自然地理的特色や地域的まとまりを有する地域ではない。

問題は、明治の地方行政区画再編のように忍海地域を葛木上評、もしくは葛木下評に併せてもよいものを、東西約七キロメートル・南北約二キロメートルという南北に狭小で東西に細長い帯状領域の忍海評を、しかも葛城の地域を二分するようにして設置されたことの理由である。葛城地域の古代史上の重要性については改めて述べるまでもないが、葛木上評もしくは葛木下評に合わせればよいものを、そうはしないで葛城地域を二分するかのように一評を立てているわけで、そこにはそうするべき歴史的な必然性、評の設置および忍海という地域についての、古代に特有の歴史状況が存在したに違いない。このように、忍海評の設置は単に葛城地域の問題であるだけでなく、古代の王権史に関わる問題でもあると言えよう。

第三節　宮から評へ　―飽波宮―

忍海評設置の歴史的背景について考察する上で参考になるのが、大宝令制下には平群郡に併合される「飽波評」[11]の存在である。飽波評設置の歴史的背景については、狩野久氏[12]の先駆的業績がある。狩野氏説の要旨は第二章で紹介したので割愛するが、その要点は「大宝令前に設定された飽波評は、七世紀前半に王家が飽波に造営した飽波宮を核とする地域的まとまりをもとに編成されたものである」ということにあった。

その後、法隆寺僧顕真が延応元年（一二三九）に撰述した『聖徳太子伝私記』（古今目録抄）上巻には、「或説云」として、上宮王院の辰巳（東南）八、九町に木瓦葺（板葺カ）の「幸屋」という堂があるが、ここで「昔太子居住宮、名葦垣宮、於此宮御入滅也……即於此宮成契老（偕）同穴之契、共御入滅也」、すなわち太子が膳氏妃とこの宮で契を成して長生し共に入滅したとある。このことから仁藤敦史氏[13]は、飽波葦垣（葦墻）宮について、膳菩岐々美郎女が亡くなった後はその子の泊瀬王が継承し、舒明天皇即位前紀の境部臣摩理勢の事件に見える「泊瀬王宮」とはこの宮のことと説く。

　この飽波宮の所在地について、『大和志』[14]は今の生駒郡安堵町東安堵の飽波神社に比定するが、『斑鳩町史』[15]は生駒郡斑鳩町法隆寺南の成福寺の地とし、富雄川西岸の斑鳩町「阿波」は飽波の転訛ではないかとする。ただ、「阿波」の訓がアワであることからすれば、大和に多く分布する所謂国号地名である可能性が大きい。成福寺に北接する上宮遺跡からは、奈良時代を中心とする大型建物群や平城宮使用瓦と同笵の軒瓦などが検出され、称徳天皇が行幸した飽波宮跡である蓋然性が高い。さらに、飛鳥時代の土器も出土し、飽波葦垣宮も周辺に存在した可能性の高いことが指摘されているが[16]、一九九八年の調査では飛鳥時代の手彫りの忍冬唐草文軒平瓦が出土していることから、飽波葦垣宮の中に仏堂が存在したとの指摘もある[17]。

　こうしたことから、飽波宮は生駒郡斑鳩町の上宮遺跡に比定してよいと考えられる。王家の家産である飽波宮を核とする地域に飽波評が建てられ、その後も中心的施設は称徳朝まで維持、経営されたことは、飽波には上宮王家が基盤とした斑鳩地域と異なる歴史的状況が存在したことを示唆する。飽波評に斑鳩地域は含まれないことから、飽波宮を広義の斑鳩宮に含め斑鳩の諸宮と一体的に経営されたとする理解についても、再検討が必要である。飽波宮は、廏戸皇子ら上宮王家造営の斑鳩地域の諸宮とは歴史的性格、その起源を異にするものであったと考えられる。

第四節　飽波評の歴史的背景と領域

王家の家産として伝領された飽波宮とそれが基盤とした地域に飽波評が建てられ、そこに斑鳩地域（平群郡夜麻郷）が含まれないことから、飽波評の領域については、富雄川（一部右岸を含む）と佐保川に挟まれた、後の平群郡飽波郷・額田郷が想定される。(18)

額田地域が飽波評に含まれることから、飽波地域と王家の関係、飽波宮の始原は額田部皇女（推古天皇）との関係にあるのではないかと推察される。額田部連氏が額田部皇女の養育を担い、かつ推古朝に外交などで活躍したと伝えられることは改めて記すまでもない。この額田部連氏の大和における本貫が平群郡額田郷であり、額田寺がその氏寺であったことなども周知のところである。(19)

額田部連氏に資養された額田部皇女が、額田の付近に別業（行宮）を所有し、時々利用していたとしても不思議でない。同時に、周辺には倭系百済官人の日羅を住まわせた「阿斗桑市」（敏達天皇紀十二年是歳条）や、額田部連比羅夫が荘馬の長として新羅使を迎えた「阿斗河辺館」（推古天皇十八年十月丙申条／奈良県生駒郡安堵町の辺）などの外交施設も置かれ、王権の拠点の一つともなっていた。それら王家・王権の施設を維持・経営するための経済的基盤として設定されたのが、後に飽波評となる地域であったと考えられる。

廏戸皇子をはじめとする上宮王家が斑鳩へ遷居する際にも、額田部皇女からの協力と額田部連氏らの援助があった可能性が高い。額田部連氏が馬匹集団であったことや、「廏戸」皇子の名も同氏やこの地に盤据し倭馬飼に編成される馬匹集団との関係に由来すると考えられることなどは、第五章で詳述する。推古天皇は豊御食炊屋姫尊と贈り名（諡号）されるが、その謂は「豊かなお食事を調理される姫様」である。これは、宮廷の食膳のことを掌った膳臣氏の職掌に通じるところがあり、額田部皇女は膳臣氏とも早くから結びつきを有したのではないかと推考される。

このような関係を通じて、廏戸皇子のキサキとなった膳臣傾子の娘の菩岐々美郎女に、飽波に存在した王権の施設を皇子のキサキ宮、すなわち飽波宮として与え、それは飽波・額田を地域基盤として経営された。ただし、上宮王家滅亡後に、それは斑鳩の諸宮とは分離して王権に返還され、再び王家の家産として維持、経営された。ここに飽波評が設置され、大宝令施行で平群郡に併合されるが、中心となった飽波宮は王家の行宮として称徳朝まで維持、経営されたものと考えられる。

こうした王家の家産である宮とその基盤地域に特別行政区の設置されることは令制下にもあって、吉野宮（宮滝遺跡／奈良県吉野町宮滝）と芳野監、茅渟宮（大阪府泉佐野市日根野もしくは和泉市府中の辺）[20]と和泉監などの例がある。

吉野宮については、応神天皇紀十九年十月戊戌朔条の吉野宮行幸の史実性は確かめ難いが、雄略天皇紀二年十月癸酉条や同じく四年八月戊申条の、二度の行幸は一つの画期であったとも考えられる。乙巳の変後に、古人大兄皇子が出家して吉野に逃れたにも拘らず、二か月余り後に謀反の罪で殺害されたことは周知のことである。斉明天皇紀二年是歳条には、後飛鳥岡本宮や田身嶺の両槻宮（天宮）とともに、吉野宮を造ると見え、同じく五年三月戊寅朔には吉野に行幸していることから、この頃には宮殿施設も整備されていたと見られる。壬申の乱の前に大海人皇子が吉野宮に移ったことは、行宮として機能していたことを示すが、後にも王家の記念すべき家産として維持、伝領され、持統天皇が三十三回も行幸したことはよく知られている。

令制化においても、文武天皇・元正天皇・聖武天皇らが利用し、大宝令の施行当初は吉野郡が置かれたが、[21]霊亀二年（七一六）にはそれを改めて芳野監が設置された。[22]これは、吉野宮を維持、経営するための地域基盤として、特別行政区が設置されたことを示すものである。なお、吉野宮・芳野監の設置には、吉野の国栖が大嘗祭で古風を奏し、諸節会でも御贄を貢進し歌笛を奏する規定であった[23]（王権に関わる遠い歴史的由来を有する）こととの関連も推察される。

和泉監は、霊亀二年三月二十七日に河内国和泉・日根両郡を割いて珍努宮（茅渟宮、血沼宮、和泉宮とも）に供させたことに始まり、同年四月十九日には大鳥郡を加えて和泉監とした。(24)垂仁天皇紀三十九年十月条に五十瓊敷命が茅渟の菟砥川上宮で剣一千口を作ったとあることとの関連は定かでなく、允恭天皇紀八年二月条には寵妃の衣通郎姫のために茅渟宮を造ったとあるが、これも説話的要素が強くて俄かに実とは定め難い。安閑天皇紀元年十月条には妃の紗手媛に茅渟山屯倉を与え、崇峻天皇即位前紀には物部守屋大連が滅ぼされた際に資人の捕鳥部万が茅渟県有真香邑に逃げたとあり、茅渟山屯倉・茅渟県の存在から王権・王家との深く長い関係が窺われる。茅渟県のことは、天平十年（七三八）四月五日付の『和泉監正税帳』(25)に「珎県主」（茅渟県主）の名や、「和泉宮御田」が見える。

要するに、王家の重要な宮とそれを経営、維持するための地域基盤として設定されていた領域が、大化以降の地方領域支配の改革にともなって評に、さらに令制下には監や郡に変遷したことが分かる。

第五節　忍海地域と五世紀末の政治的動向

忍海評の設置についても、飽波評・芳野監・和泉監などと同様な王家・王権との特別な歴史的状況を想定するべきだと考えるが、忍海地域の歴史的重要性が宮の造営と一体になって高まるのは、五世紀末をおいて外にない。

五世紀後半の雄略朝は、岸俊男氏(26)が『万葉集』巻一の巻頭歌が雄略天皇の御製であること、薬師寺僧の景戒が平安時代初頭に撰述した最古の説話集『日本霊異記』上巻巻首が雄略朝の物語であることなどから、後世まで雄略朝が時代の画期と意識されていたことを指摘した。

その後、雄略天皇が多くの競争相手を実力で倒して即位したと伝えられること、雄略天皇に比定される倭王武が昇明二年（四七八）に中国南朝・宋に提出した上表文（『宋書』倭国伝）に武力で領域を拡大したとあること、埼玉県行田市の稲荷山古墳出土の鉄剣や熊本県和水町の江田船山古墳出土の大刀に、雄略天皇の名「獲加多支鹵大王」とともに「杖刀人」・「典曹人」と未熟ながら官制の整備を示す文言も刻まれていることなどから、雄略朝を王権専制化の画期とみなすのが通説となった。

ところで、王家の姻族かつ執政官として五世紀の王権の政治を主導したのが「葛城氏」（六世紀以降の氏族のことではなく、奈良盆地南西部を基盤とする政治的結合体）であり、詳細は先に述べたので[27]割愛するが、その権力基盤は西日本の水運網と外交権の掌握にあった。雄略天皇紀二十年（四七五）から二十一年三月条によれば、高句麗に攻められた百済は一時的に滅亡し、都を漢城（京畿道広州）から南の熊津（忠清南道公州）に遷して漸く再興した。継続していた「倭の五王」による中国南朝への遣使も、倭王武による昇明二年の宋への遣使をもって途絶する。これらと相前後して葛城氏も衰亡するが、葛城氏の権力基盤が西日本の水運網と外交権の掌握にあったことからすれば、その衰亡はこれら外交問題に連環する可能性も大きい。さらに、こうした内政・外交の変化は王権の存立にも大きな影響を及ぼしたに違いない。

それはさておき、雄略天皇歿後の政治的混乱は、雄略朝の評価に再考が必要なことを物語る。すなわち、雄略天皇のあとを継いだ清寧天皇には皇后や御子が無く、王権は王位断絶の危機に陥ったという。

その後を『記』・『紀』から素描すれば、履中天皇と葛城襲津彦の子葦田宿禰の娘黒媛の間に生まれた（もしくは市辺押磐皇子の子）飯豊皇女が、葛城の忍海角刺宮で一時的に政権を担った。さらに、父の市辺押磐皇子が殺害され難を避けて逃亡中の子、億計・弘計兄弟が播磨国に派遣された山部連氏の先祖伊予来目部小楯に播磨の縮見屯倉首忍海部造細目のもとで見出され、大和に迎えられて顕宗・仁賢天皇として即位したと伝えられる。

仁賢天皇の後、小泊瀬稚鷦鷯皇子が武烈天皇として即位するが、御子がなくて遂に王統断絶の危機に陥った。武列天皇紀は、到底事実とは思われない天皇の悪逆暴政の数々を列記するが、王統断絶の危機を文飾した後世的表現であり、事実ではない。その危機に、応神天皇の五世孫という男大迹王（袁本杼命）が越前もしくは近江から迎えられ、継体天皇として即位する。

この間、実年にして四半世紀ほどだが、所伝の信憑性をはじめ、顕宗・仁賢天皇の播磨への逃避伝承、さらには即位まで否定する論もある。(28) たとえば、大橋信弥氏(29)は、二王の播磨逃避伝承は、王権史構想の要請から即位を劇的に構成し、正当化するべく述作されたと説く。しかし、即位の時点で彼らの正当性は認められているわけだから、あえてそうした物語を述作する必要があったのか、疑問が残る。また、二王は大和葛城に雌伏していたとも想定するが、即位を正当化するならそのままの方がはるかに効果的であり、播磨で発見される物語など、まったく不要である。

小林敏男氏(30)も、大橋氏説に依りつつ、ヲケ・オケ二王は播磨の中で生成した貴種流離譚であって、顕宗・仁賢とは別の存在であった。それが顕宗・仁賢の正統性を示すために利用されたのであり、顕宗・仁賢は清寧天皇歿後の混乱期に、ワニ氏を後背勢力として現れた傍系王族の「新しい王統」であったとする。しかし、重ねて言うが即位した段階で正統性を示す物語を援用することは不要であるし、「播磨の中で生成した貴種流離譚」でもってどうして天皇としての正統性の保証となるのか、まったく理解できないところである。

こうした顕宗・仁賢天皇即位否定論は暫し措くも、王位の継承だけでも相当な混乱が存在したものと想定される。鬼頭清明氏(31)が「雄略朝は時代の転換点ではあるが、新しい時代の出発点を想起することはできない」と、雄略朝を専制王権成立の画期とする説を批判する。また、吉村武彦氏(32)も雄略朝画期説を批判して、雄略朝には伴造制・部民制・国造制などは未成立であり、画期は六世紀代にあると説くが、いずれも首肯される。

なお、『万葉集』巻一の巻頭歌が雄略天皇の御製であるのは、雄略天皇を「持統系皇統の始祖として」位置づけていることにあったと解する説がある。(33)

しかしながら、王統の始祖として五世紀代の天皇を求めるのであれば、「大悪天皇（二年十月是月条）・有徳天皇（四年二月条）」と二面的評価のある雄略天皇よりも、「聖帝（十年十月条）」と称えられる仁徳天皇の方が相応しいと見られることから、その理由は別に求めるべきだと考える。『万葉集』の二番歌が六二九年に即位する舒明天皇の御製であり、舒明朝が『万葉集』第一期の始まりと見られるが、香具山での国見を主題とする二番歌への導入として、「…大和の国は　おしなべて　吾こそ居れ……」とヤマトの主であることをうたう雄略天皇御製歌を巻頭に配置したのではないかと考えられる。

また、『日本霊異記』の巻頭説話についても、尾張国出身の力持ちの「小子」であった元興寺（飛鳥寺）の道場法師を主題とする敏達朝の第三縁との関係から、「小子部栖軽」の雷神捕捉と雷丘での祭祀を主題とする雄略朝の説話を配置したものと考えられる。雷丘がある元興寺北方地域の小墾田（小治田／高市郡明日香村）については、允恭天皇五年七月条の葛城玉田宿禰の事件で小墾田采女と尾張連吾襲が活躍、欽明天皇紀十三年十月条の仏教公伝関連記事で大臣蘇我稲目宿禰が下賜された仏像を安置した小墾田家、推古天皇紀十一年十月壬申条の正宮の小墾田宮、蘇我稲目の後裔である小墾田臣氏（『新撰姓氏録』右京皇別上条）、欽明朝に小治田の鮎田を開墾したと伝える物部連氏同族の小治田連氏（『新撰姓氏録』左京神別上条）などが見え、早くから王権や有力氏族との関係が深い地域であった。それだけでなく、『続日本紀』神護景雲二年（七六八年）十二月甲子条によれば、尾張国山田郡（愛知県瀬戸市・春日井市・名古屋市東北部一帯）人の小治田連薬ら八人に尾張宿禰が与えられていることから、尾張連氏との関係も推定されるが、允恭天皇五年七月条の小墾田采女と尾張連吾襲の関係から元来「オハリダ」とは尾張連氏が開発した、あるいは尾張連氏に縁りの地（尾張・田）の意であったと解することも出来る。(34)

すなわち、『日本霊異記』の場合は、尾張国出身の力持ちの「小子」＝元興寺の道場法師を主題とする第三縁を導くために、尾張氏縁りの小墾田にある雷丘を舞台とする小子部栖軽の物語を配置したのではないかと推察される。ちなみに、『日本霊異記』第二縁は、欽明朝に狐を妻として子を儲けたという、三野（美濃）国大野郡の狐直氏の祖の異類婚姻譚である。

第六節　葛城氏系二王の発見

顕宗・仁賢天皇の即位の事情は『記』・『紀』ともに詳しく伝えるが、所伝そのままの事実があったとは思われない。しかし、この時期の天皇の即位まで後代に創作することが可能であっただろうか。皇子や后妃の有無など疑問に思われる点もあるが、即位が作偽なら、それらについても疑われないように、それらしく扮飾すればよい。創作するなら、疑問視されるようなことは記さないで、より真実味に満ちた物語にすればよい。

五世紀の王統系譜を扱う上で参考になるのが、埼玉県行田市の稲荷山古墳出土鉄剣金錯銘に見える、「其児」で結ばれた「意富比垝」から「乎獲居」に至る八代の系譜である。八代に亘る系譜の事実関係は定かでないものの、「獲加多支鹵大王」（雄略天皇）の「辛亥年」（四七一）に「乎獲居」がそれを保持していたことは間違いない。東国に拠地を有する豪族がこうした状況にあるなか、その後の天皇について易々と即位を加上し、系譜を改変することが可能であっただろうか。

ところで、彼らは天皇の孫、二世王である。二世王の即位は、これ以前には景行天皇の孫、すなわち日本武尊（倭建命）の子の仲哀天皇しかいない。二世王の即位は、当時の王位継承の実態からみればきわめて異例のことであった。本来ならば、即位の可能性が殆どない二王の即位を劇的な内容の物語で語り伝えるのは、当時の人々の思惟からすれば当然のことだったとも考えられる。畿外の播磨国に隠棲する二世王という異系、異端の人物の即位が、劇的な内容の貴種流離譚に仕立てられ、一年の秩序が改まると信じられた新嘗祭に関連づけて語り伝えられるのも、ある意味では当然だったとも言えよう。

さて、二王が苦難のすえに身を隠していたという播磨国赤石郡の家が、事の真相を理解するうえで示唆的である。安康天皇記・清寧天皇記ではそれはともに、針間国の人で名は「志自牟之家」・「志自牟之新室」とあるが、『播磨国

写真４　北花内大塚古墳（葛城市北花内）

風土記』美嚢郡条には「志深村首　伊等尾之家」とある。『記』は「志自牟」が地名だと判断する情報を有していなかったので人名と誤解したものと思われ、『播磨国風土記』からそれは地名だったことが判る。一方、清寧天皇紀二年十一月条では「縮見屯倉首忍海部造細目」とあって、播磨国の縮見（兵庫県三木市志染町）に置かれた「王権の所領」管理に派遣された、忍海部造細目の館であった。「志深村首伊等尾」と「縮見屯倉首忍海部造細目」の異同については明瞭ではないが、屯倉や名代の設置が六世紀以降であることからすれば、志深村の王権の所領が屯倉と表記されるのは六世紀以降であり、「縮見屯倉首忍海部造細目」はそれを遡らせて表記したものと見られる。おそらく、後に二王が隠棲していた地域に縮見屯倉が設定され、志深村首一族が二王との関係から名代の忍海部とされ、伊等尾の後裔がその伴造である忍海部造に任じられ、そのことが遡及して記述されたものと推考される。

このことに関わり、九世紀末頃に摂津国住吉郡に鎮座する式内名神大社の住吉坐神社（住吉大社／大阪市住

吉区）の神官、津守連氏が撰述したとみられる『住吉大社神代記』[35]「船木等本記」に、

次の田乃古連、和加倭根子意保比比乃命の王子彦太忍信命の児、葛木の志志見の与利木田の忍海部乃刀自を娶し坐して生める児、古利比女、次に久比古。……

という系譜的記事が載るのも参考になる。この記事の前にある、木西川比古命と葛城阿佐川麻の伊刀比女乃命の系譜記事との間に脱文があって、田乃古連の系譜的位置はよく分からない。彦太忍信命は『記』・『紀』では孝元天皇の子とあり、開化天皇の御子とする『住吉大社神代記』とは一世代異なるものの、彼は葛城襲津彦らの祖父、武内宿禰（建内宿禰）の父とも伝えられる人物である。

事実関係の追究が困難な所伝であるものの、播磨国だけでなく、忍海造氏の本貫である葛城にも地名「シジミ」の存在が知られることは、『記』・『紀』・『風土記』など関連所伝を考察する上で見逃せない。忍海部刀自が葛城氏と同じく彦太忍信命の後裔を称していたことは、忍海氏の歴史的特徴や葛城氏との関係を示唆する。なお、「葛城阿佐川麻」は葛上郡朝妻（御所市朝妻）、允恭天皇の名「雄朝津間稚子宿禰」にみえる「朝津間」であり、渡来系集団の秦氏が最初に移住した地（『新撰姓氏録』山城国諸蕃、秦忌寸条）でもあった。

加えるに、『続日本紀』神亀元年（七二四）十月壬寅（十六日）条に、「忍海手人大海ら兄弟六人、手人の名を除きて、外祖父従五位上津守連通の姓に従はしむ」とあるのも参考になる。即位間もない聖武天皇は神亀元年十月辛卯（五日）に紀伊行幸に出発、癸巳（七日）に紀ノ川中流の紀伊国那賀郡玉垣勾頓宮（和歌山県粉河町井田）、甲午（八日）には風光明媚な海部郡玉津嶋頓宮（和歌山市和歌浦）、丁未（二十一日）には白砂青松の海岸で禁漁区に指定される高脚海（高師の浜）に臨む和泉の所石頓宮（大阪府高石市取石）まで足をのばしている。この時、工人集団として雑戸の籍にあった忍海手人が公戸に編入されたのであるが、聖武天皇の紀伊国行幸に貢献するところがあったからと思われる。

摂津の住吉大社は、五世紀には国家的航海神としてとくに重要視された神社で、その祭祀と住吉津の管理は津守連

写真５　忍海角刺神社（葛城市忍海）

氏が担っていた。忍海手人大海らの祖父というから七世紀半ば頃であろうが、忍海手人と津守連氏が姻戚関係にあったわけで、この姻戚関係や、紀伊行幸への貢献などから、忍海手人と紀伊や和泉の集団の連携が窺われる。

これらのことは、葛木忍海の志志見と播磨国の加古川上流の縮見が、紀ノ川や大阪湾岸を経由して水運で、あるいは金剛・葛城山を越えて陸路で結ばれていたことを示唆し、忍海ゆかりの顕宗・仁賢天皇に関わる歴史地理的状況を推し量ることが出来よう。

第七節　政権を掌った忍海飯豊青尊

顕宗・仁賢天皇の即位前に一時的に王権の政務を執ったという飯豊皇女は、その系譜的位置がやや安定的でない。履中天皇紀は青海皇女の亦名とし、清寧天皇記は忍海郎女の亦名を飯豊王と伝え、履中天皇記も青海郎女の亦名を飯豊郎女と記す。しかし、顕宗天皇即位前紀が引く「譜第」では、飯豊女王は市辺押磐皇子と葛城蟻臣の娘荑媛の間に生まれ、亦名を忍海部女王と記す。ただし、忍海部女王の「部」は名代の成立時期（六世紀以降）からみて衍字であり、本来は「忍海女王」とあったと考えられる。なお、姉と伝える「一本」も記され、飯豊皇女を顕宗・仁賢天皇のオバ・姉・妹とする、三つの異なる系譜伝承が存在する。

このように、飯豊皇女の系譜上の位置に混乱が見られることから、飯豊皇女と忍海女王・忍海郎女を別人とみるむきもあるが、(36) 名と実を相即不離と観念した古代社会において、異名の別人を糾合して新たな王族系譜を造作することの可能性には、疑問がある。彼女にまつわる物語をみる限り同一人物とみなしてよいと思われるが、市辺押磐皇子の妹、あるいは子のいずれであったか、今では定かでない。

問題はその所伝の内容であるが、清寧天皇記は次のように記している。

故れ、天皇崩りましし後、天下治らすべき王なし。ここに日継知らさむ王を、市辺忍歯別王の妹、忍海郎女に問ふ。亦の名は飯豊王、葛城忍海の高木角刺宮に坐す。…（袁祁・意祁二王の生存が判明：平林）…是に其の姨飯豊王、聞き歓ばして、宮に上らしめたまひき。

ちなみに、右の中略部より前の部分は日本古典文学大系本ではなく、文意が明瞭になると思われる折口信夫氏の訓みによる。(37)

また顕宗天皇即位前紀は、左のように伝えている。

是に由りて、天皇の姉飯豊青皇女、忍海角刺宮に、臨朝秉政したまふ。自ら忍海飯豊青尊と称りたまふ。当世の詞人、歌して曰はく、

倭辺に　見が欲しものは　忍海の　この高城なる　角刺の宮

冬十一月に、飯豊青尊崩りましぬ。葛城埴口丘陵に葬りまつる。

なお、この歌謡が、仁徳天皇の時に葛城磐之媛が那羅山から葛城地域を望んで歌ったという、「…前略…　倭を過ぎ　我が見が欲し国は　葛城高宮　我家のあたり」と類似しているのも偶然ではなかろう。

さて、清寧天皇が歿して顕宗天皇が即位するまでの間、飯豊皇女は葛城の忍海角刺宮で一時的に王権の政務を掌って忍海飯豊青尊と自称し、死後は葛城埴口丘陵に葬られたという。「尊」や「陵」は通常、天皇に使うものであり、即位に準じた扱いがなされているわけだが、葛城氏系の飯豊皇女が葛城の忍海角刺宮（葛城市忍海に鎮座する角刺神社辺）で一時的に王権の政治を掌り、死後は葛城埴口丘陵（葛城市北花内にある全長約九〇メートルの北花内大塚古墳）に葬られたことは、ほぼ確かなことであろう。忍海郎女・忍海女王という亦名は、彼女が葛城の忍海角刺宮で王権の政務を掌ったことに由来する。忍海部は忍海飯豊青尊の名代として六世紀以降に設置され、忍海造（忍海部造）氏はその伴造であり、同氏の祖らが即位前の意祁（仁賢）・袁祁（顕宗）二王を庇護していたのである。

第八節　忍海角刺宮と忍海の歴史的特色

飯豊皇女が拠った忍海「角刺宮」という名は、飯豊皇女の宮殿の屋根もしくは入口に、災厄をもたらす邪悪なものの侵入を防除するため、鹿角を刺し飾っていたことに由来すると推考される。鹿の若角は滋養強壮に勝れた薬剤（鹿茸）としても知られているが、成長して鉤手状に枝分かれした強固な鹿角は、侵入しようとする邪悪なものを引っ掛けて防ぐ働きがあると信じられていた。古代の鹿角に対する呪的な観念については以前に述べたので割愛するが、今日でもヒマラヤ山中の王国、ブータン西部の民家の玄関左右の壁面には、人身大の勃起した男根が描かれ、同じく入口の上には鹿角一双が取り付けられている。(39) 男根を描くのは魔よけのためというから、掲げられた鹿角にも同様な呪的機能があると信じられているのだろう。

忍海角刺宮の装飾については、欽明天皇の磯城嶋金刺宮（奈良県桜井市金屋の辺）が参考になる。この宮に冠せられた「金刺」という修飾語は、金属製の鋭利な利器が宮殿の入口の上部、もしくは屋根の棟に刺し込まれていたことに由来すると見られる。おそらく、それは信濃国の式内名神大社の南方刀美神社（諏訪大社）で祭器として用いられる「薙鎌」の如きものであったと思料される。その諏訪大社下社の大祝（神職最高位）は金刺舎人氏であるが、同氏は科野（信濃）・駿河の国造であり、信濃国水内郡人の女孺「金刺舎人若嶋」[40]・信濃国牧主当兼伊那郡大領「金刺舎人八麻呂（八麿）[41]」・信濃国埴科郡大領「金刺舎人正長」[42]などと史書に散見されるが、氏の名「金刺舎人」は欽明天皇の正宮である磯城嶋金刺宮に舎人として奉仕したことに由来する。また、伊那郡大領の金刺舎人八麿が信濃国内の内廐寮の牧（後の御牧）[43]を管掌する「信濃国牧主当」を兼ね、馬匹文化に親しいことは、欽明天皇の娘の額田部皇女や海柘榴市の官の廐などとも関わって留意される。信濃国伊那地域には、三〇基の馬埋葬遺構をはじめとする五世紀中葉以降の馬匹文化が濃密に分布し、[44]馬飼集団が早くに定着した地域として知られている。

なお、内廐寮は藤原仲麻呂の乱平定直後の兵制改革により設置されたもので、[45]大同三年（八〇八）には主馬寮を併合して左・右馬寮に改められた。『類聚三代格』に見える「金刺舎人八麿」は、信濃国の馬匹集団を統轄する立場にあったが、弘仁三年十二月八日付の太政官符「応徴課欠駒価稲毎疋二百束事」に、金刺舎人八麿の提出した解を引いた内廐寮の解が、神護景雲二年（七六八）正月廿八日付の格に、さらに延暦廿二年（八〇三）三月九日付の太政官符へと引用されていったことで、その名が残ることになった。おそらく金刺舎人氏は、早くから信濃国内の馬飼集団の首長の地位にあり、八世紀中葉にあってもそれを統轄する職にあった。

延文元年（一三五六）に撰述された『諏訪大明神絵詞』[46]では、薙鎌は神宝の一つとして扱われ、分社の時には分霊として薙鎌を授与していた。[47]諏訪地方では薙鎌を神木に打ち込んで境界を示す「鎌打ち神事」も行なわれ、「風切鎌」と称して農家では屋根の棟の両端に打ちつけ、竿先に取り付けたりもした。[48]耳割鹿を供えることで知られる諏訪大社上社前宮の旧暦三月（今は四月）の酉日祭では、今日も上社本宮から前宮までの巡幸で大きな薙鎌が行列を飾っているが、金刺舎人氏は薙鎌など鉄製品の生産にも長けた氏であったと見られる。

いずれにしても、忍海角刺宮という飯豊皇女の宮号は、彼女の呪術宗教的な性格を示すに十分であるが、次に引く

清寧天皇三年七月条に、

飯豊皇女、角刺宮にして、与夫初交したまふ。人に謂りて曰はく、「一女の道を知りぬ。又安にぞ異なるべけむ。終に男に交はむことを願せじ」とのたまふ。

とある、「男性と一度きりの交合」を強調する不可解な所伝も、祭りの夜のみ神の妻となる巫女的女性、飯豊皇女の一夜妻的特徴を伝えたものとすれば諒解されよう。

このように、巫女王的な性格を有した飯豊皇女が、葛城忍海に角刺宮を構えて、一時的にしろ王権の政務を執ったと伝えられることは、五世紀末の歴史像の復原だけでなく、葛城県や後の忍海評設置の歴史的背景を考察する上でも看過できない。

忍海角刺宮で政務を掌った忍海郎女・忍海女王（飯豊皇女）の名代が忍海部であるが、名代（名代部）の設置が六世紀前半以降であることやその目的については別に述べた。(49)忍海氏には、忍海部の伴造である忍海造氏(50)と、渡来系金属技術集団の忍海漢人(51)・忍海村主(52)・忍海手人(53)とその伴造の忍海首ら(54)がいる。この忍海造氏（前身集団）が中心になり、飯豊皇女の生活を支えて忍海角刺宮を経営し、さらに播磨の億計・弘計二王を庇護していたものと思われる。それがための地域基盤が必須であったことは説くまでもないが、それが後の忍海評であろうことは、後述する忍海の三田（御田）から明らかになる。さらに忍海造氏は次述するように、忍海首氏を介して、王権に直属する忍海地域の渡来系金属技術集団の統轄をも行なっていた。

天智天皇紀七年二月戊寅条には、宮人である忍海造小龍の女色夫古娘が、天智天皇との間に大江皇女・川嶋皇子・泉皇女をもうけたとある。川嶋皇子は、持統天皇紀五年（六九一）九月丁丑条に「浄大参皇子川嶋薨せぬ」、『懐風藻』には「皇子は、淡海帝の第二子なり。……位浄大参に終ふ。時に年三十五」とあるから、斉明天皇三年（六五七）の誕生である。それより先に大江皇女が誕生しているから、色夫古娘の入内は斉明天皇元年前後のことであろう。孝徳朝から斉明朝にかけて、中大兄皇子が次期天皇の最有力後継者だったことは確かで、中小氏族出身の色夫古娘の入内はやや特異である。

畿外の地方豪族出身の女性が服属の保証を兼ねて入内する例は少なくないが、七世紀に大和の中小豪族出身女性の入内例は、絶無ではないが闕史八代を除けば多くはない。とくに葛城地域の中小豪族では他に、葛城直磐村の娘広子が用明天皇に入内して、麻呂子皇子と酢香手姫皇女を儲けているだけである。麻呂子皇子は當麻公（のち真人）氏の祖であり、酢香手姫皇女は推古朝までの三十七年間を伊勢斎宮として仕えた。當麻も葛城の域内で忍海に北接する地域であり、令制下には葛下郡當麻郷（葛城市當麻の辺）となる。

開化天皇記が、開化天皇と葛城垂見宿禰の娘鸇比売との間に生まれた建豊波豆羅和気王を忍海部造・稲羽忍海部氏らの祖と伝えるのも参考になるが、忍海造氏は葛城氏の王家外戚としての地位の継承者ではなかったかとみる説(55)もある。おそらく、忍海造氏だけでなく、葛城直（のち連）氏もかつては葛城氏を核とする地域結合の構成員であり、葛城氏滅亡後も王家外戚としての地位を一時的に認められたのではないかと推察される。『続日本紀』延暦十年（七九一）正月己巳条に、

典薬頭外従五位下忍海原連魚養ら言さく、「謹みて古牒を検ぶるに云はく、「葛木襲津彦の第六の子を熊道足禰と曰ふ。是れ魚養らが祖なり」といへり。熊道足禰が六世の孫首麿、飛鳥淨御原朝庭の辛巳の年に、貶されて連の姓を賜はれり。爾来、再三披き訴へ、一二陳べ聞ゆ。然れども覆瓫の下照し難くして、而も向隅の志久し。今、聖朝運を啓き、品物交泰なるに属きて、愚民の宿憤、陳べぬこと得ず。望み請はくは、彼の旧き号を除きて、朝野宿禰を賜はらば、前を光し後を栄えしめて、存亡倶に欣びむ。今請ふ所の朝野は、処る所の本の名なり」とまうす。請に依りてこれを賜ふ。

と見え、「典薬頭の忍海原連魚養らが祖先は葛木襲津彦の六男、熊道足禰の後だと主張して朝野宿禰を賜姓された」

とある。忍海原連氏の出自の主張については信憑性を確かめる術はないが、「飛鳥浄御原朝庭の辛巳の年」は天武天皇十年（六八一）であり、その年の連賜姓とは四月庚戌条の忍海造鏡・荒田・能麻呂らへのことであろうか。忍海造能麻呂は、天武天皇紀七年九月条にも茎毎に枝のある「瑞稲五茎」を献上したと見え、祥瑞に関する知識のある人物であった。朝野宿禰を賜姓された忍海原連魚養は典薬頭とあるから医薬に詳しい人物であったと見られ、元は渡来系の集団であった可能性もある。八世紀末になっても葛木襲津彦の末裔を唱えている点に、忍海郡の歴史的特徴とその根強さを読み取ることが出来る。

第九節　大宝改元と忍海郡の三田首五瀬

古代の忍海郡の特徴の一つに、渡来系工人集団の集住があるが、それと関わって今一つ興味深い所伝がある。それは文武朝の元号「大宝」（七〇一～七〇四）に関わるが、大宝が古代史上の画期であったことは、周知のところである。これは新しい時代の到来を告げる記念すべき元号であったが、『続日本紀』慶雲元年（七〇四）五月甲午条は突然、大宝から慶雲に改元したと記す。

備前国、神馬を献る。西楼の上に慶雲見る。詔して、天下に大赦し、元を改めて慶雲元年としたまふ。……初に慶雲を見し人式部少丞従七位上小野朝臣馬養には三階、並に絁十疋、糸廿絇、布卅端、鍬卌口を賜ふ。

藤原宮の西楼（大極殿カ）の上に、後の『延喜治部式』では大瑞とされる、烟のごとくで烟でなく雲のごとくで雲でない「慶雲」が出現したということで、急ぎ大宝から慶雲に改元された。あやふやな現象を根拠に慌ただしく改元したとの印象は否めないが、その真の理由は明瞭ではない。

それでは、大宝の元号は何が契機で制定されたのであろうか。『続日本紀』大宝元年三月甲午条には、次のように伝える。

対馬嶋、金を貢ぐ。元を建てて大宝元年としたまふ。始めて新令に依りて官名・位号を改制す。

対馬嶋が金を貢進してきたので、それを祝して元号を建てて文武天皇五年を大宝元年としたと、極めて簡単に記す。飛鳥浄御原令に替わる新律令の成立を祝うための、祥瑞的出来事を求めていたのではないかと考えられるが、それまで我が国では金の産出はなかった。

記念すべき大宝改元の記事としては、余りにも事務的で簡略に過ぎると思われるが、対馬嶋で金が産出した状況も、なぜか建元より後の『続日本紀』大宝元年八月丁未条に詳しく記されている。

是より先、大倭国忍海郡の人三田首五瀬を対馬嶋に遣して、黄金を冶ち成さしめき。是に至りて詔して、五瀬に正六位上を授け、封五十戸、田十町、并せて絁・綿・布・鍬を賜ふ。仍て雑戸の名を免したまふ。対馬嶋司と郡司の主典已上とに位一階を進めたまふ。其の金を出だす郡司には二階。金を獲し人、家部宮道に正八位上を授け、并せて絁・綿・布・鍬を賜ふ。其の戸は終身、百姓は三年を復す。又、贈右大臣大伴宿禰御行は、首め五瀬を遣して金を冶たしめき。因て大臣の子に封百戸、田卌町賜ふ。注、年代暦に曰く、後に五瀬の詐欺発露れぬ。贈右大臣、五瀬の為に誤たれしことを知る。

要するに、これより以前に大倭国忍海郡人の三田首五瀬を対馬嶋に派遣し、金の採掘、冶成させていたところ、三月に対馬嶋から金の貢進があったので大宝と建元し、八月になってその関係者への褒賞が行なわれた、という。また、それを企画したのは贈右大臣大伴宿禰御行であったことも分かるが、大伴宿禰御行は大宝元年正月己丑（十五日）に「大納言正広参」で亡くなっているから、褒賞は子（御依カ）に与えられたが、三田首五瀬の対馬派遣は大宝元年正月己丑以前のことであった。

対馬嶋から金の貢進・大宝建元から関係者の褒賞まで五カ月の期間があるのも不審であるが、それよりも注目すべきは、「注」にみえる「年代暦」である。「年代暦」は、大宝元年三月甲午条の、新令による官名・位号の改制についての記事の末尾にも、「語在年代暦」と本文で記されているが、その書は現存せず詳細は分明でない。また、大宝元年八月丁未条の「注」が『続日本紀』編纂のどの段階で付されたものか、あるいは後の加筆なのかも定かではないが、問題はその内容である。

すなわち、三田首五瀬による対馬での金の冶成成功は、実は彼による詐欺であり、後に大伴宿禰御行が騙されたことが発覚したという。記念すべき元号大宝は、詐欺によって制定されたものであった。三田首五瀬は、謂わば「倭国の錬金術師」であったと言えようが、詐欺であったことが発覚したのは大宝元年八月丁未より以降のことであるが、その詳しい経緯は分明でない。また、詐欺発覚により、三田首五瀬が罰せられたのか、関係者に与えられた褒賞が取り消されたのか等も、明らかではない。大宝改元記事が簡略なのも、こうした理由によると考えられる。同様に、改元が必要とされる政治的な状況が認められないにも拘らず、不確かな自然現象による祥瑞の出現をもって慌ただしく慶雲と改元しているのは、三田首五瀬による詐欺の発覚が理由ではなかったかと推察される。

大伴宿禰御行は報告より先に亡くなっているから致し方ないとしても、時の政府首脳はどうして三田首五瀬の詐欺を見抜けなかったのであろうか。それを解明する上で参考になるのが、次の天武天皇紀三年（六七四）三月丙辰条である。

　対馬国司守忍海造大国言さく、「銀始めて当国に出でたり。即ち貢上る」とまうす。是に由りて、大国に小錦下位を授けたまふ。凡そ銀の倭国に有ることは、初めて此の時に出でたり。故、悉に諸の神祇に奉る。亦周く小錦より以上の大夫等に賜ふ。

対馬国司守の忍海造大国が、対馬で産出した銀を貢上したが、これは倭国で初めての慶事であり、忍海造大国には小錦下の位を賜わり、諸の神祇には銀を奉納し、小錦以上の大夫にも下賜された、という。(56)

『延喜主計式』によると対馬島の調として銀が見え、対馬島下県郡には銀山上神社と銀山神社（いずれも長崎県対馬市厳原町）の式内社が鎮座する。銀が産出するから金も、と考えられたのかも知れないが、事はそう簡単ではなかった。この対馬の金・銀の問題に関わって注目されるのが、それぞれ中心的人物が対馬国司守の忍海造大国と忍海郡人の三田首五瀬で、ともに大和国忍海郡の人物であることである。金・銀鉱山の開発やその鉱石からの精錬は、誰にでも可能というわけではなく、特別な知識や技術が必要であるが、忍海郡人にはそれが備わっていたということである。

第一〇節　忍海郡の金属工人

忍海郡地域の金属工人集団の起源について、細かな事実関係は確かめ難いけれども、葛城襲津彦による新羅の人質微叱許智伐旱の本国送還に関わり、神功皇后紀五年三月条には次のように伝える。

因りて、葛城襲津彦を副へて遣す。共に対馬に到りて、鉏海の水門に宿る。時に新羅の使者毛麻利叱智等、竊に船及び水手を分り、微叱旱岐を載せて、新羅に逃れしむ。乃ち蒭霊を造り、微叱許智の床に置きて、詳りて病する者の為にして、襲津彦に告げて曰はく、「微叱許智、忽に病みて死なむとす」といふ。襲津彦、人を使して病する者を看しむ。即ち欺かれたることを知りて、新羅の使者三人を捉へて、檻中に納めて、火を以て焚き殺しつ。乃ち新羅に詣りて、踏鞴津に次りて、草羅城を抜きて還る。是の時の俘人等は、今の桑原・佐糜・高宮・忍海、凡て四邑の漢人等が始祖なり。

葛城襲津彦は、新羅の人質である微叱許智伐旱の本国送還に付き添って渡海した。対馬の鉏海の水門に停泊した際に、新羅の使者は、藁人形を造り欺いて微叱許智を新羅に逃亡させた。事の仔細を知った襲津彦は、新羅の使者を焼き殺して新羅の踏鞴津（慶尚南道釜山の南）に停泊し、草羅城（慶尚南道梁山）を陥れて帰国した。この時の俘人らは、今の桑原・佐糜・高宮・忍海の四邑の漢人の始祖である、と伝える。佐糜・高宮は御所市南西の丘陵部、桑原は御所市東部の平坦地、忍海は後の忍海評（葛城市忍海）にあてられる。

ところで、一九九二年から大規模な圃場整備事業が、葛城氏の本拠である奈良県御所市（ほぼ令制下の葛上郡）地域でも実施された。それに先だって遺跡・遺構の事前調査が実施されて、後に南郷遺跡群と称される、五世紀代を中心とした多種多様な遺跡が集中的に出土し、葛城氏の実像を解明する資料が一挙に増加した。その調査結果は、大部な五冊の報告書として纏められている。(57) 御所市南郷遺跡群の調査結果から知られる先進の手工業技術は、地域的にみて葛城襲津彦とともに渡来した四邑の漢人の祖や、渡来当初は葛城朝津間に住んだという秦氏（『新撰姓氏録』山城国諸蕃、秦忌寸条）らに起源することは間違いない。

右の所伝はその契機を伝えたものであり、遺跡の継続状況から、その後も彼らは故郷の集団との交渉や、引き続いての渡来など関係継続が想定さる。桑原漢人の中心をなす人々は早くに近江国へ移住したようであるが、忍海漢人の後裔は王権直属の工人集団として後の忍海郡地域に後々まで盤据していた。

ところで『続日本紀』養老三年（七一九）十一月戊寅条に、「忍海手人広道に久米直の姓を賜い、雑戸の号を除く」とあるのも、王権との関係から看過できない。この記事から忍海手人と久米（来目）直氏の親密な関係が推察されるが、これは顕宗天皇（弘計王）のまたの名が来目稚子であり、播磨で二王を発見したのは山部連氏の祖である伊予来目部小楯であったことにも関わる。さらに、次に引く『肥前国風土記』の三根郡漢部郷（佐賀県みやぎ町、旧の中原町）条も関連する。

物部郷（郡の南に在り。）此の郷の中に神の社あり。名を物部経津主の神といふ。曩者、小墾田宮に御宇しめしし豊御食炊屋姫天皇、来目皇子を将軍と為して、新羅を征伐たしめたまひき。時に、皇子、勅を奉りて、筑紫に到り、乃ち、物部の若宮部をして、社を此の村に立てて、其の神を鎮ひ祭らしめたまひき。因りて物部郷といふ。

漢部郷（郡の北にあり。）昔者、来目皇子、新羅を征伐たむとして、忍海漢人に勒せて、将て来て、此の村に居ゑて、兵器を造らしめたまひき。因りて漢部郷といふ。

「来目皇子が新羅遠征の際に忍海漢人を率いて兵器を造らせたので漢部郷という地名がついた」ということあるが、

これは次の推古天皇紀十年（六〇二）二月己酉朔条～六月己酉条とも関連する。

十年春二月己酉朔に、来目皇子をもて新羅を撃つ将軍とす。諸の神部及び国造・伴造等、并せて軍衆二万五千人を授く。
夏四月戊申朔に、将軍来目皇子、筑紫に到ります。乃ち進みて嶋郡に屯みて、船舶を聚めて軍の粮を運ぶ。
六月丁未朔己酉に、大伴連囓・坂本臣糠手、共に百済より至る。是の時に、来目皇子、病に臥して征討つこと果さず。

すなわち「廏戸皇子の弟の来目皇子（母は穴穂部間人皇女）に二万五千人の軍勢を授けて新羅に派遣し、筑紫の嶋郡（福岡県糸島郡）まで進軍し準備を調えたものの、来目皇子が罹患したので征討を果たせなかった」とあるが、『肥前国風土記』が伝えるのはこの時の事であろう。

近年、天平十九年（七四七年）という成立年や内容に強い疑念が提示されているが、[58]『元興寺伽藍縁起幷流記資財帳』に引く塔露盤銘の四人の「作金人」（金属工人）のなかに、「意奴弥首（忍海首）辰星」と「阿沙都麻首（朝妻首）未沙乃」ら葛城系工人の名が見えることも参考になる。富本銭の出土で耳目を集めた、七世紀後半を中心とする奈良県明日香村の飛鳥池遺跡からは、十一名の工人名を記した木簡には「阿佐ツ麻人□留」の名も見える。[59]

『続日本紀』養老六年（七二二）三月辛亥条には、

伊賀国金作部東人、伊勢国金作部牟良、忍海漢人安得、近江国飽波漢人伊太須、韓鍛冶百嶋、忍海部乎太須、丹波国韓鍛冶首法麻呂、弓削部名麻呂、播磨国忍海漢人麻呂、韓鍛冶百依、紀伊国韓鍛冶杭田、鎧作名床ら、合せて七十一戸、姓雑工に渉ると雖も、本源を尋ね要むるに、元来雑戸の色に預らず。因て其の号を除きて、並に公戸に従はしむ。

とあり、奈良時代前葉においても忍海漢人・忍海部らが金作部・韓鍛冶・弓削部・鎧作らとともに、工人（雑工）に

写真６　葛木御県神社（葛城市葛木）

位置づけられていたことが分かる。右の播磨国の忍海漢人は、「縮見屯倉首忍海部造」に所縁の集団であろうか。

また、大宝令制下で大蔵省に配置された革染め工人の「狛戸」六人は『令集解』官員令別記によれば、忍海部狛人五戸・竹志戸狛人七戸の中から採用する規定であった。忍海には、皮革染色関係の渡来系工人集団（忍海部狛人）も居住していたが、彼らは馬具や甲冑などの製作に必要な皮革の生産に従事していたのであろう。

伴造氏族である忍海造氏の下には、忍海手人・忍海漢人・忍海部らの多くの渡来系工人集団が従属していたのである。葛城市笛吹・脇田にかけて存在する地光寺跡は、七世紀後半の薬師寺式伽藍配置の東遺跡（脇田）と八世紀前半の四天王寺式伽藍配置の西遺跡（笛吹）からなる。そこからは創建時の非常に珍しい新羅系鬼面文軒丸瓦が出土していて、忍海造氏の氏寺と目されている。中国が起源である鬼面文軒丸瓦は、三国時代の高句麗・新羅へ伝わり、朝鮮半島統一後の新羅で多く用いられた。古代日本では蓮華紋軒丸瓦が主流であるが、あえて新羅系鬼面文軒丸瓦を用いているところに、忍海造氏の出自についての拘りを窺うことも出来よう。七世紀後半の地光寺創建の時期においてもなお、渡来系氏族としての自己意識と、鬼面文軒丸瓦を関連地域から導入する連絡網が維持されていたことを示唆しており、古代の渡来系集団の在りようと特色を示すものとしても興味深い。

さらに、地光寺跡の下層からは六世紀後半から八世紀の、鍛冶遺構が多くの鉄滓・鞴羽口・砥石などとともに出土していて、忍海造氏の特徴をよく示している。(60) 加えるに、地光寺跡の西方山麓にある寺口忍海古墳群（葛城市寺口）は二〇〇基ほどが集中する五世紀後半以降の群集墳であるが、早期の横穴式石室などからは多くの鉄滓を始め、金床・鉄鉗・鉄鎚・砥石、鏨・鉄斧・ヤリガンナ・鉄鏃・刀子・鉄刀・U字形鍬や鋤先など、鉄の生産・加工用具やその製品が大量に出土している。(61) 馬具の副葬も早くから見られるが、出土品の特徴や位置・地名などから、ここが忍海造・忍海漢人・忍海手人らの奥津城に違いない。

銀・金の採掘のために対馬に派遣された忍海造大国・三田首五瀬は、このような歴史的背景を負った人物であった。時の政府首脳が、三田首五瀬の報告に易々と騙されたのも頷けよう。大宝改元は、五世紀代に始まる葛城忍海系金属工人の高い技術と王権からの厚い信頼が、八世紀代まで継続していたなかでの出来事であった。

第二節　忍海の三田と葛城県

このように忍海郡地域は、五世紀以来の渡来系金属工人集団の集住地であり、三田首五瀬はその工人の首長として金を求めて対馬に派遣されたのである。慶雲改元の直前のことと推察されるが、詐欺と発覚した後の三田首五瀬のことは分明ではないものの、『続日本紀』宝亀元年（七七〇）五月戊寅条には「三田毗登家麻呂ら四人に姓を道田連と賜ふ」とある。道田連氏については『新撰姓氏録』左京諸蕃下条に「道田連。任那国の賀羅賀室王自り出づ」とあり、任那系の渡来氏族を称していた。姓の毗登は天平勝宝九歳（七五七）五月廿六日に聖武天皇の幼名「首」を忌避し改めたものであるから、(62)三田毗登の元の姓は首であり、道田連を賜姓された三田毗登氏と忍海郡の三田首氏は同じ氏と見られる。(63)氏としては存続しているから、三田首五瀬だけが罰を課されたとしても、重い罰であったようには見えない。

さて、彼の負う氏名の三田は御田で王家領のことであり、三田首はその現地管理責任者をいう。三田首五瀬は金属生産・加工の知識を有し、工人集団を統轄していたけれども、令制前の職務は忍海地域に置かれていた王家領の管理であった。

忍海の御田は、安康天皇を殺害した眉輪王（目弱王）を匿ったことの贖罪に葛城円大臣が雄略天皇に差し出した「葛城宅七区」（雄略天皇即位前紀、安康天皇記では「五処之屯宅」）、ないしは清寧天皇で王統が絶え、顕宗・仁賢が播磨国縮見で見出されて即位するまでの間、一時的に政務を執った飯豊皇女（忍海郎女）と彼女の忍海角刺宮が経済的基盤とした地域に発する、王家領に起源すると考えられる。

というよりは、飯豊皇女・忍海角刺宮が基盤とした王家領は、実は葛城円大臣が差し出した「葛城宅七区（五処之屯宅）」を継承したものであり、さらにそれが後に「葛城県」「葛木御県」（推古天皇紀三十二年一〇月条・『延喜神祇式』祈年祭祝詞）に編成された、と捉えるべきであろう。延喜式内大社の葛木御県神社は、律令制下の葛下郡南端、飯豊皇女が葬られているとみられる北花内大塚古墳の北西、約七〇〇メートル余の葛城市葛木に鎮座（本来の鎮座地はやや東方）するのも参考になる。

要するにそれは、葛城氏の旧所領「葛城宅七区（五処之屯宅）」⇩飯豊皇女・忍海角刺宮の地域基盤⇩葛城県（葛木御県）と変遷し、さらに大化後には忍海評となり、大宝令で忍海郡となって明治まで存続したと考えられる。

三田首氏の管理した忍海の御田は、葛城県の中核となる王家領であったと見られる。天武天皇紀七年（六七八）九月条に、忍海造能摩呂が茎から枝分かれしためでたい稲、「瑞稲」五茎を献上したとあるのも、忍海造氏が祥瑞に関する知識を有していたことを示しているが、五茎の瑞稲は三田首氏が管理する忍海の御田で刈り取られたものではなかったたか。

小　結

『続日本紀』延暦十年正月己巳条で、忍海原連が葛城襲津彦の後裔を称し朝野宿禰を賜姓された際の主張が事実か否かは別にして、それが認められる歴史的背景が存在したことは間違いない。また開化天皇記に、開化天皇と葛城垂見宿禰の娘鸇比売との間に生まれた建豊波豆羅和気王が、忍海部造・稲羽忍海部氏らの祖とあるのも示唆的である。周知の、神功皇后紀五年三月条に葛城襲津彦が連れ来たと伝える忍海漢人らが本来、五世紀には葛城氏の管轄下にあったことも事実であろう。

忍海造氏が娘を天智天皇に入内させることが出来たのも、葛城氏の後裔ないしは王家の外戚としての地位後継者という資格においてであったと推察される。用明天皇に娘を入内させた葛城直氏の場合も、同様に考えてよい。

顕宗天皇即位前紀などによれば、顕宗天皇（弘計王）のまたの名が来目稚子であり、播磨で二王を発見したのは山部連氏の祖である伊予来目部小楯であった。要するに、久米（来目）部の伴造である来目部小楯は播磨に隠棲する二王について事前に何らかの情報を得ていた、というよりも即位前から弘計王らの播磨での生活に関与していたのではないかと考えられる。

『続日本紀』養老三年十一月戊寅条で、忍海手人に久米直が賜姓されたとあることから、久米直氏と忍海手人は親縁関係にあったことが知られるが、顕宗・仁賢天皇には忍海造氏や久米直氏らの継続的な庇護と援助が存在したと推察される。忍海郎女・忍海女王とも称された葛城氏系の飯豊皇女が、葛城の忍海角刺宮で一時的に王権の政務を執ることができたのも、忍海の集団を後背勢力としていたことによると見られる。

『播磨国風土記』は、葛城地域との関係を示唆する所伝が少なくないのが特徴の一つでもある。例えば、神前郡多駝里邑曰野条では、大和国葛上郡に鎮座、奉斎される阿遅須伎高日古尼命神（高鴨阿治須岐託彦根命神社／御所市鴨神）の物語が見えるが、神前郡に東接する賀毛郡には上鴨里・下鴨里・楢原里（加西市から小野市西部）など葛上郡と同じ地名が分布し、上鴨里条にみえる當麻品遅部君前玉は葛下郡當麻郷（葛城市當麻）の人物である。同じく起勢里（河東郡社町）の地名は巨勢（許勢）部の居住に由来すると記すが、許勢部は許勢臣氏の部曲で同氏は孝元天皇記系譜などによれば。葛城氏と同祖で建内宿禰の後裔とある。賀毛郡という郡名からしてそうであるが、播磨国内に葛城に縁りの所伝が少なくないことは、ある時期に葛城との強い結びつきが存在したことを示すものである。

後の縮見屯倉周辺に葛城に縁りのある地名や所伝が多く分布することから、葛城氏系の弘計（袁祁）・億計（意祁）二王のこの地への逃避と、この地に縁りのあった忍海造氏が何の関係もなかったとは考え難い。おそらく、彼らは播磨縮見の王権領の管理者が「志深村首伊等尾（忍海部造細目）」であることを知っていて、彼を頼って難を逃れていたのであり、当初からの計画的な逃避行であったと見られる。また、『播磨国風土記』美嚢郡条に、「美嚢と号くる所以は、昔、大兄伊射報和気命、国を堺ひたまひし時、志深里の許曾の社に到りて……」・「志深と号くるは、伊射報和気命、此の井に御食したまひし時……」と、風土記では珍しく履中天皇に絡めて地名「志深」の起源が語られているのは、彼ら履中天皇系二世王が居住したことに関係するのではないかと推測される。

蘇我馬子が推古天皇に割譲を要求した葛城県とは、このような王家の重い歴史を負った特別に重要な所領であった。蘇我馬子が求めたものは、その土地だけでなく、そこに集住する忍海造氏や三田首氏以下、多数の渡来系金属工人集団、彼らが保有する技術や文化、歴史をも包含する、葛城県全てであった。母系では蘇我氏より出た推古天皇といえども強くそれを拒否したのは当然のことであり、推古天皇が危惧したようにその割譲は王家の存立にかかわることであった。廏戸皇子が亡くなった直後の推古天皇と蘇我馬子は、微妙な均衡の上にあった。

重要な王家領の領有が王位継承権にも関わる特別な存在であったことは、「倭屯田」に先例がある。仁徳天皇即位前紀は、応神天皇の歿後に太子の菟道稚郎子と大鷦鷯尊（後の仁徳天皇）が互譲し王位が定まらなかった際に、額田大中彦皇子が倭屯田を掌握しようとしたことに関わり、次のように伝える。

> 是の時に、額田大中彦皇子、将に倭屯田及び屯倉を掌らむとして、其の屯田司出雲臣が祖淤宇宿禰に謂りて曰はく、「是の屯田は、本より山守の地なり。是を以て、今吾、将に治らむとす。爾は掌るべからず」といふ。時に淤宇宿禰、太子に啓す。太子、謂りて曰はく、「汝、便ち大鷦鷯尊に啓せ」とのたまふ。是に、淤宇宿禰、大鷦鷯尊に啓して曰さく、「臣が任れる屯田は、大中彦皇子、距げて治らしめず」とまうす。大鷦鷯尊、倭直が祖麻呂に問ひて曰はく、「倭の屯田は、元より山守の地と謂ふは、是如何に」とのたまふ。対へて言さく、「臣は知らず。唯し臣が弟吾子籠のみ知れり」とまうす。是の時に適りて、吾子籠、韓国に遣されて未だ還ず。…淤宇宿禰が淡路の海人と迎えて帰る…
>
> 爰に淤宇、韓国に往りて、即ち吾子籠を率て来り。因りて倭屯田を問ひたまふ。対へて言さく、「伝に聞る、纏向玉城宮御宇天皇の世に、太子大足彦尊に科せて、倭屯田を定めしむ。是の時に、勅旨は、『凡そ倭屯田は、毎に御宇す帝皇の屯田なり。其れ帝皇の子と雖も、御宇すに非ずは、掌ること得じ』とのたまひき。是を山守の地と謂ふは、非ず」とまうす。時に大鷦鷯尊、吾子籠を額田大中彦皇子のみもとに遣して、状を知らしむ。大中彦皇子、更に如何にといふこと無し。乃ち其の悪きを知しめせれども、赦して罪せず。

倭屯田は垂仁天皇の世に太子大足彦尊（後の景行天皇）に命じて設置したものであり、「毎に御宇す帝皇の屯田なり。其れ帝皇の子と雖も、御宇すに非ずは、掌ること得じ」ものであったという。所伝の事実関係を確かめ難い時代のことであるが、岸俊男氏[64]は、倭屯田の後身が興福寺大乗院領出雲庄（桜井市江包・大西・大泉の辺）にあたること、出雲庄のすぐ西には「代」制下に成立したと目される「千代」（田原本町千代）の地名が分布すること、松江市の岡田山一号墳（六世紀後半）出土の円頭太刀に「各田マ臣（額田部臣）……」の銀象嵌銘があること、天平五年（七三三）成立の『出雲国風土記』には大原郡少領「額田部臣」をはじめ首姓や無姓の額田部が見えること、等々から一定の事実を踏まえていると説く。

おそらく、王家・王権に関わる重い歴史的背景を有する葛城県も、倭屯田に準じた王家の存立に関わる特別な所領であって、大臣蘇我馬子が割譲を要求しても推古天皇が認めなかったのは、当然であった。『延喜神祇式』祈年祭祝詞に見える倭六御県「高市・葛木・十市・志貴・山辺・曾布」のうち、葛木県以外は県名が郡（評）名に継承されるが、葛木県でもって南北に分割された葛城地域には葛木上・葛木下郡（評）が設定されたため、葛木県の領域を継承して成立した評の名は、その地の歴史を踏まえて県名とは異なる「忍海」になったものと考えられる。

葛城地域を南北に二分するように狭隘な領域で設置された葛城県の存在からは、葛城氏の本拠を恒久的に分割するという、王権の強い意志を読み取ることもできる。葛城県を継承して設定された忍海評が飽波評のように他の郡に併合されず、忍海郡として明治三十年まで存続したことは、そうした歴史的背景の根強さを思わせて余りある。

註

（1）平林章仁『蘇我氏の実像と葛城氏』白水社、一九九六年。

（2）塚口義信「葛城県と蘇我氏　上・下」『続日本紀研究』二三一・二三二、一九八四年。塚口義信『ヤマト王権の謎をとく』学生社、一九九三年。

（3）吉村武彦『蘇我氏の古代』五八頁、岩波書店、二〇一五年。

（4）大和地名研究所編『大和地名大辞典』大和地名研究所、一九五二年。橿原考古学研究所『大和国条里復原図』吉川弘文館、一九八一年。

(5) 木簡学会編『木簡研究』二七、二〇〇五年。

(6) 鎌田元一『律令公民制の研究』塙書房、二〇〇一年、初出は一九七七年。大津透「大化改新と東国国司」『新版古代の日本』八、角川書店、一九九二年。森公章「評の成立と評造」『古代郡司制度の研究』吉川弘文館、二〇〇〇年。

(7) 山中敏史「評制の成立過程と領域区分」『考古学の学際的研究』昭和堂、二〇〇一年。

(8) 橿原考古学研究所編、吉川弘文館、一九八一年。

(9) 奈良県新庄町、一九八四年。

(10) 斉藤美澄『大和志料』奈良県、一九一四年。傍線部は現在葛城市、他は御所市に属する。

(11) 米田雄介「評の成立と構造」『郡司の研究』法政大学出版局、一九七六年。

(12) 狩野久「額田部連と飽波評」『日本古代の国家と都城』東京大学出版会、一九九〇年、初出は一九八四年。

(13) 仁藤敦史「上宮王家と斑鳩」『古代王権と都城』吉川弘文館、一九九八年、初出は一九九一年。

(14) 並河誠所、一七三六年。

(15)『斑鳩町史』「古代」(池田源太)、一九七九年。

(16) 平田政彦「上宮遺跡」『奈良県内市町村埋蔵文化財発掘調査報告会資料』、一九九二年。

(17) 斑鳩町教育委員会「上宮遺跡(第十一次)の調査」『奈良県内市町村埋蔵文化財発掘調査報告会資料』、一九九九年。

(18) 狩野久、註12。

(20) 日本歴史地名大系28『大阪府の地名』Ⅰ‐三二頁、Ⅱ‐一二一〇頁、平凡社、一九八六年。

(21)『続日本紀』大宝二年六月壬寅条。

(22) 日本歴史地名大系30『奈良県の地名』平凡社、一九八一年。

(23) 応神天皇記、『新撰姓氏録』大和国神別国栖条、『貞観儀式』践祚大嘗祭儀条、『延喜神祇式』践祚大嘗祭条、『延喜宮内式』諸節条など。
(24)『続日本紀』霊亀二年三月癸卯条、同四月甲子条。
(25)『大日本古文書』二、七五頁以下。
(26)岸俊男「画期としての雄略朝」『日本古代文物の研究』塙書房、一九八八年。
(27)平林章仁『謎の古代豪族葛城氏』祥伝社、二〇一三年。
(28)吉井巌『ヤマトタケル』学生社、一九七七年。岡田精司「顕宗・仁賢両天皇の実在をめぐって」『歴史手帳』七八、一九八〇年、など。
(29)大橋信弥「顕宗・仁賢朝の成立をめぐる諸問題」『日本古代王権と氏族』吉川弘文館、一九九六年。
(30)小林敏男「飯豊郎女とヲケ・オケ二王登場の歴史的背景について」『日本古代の国家形成』吉川弘文館、二〇〇七年。
(31)鬼頭清明「六世紀までの日本列島」『岩波講座日本通史』二、岩波書店、一九九三年。
(32)吉村武彦『ヤマト王権』九一頁、岩波書店、二〇一〇年。
(33)小川靖彦「持統系皇統の始祖としての雄略天皇」『日本女子大学紀要』文学部五二、二〇〇三年。
(34)平林章仁、註1。なお、加藤謙吉氏も、和田萃氏のシンポジウム資料集（一九九九～二〇〇一年…筆者未見）を援用して、同じ趣旨のことを述べている。加藤謙吉「尾張氏・尾張国造と尾張地域の豪族」『国造制の研究—史料編・論考編—』八木書店、二〇一三年。
(35)田中卓『住吉大社神代記の研究』田中卓著作集七、国書刊行会、一九八五年。
(36)菅野雅雄「忍海部とその伝承」『古事記系譜の研究』桜楓社、一九七〇年。大橋信弥「「帝紀」からみた息長氏」『日本古代国家の成立と息長氏』吉川弘文館、一九八四年。西條勉「イヒトヨとオケ・ヲケの物語」『古事記と王家の系譜学』笠間書院、二〇〇五年。
(37)折口信夫「女帝考」『折口信夫全集』二十、中央公論社、一九五六年。

(38) 平林章仁『鹿と鳥の文化史』白水社、一九九二年。
(39) 野町和嘉「ファインダーの向こう側ＢＨＵＴＡＮ」『国際協力』五八七、国際協力機構、二〇〇四年。
(40) 『続日本紀』宝亀三年正月乙巳条。
(41) 『類聚三代格』巻十八、弘仁三年十二月八日付太政官符／『続日本紀』天平神護元年正月己亥条。
(42) 『日本三代実録』貞観四年三月廿日条。
(43) 『延喜左馬寮式』では、山鹿・塩原・岡屋・平井手・笠原・高位・宮処・埴原・大野・大室・猪鹿・荻倉・新治・長倉・塩野・望月の一六牧、貢上馬数は八〇疋で、いずれも全国最多である。その中でも望月牧が二〇疋、他一五牧合わせて六〇疋であるから、この一五牧は比較的小規模な牧であったと見られる。
(44) 傳田伊史「信濃の首長―金刺舎人と他田舎人―」加藤謙吉編『日本古代の王権と地方』大和書房、二〇一五年。
(45) 『続日本紀』天平神護元年（七六五）二月甲子条。
(46) 『続群書類従』三下。
(47) 三輪磐根『諏訪大社』学生社、一九七八年。
(48) 朝岡康二「薙鎌」『日本民俗大辞典』吉川弘文館、二〇〇〇年。
(49) 平林章仁『「日の御子」の古代史』塙書房、二〇一五年。
(50) 天智天皇紀七年二月戊寅条／天武天皇紀三年三月丙辰条など、天武天皇十二年九月丁未に連賜姓。
(51) 神功皇后紀五年三月／『肥前国風土記』三根郡漢部郷／『続日本紀』養老六年三月辛亥条。
(52) 『坂上系図』所引の『新撰姓氏録』逸文。
(53) 『続日本紀』養老三年十一月戊寅／神亀元年十月壬寅条。
(54) 「意奴弥首」『元興寺伽藍縁起幷流記資財帳』。
(55) 小林敏男「忍海氏・忍海部とヲケ・オケ二王」『古代王権と県・県主制』吉川弘文館、一九九四年。

(56) 無文銀銭は天智朝頃から見られるというから、地金の銀であろうか。栄原永遠男「貨幣構造とその変遷」『日本古代銭貨研究』清文堂出版、二〇一一年。

(57) 橿原考古学研究所『南郷遺跡群』Ⅰ～Ⅴ、一九九六年～二〇〇三年。橿原考古学研究所附属博物館『葛城氏の実像』二〇〇六年。坂 靖・青柳泰介『葛城の王都 南郷遺跡群』新泉社、二〇一一年。

(58) 吉田一彦「仏教伝来戊午年説の研究」『仏教伝来の研究』吉川弘文館、二〇一二年。

(59) 木簡学会編『木簡研究』二一、一九九九年。

(60) 新庄町『新庄町地光寺発掘調査概報』一九七二年。吉村幾温「地光寺の建立」『日本仏教史の研究』永田文昌堂、一九八六年。

(61) 橿原考古学研究所・新庄町教育委員会『寺口忍海古墳群』一九八八年。花田勝広『古代の鉄生産と渡来人』雄山閣、二〇〇二年。葛城市歴史博物館『古代忍海の渡来人を探る―葛城市寺口忍海古墳群―』、二〇一五年。

(62)『続日本紀』天平宝字二年六月乙丑条、宝亀元年九月壬戌条。

(63) 佐伯有清『新撰姓氏録の研究』考證篇五、七五頁、吉川弘文館、一九八三年。

(64) 岸俊男「「額田部臣」と倭屯田」『日本古代文物の研究』塙書房、一九八八年。

第五章　蘇我氏と馬匹文化 —日向の駒・呉の真刀と廏戸皇子—

はじめに

蘇我氏に関する研究が少なくない中、これまで殆ど触れられなかったのが馬匹文化・馬飼集団との関係と思われる。ここでは、蘇我氏と馬匹文化・馬飼集団との関係について考察するとともに、関連する廏戸皇子非実在説問題にも及んでみたい。

推古天皇紀二十年（六一二）正月丁亥（七日）条によれば、この日の宴で大臣蘇我馬子が天皇に觴を献上し、

やすみしし　我が大君の　隠ります　天の八十蔭　出で立たす　御空を見れば　万代に　斯くしもがも　千代にも　斯くしもがも　畏みて　仕へ奉らむ　拝みて　仕へまつらむ　歌献きまつる

と歌ったのに応えた天皇が、

真蘇我よ　蘇我の子らは　馬ならば　日向の駒　太刀ならば　呉の真刀　諾しかも　蘇我の子らを　大君の使はすらしき

と歌でかえしたという。

正月七日の宴は、南北朝時代・梁の宗懍が湖北・湖南省地域の民間の年中行事を撰録した『荊楚歳時記』にもみえるように、古代中国の正月儀礼に起源するものであって、綵や金箔を人の形に剪った人勝をつくり、屏風に貼り前髪に飾った。[1] 人勝は、災厄を払う人形（ヒトガタ）の起源とみられるが、七種菜羹（ナナクサガユ）を食して新年を祝し

た。ここでは、それが君臣の秩序を確認する政治的な意味を持った儀礼として催されているが、[2]推古朝におけるこうした宮廷儀礼の整備は遣隋使の派遣と関連すると考えられ、[3]後に人日は宮廷の年中行事として定着する。

これまで、右の歌謡に関しては事実関係やその歴史的意味、内容などについて、ほとんど触れられることがなかったが、ここでは推古天皇が権勢を極める蘇我氏に擬えた駿馬「日向の駒（譬武伽能古摩）」の実像解明から進めよう。さらに、古代の馬匹文化の実態と関連する呪的信仰の考察を行ない、蘇我氏と馬匹文化・馬飼集団との関係、さらにはそれに関連する廏戸皇子非実在説問題にも論及する。

第一節　日向の馬匹文化

「日向の駒」について考察するには、最初に古代日向の馬匹文化について述べなければならない。

『延喜式』によると、朝廷が必要とする馬牛を飼育・調教する牧には、左・右馬寮管下の「御牧」と兵部省管下の「諸国馬牛牧」などがあった。前者は甲斐・武蔵・信濃・上野など東国に三二牧があり、後者は東西一八国に三九牧が散在したが、日向国には野波野馬牧・堤野馬牧・都濃野馬牧・野波野牛牧・長野牛牧・三原野牛牧がみえる。「諸国馬牛牧」所在国のなかで日向国は牧の数が肥前国と並んで最も多く、かつ半ばが牛牧であるのも等しい。都濃野馬牧は児湯郡都野郷（都農町）、長野牛牧は児湯郡三納郷（西都市三納）もしくは那珂郡於部郷（高鍋町）、野波野馬牛牧と堤野馬牧は諸県郡（野尻町・小林市）など、諸県郡から児湯郡にかけての地域に比定されている。[4]ただし、野波野牧を諸県地域に比定するのを疑問とする説もあって、[5]なお確定的ではない。

いずれにしても、多くの「諸国馬牛牧」の設置は、火山の広大な裾野の広がる日向国で馬牛の飼養が早くから盛んであって、駿馬「日向の駒」が文学的虚像でなかったことを示している。さらにそれらが児湯郡・諸県郡・那珂郡など日向国南部に集中することから、五世紀代に当該地域で権勢を誇り仁徳天皇に髪長媛を入内させたと伝える諸県君氏[6]が、それら馬牛飼養集団と無縁であったとは考えられない。

本来、倭国に馬・牛はおらず、四世紀後半から五世紀初頭頃に大陸から導入した先進文化の一つであった。馬・牛は繁殖・飼育・調教しなければ有効な利用は困難であり、それには専門的な知識・技術が必要であった。それに関わり、応神天皇紀十五年八月丁卯条には、次のようにある。

百済王、阿直伎を遣して、良馬二匹を貢る。即ち軽の坂上の廏に養はしむ。因りて阿直岐を以て掌り飼はしむ。故、其の馬養ひし処を号けて、廏坂と曰ふ。阿直岐、亦能く経典を読めり。即ち太子菟道稚郎子、師としたまふ。……阿直岐は、阿直岐史の始祖なり。

応神天皇記にも同じく、

亦百済国主照古王、牡馬壹疋、牝馬壹疋を、阿知吉師に付けて貢上りき。此の阿知吉師は、阿直史等の祖。亦横刀及大鏡を貢上りき。

とあるように、それは百済から導入したと伝える。阿直岐（阿直伎）と阿知吉師は同じ人物、阿直岐史と阿直史は同じ氏であり、[7]軽の坂上の廏坂は橿原市大軽町の辺である。阿知吉師の「吉師」は、新羅では官位一七等の第一四「吉士」にも取り入れられる古代朝鮮語に由来する敬称であり、この人物と後裔氏族の名は「アチ」もしくは「アチキ」である。詳しくは後述するが、雄略天皇紀二十三年是歳条に船師を率て馬飼臣とともに高句麗に出兵したとみえる「筑紫安致臣」、同氏との関連が想定される馬匹集団の額田部連氏と同祖という「奄智造」と、氏名が近いのは偶然であろうか。

それはともかく、大陸に近い九州に逸早く馬・牛飼育文化が定着したことは当然であるが、継体天皇紀六年（五一二）四月丙寅条には「筑紫国馬四十匹」を百済に賜うとある。倭国は、かつて馬匹文化を導入した先進国である百済に、六世紀初頭には「筑紫国馬四十匹」を供与できるほどになっていた。この場合の「筑紫国」は後の筑前・筑後国地域ではなく、肥前国や日向国に牧が集中分布することからみて、九州島を指していると考えられる。同じく欽明天皇紀七年（五四六）正月丙午条の百済に供与した「良馬七十匹」、さらに欽明天皇紀十五年正月丙申条の「馬一百匹」も筑紫（九州）産であった可能性が高く、六世紀の九州は馬匹文化の先進地であったとみられる。

ここで門外漢ではあるが考古学の所見も一瞥すると、宮崎県東諸県郡国富町の六野原地下式横穴墓群八号墓北方二〇メートルに位置する五世紀中葉の土壙から馬の顎骨が、えびの市久見迫遺跡の地下式横穴墓に近接する六世紀前半から中葉の土壙からも馬の頭骨が出土し、馬の供犠・殉葬として注目されるが(8)、早くも五世紀代には日向地域で馬の飼育が行なわれていたことが知られる。

さらに、柴田博子氏(9)によると、古墳時代の馬具出土墳墓は南九州では宮崎県に中心があり、宮崎県における馬具出土の古代墳墓は七一例（二〇〇四年度まで）を数える。その内の一八例が西都市と児湯郡地域、二五例が都城市・えびの市・諸県郡地域に集中するが、後者はすべて地下式横穴墓であり、この墓制と馬匹文化の強い結びつきが窺われる。一方、高塚古墳から出土の一五例は児湯郡に多い。東諸県郡国富町六野原一〇号地下式横穴墓出土のX字形環状鏡板付轡は宮崎県内最古の馬具と目されるが、前期加耶地域に特有の形式である。宮崎市下北方五号地下式横穴墓出土の鐙は大加耶・百済系の様式で、右の二例は五世紀代のものという。これらは、加耶・百済との早期の交流、渡来系集団や先進文物を受容することが可能であった南九州地域の特色を示すものである。さらに、馬を埋葬した遺構が、宮崎市山崎町の山崎下ノ原第一遺跡（砂丘列上に六世紀末から七世紀前半の馬埋葬土壙六基）、山崎上ノ原第二遺跡（五世紀後半から七世紀中葉の遺跡で六世紀後半を盛期とするが、竪穴住居五八、土壙墓四基、鉄滓、鞴羽口、鍛造剥片など鉄器生産遺物、竪穴住居埋土中から馬歯出土七カ所）、児湯郡新富町の祇園原古墳群（前方後円墳一四基、円墳一七八基、円墳の周濠およびその付近で一〇基の馬埋葬遺構）などからも出土しており、五世紀代以降の日向地域に馬匹文化の確かな定着を明示している。

これらの成果を参酌すれば、諸県君氏の拠地を中心とする日向南部地域や隼人らの間に馬匹文化が早く定着していたことは間違いなかろう。ちなみに、奈良時代以前の日向は非常に広大で、大宝二年（七〇二）に唱更国（和銅二年六月癸丑以前に薩摩国と変更）、和銅六年（七一三）に大隅国が分立する（『続日本紀』和銅六年四月乙未条）以前は、薩摩・大隅地域もその領域であった。『日本三代実録』貞観二年（八六〇）十月八日甲申条には、「大隅国吉多・野神二牧を廃す。馬多た蕃息して百姓の作業を害するに縁る」とあり、九世紀中葉に大隅国吉多・野神（鹿児島県吉田町・姶良町）牧では、近隣の農民と利害が対立して牧を廃止しなければならないほど、多くの馬が飼育されていた。

第二節　日向の駒と平群氏

海人的文化要素の濃厚な日向南部地域や隼人の間に、どのように馬匹文化が定着したかは未だ明瞭でないが、『肥前国風土記』松浦郡値嘉郷条は、次のような値嘉嶋（長崎県五島列島）の白水郎（海人）の特色を記している。

　彼の白水郎は、馬・牛に富めり。……此の嶋の白水郎は、容貌、隼人に似て、恒に騎射を好み、其の言語は俗人に異なり。

右の所伝から、隼人が騎馬・騎射に巧みな集団として知られていたことが分かるが、我が国古代の馬匹集団が海人（海洋民）の文化をも保有する集団であったことにも留意される。また『延喜隼人司式』によれば、遠方への行幸に供奉する際は、官人・史生各二人のほか、畿内隼人の長である大衣二人と本国から上がってくる番上隼人四人も騎乗する規定であった。このことも隼人と馬の結びつきを示している。

日向南部地域・隼人と馬匹文化の関係を考察するうえで注目されるのが、藤原京左京七条一坊（推定衛門府跡）から出土した、大宝元年・二年を中心とする一括性の強い木簡群中の次の木簡（下端切断）である。[10] なお、大同三年（八〇八）正月まで隼人司は衛門府の被管であった。[11]

（表）「日向久湯評人□〔平カ〕

漆部佐俾支治奉牛卅
又別平群部美支〔治カ〕□
（裏）「故是以皆者亡賜而　偲

右の「久湯評」は大宝令以前の表記で、以降は日向国児湯郡となり、国府や国分寺がおかれる日向国の中心である。『倭名類聚抄』には児湯郡に平群郷がみえ、現在の宮崎県西都市平郡にあてられる。木簡の「平群部美支」はこの地に縁りの人物で、漆部佐俾支により貢進された三十頭の牛も児湯郡からのものである。[12] 先に触れた兵部省管下の「諸国馬牛牧」として、日向国には野波野馬牧・堤野馬牧・都濃野馬牧・野波野牛牧・長野牛牧・三原野牛牧がみえるが、その半ばが牛牧であることにも対応する。

「平群部」は大和国平群郡を本貫とした平群臣氏の部曲であるが、そもそも平群臣氏は馬匹文化と結びつきが強い。[13] まず、武烈天皇即位前紀の伝える、海柘榴市（奈良県桜井市金屋の南部辺り）の巷で催された歌垣において平群臣鮪と太子の武烈が物部麁鹿火大連の女影媛を争う物語のなかで、武烈が使者を遣わして平群臣鮪の父平群真鳥大臣に「官馬」を求めたけれども久しく進上しなかったとあり、平群臣氏が官馬の管理に従事していたことが知られる。敏達天皇紀十四年（五八五）三月丙戌条は、物部守屋大連と蘇我馬子宿禰による仏教崇廃抗争記事として知られているが、廃仏の詔を得た守屋大連の命を受けた有司は、善信ら三名の尼僧を禁錮して「海石榴市亭」で鞭打ちに処したとあり、海柘榴市には王権の亭（馬屋館・廐）があった。

天平十九年（七四七）という成立年紀をはじめ内容にも強い疑義が唱えられているが、[14]『元興寺伽藍縁起幷流記資財帳』（『寧楽遺文』中）に「都波岐市長屋」とあるのは「都波岐市馬屋」の誤記と見られるが、[15] 右の海柘榴市に置かれた王権の廏のことであろう。推古天皇紀十六年（六〇八）八月癸卯条に、額田部連比羅夫が飾馬七十五匹をもって隋使裴世清の一行を海石榴市の術に出迎えたとあるのも、ここが水陸交通の要衝であるとともに王権の廏が置かれていたことも関わる。平群臣氏は、ここ海柘榴市の廏と馬の管理に従事していたのである。なお、用明天皇紀元年五月条によれば、海柘榴市には敏達天皇の大后であった推古（額田部皇女）の後宮（別業、海石榴市宮）もあって、額田部や馬匹文化との結び付きが強い。

次に、孝元天皇記の建内宿禰後裔系譜記事には、平群都久（木菟）宿禰の後裔として平群臣・佐和良臣・馬御織連がみえるが、その馬御織連氏は『新撰姓氏録』大和皇別条に「馬工連。平群朝臣と同じき祖。平群木兎宿禰の後なり」とある馬工連と同じ氏とみられる。(16)

このように、平群臣氏は馬匹集団を内包する氏族であったとみられるが、平群臣氏系馬匹集団については、平群臣氏と同じ建内宿禰（武内宿禰）後裔氏族とされる紀臣氏の奈良時代末頃に撰述されたと目される氏族志、「紀氏家牒」逸文(17)が参考になる。左にその関連する所伝を挙げる。(18)

・家牒に曰はく、家は大倭国平群県平群里なり。故に称して平群木兎宿祢と曰ふ。是れ平群朝臣・馬工連等の祖なり。

・又云はく、額田早良宿祢の男、額田駒宿祢、平群県の馬牧に在る駿駒を択び養ひて、天皇に献る。勅して姓馬工連を賜ひ、飼を掌らしむ。故に其の養駒の処を号づけて生駒と曰ふ。（又云はく、額田駒宿祢の男、□馬工御織連。）

・紀氏家牒に曰はく、平群真鳥大臣の弟、額田早良宿祢の家は平群県額田里なり、父氏を尋ずして・（母氏二字脱カ）姓額田首を負ふ。

右は要するに、「平群朝臣と馬工連は平群木兎宿祢を祖とする同族だが、平群県（アガタではなく、コホリ〈郡〉のことであろう）には馬牧があって額田早良宿祢の子の額田駒宿祢が駿駒を飼養して天皇に献上したので、馬工連氏を賜姓された。馬工連氏に馬飼の事を管掌させたので、その地を生駒というようになった」ということである。また、「平群真鳥大臣の弟である額田早良宿祢は平群県額田里（平群郡額田郷／奈良県大和郡山市額田部町）に住んだので、母姓を負い額田首を称した」という。

これに対応する所伝が、『新撰姓氏録』河内国皇別条に「額田首。早良臣と同じき祖。平群木兎宿禰の後なり。父の氏を尋がずして、母の氏の額田首を負へり」と見える。平群臣氏系馬匹集団の額田首氏が、大和国平群郡額田郷と河内国河内郡額田郷（大阪府東大阪市額田町）の両所に本拠を有したと伝えていることにも留意される。

さらに、仁賢天皇紀六年是歳条は「日鷹吉士、高麗より還りて、工匠須流枳・奴流枳等を献る。今大倭国山辺郡額田邑熟皮高麗は、是其の後なり」と、皮革技術者の渡来を伝えるが、『日本書紀通證』巻二十（谷川士清、寛延元年／一七四八年）には「山辺郡嘉幡村西十町許有皮工邑隣平群郡額田部村」（原文は小字割書）とある。河田（嘉幡）の原義は皮工（皮手部）であり、[19] 彼らは額田部連氏から供給される馬皮の加工を目的として招聘されて渡来し、[20]『令集解』大蔵省条古記、令釈にいう狛戸はその裔とみられる。[21]

いずれにしても、「額田」は馬匹文化と関係深い名辞であり、大和国平群郡額田郷と河内国河内郡額田郷には馬匹集団が集住していたが、前者の集団は允恭天皇紀四十二年十一月条や皇極天皇紀二年十一月丙子朔条分註、および天武天皇紀八年十一月己亥条・同十二年九月丁未条などに見える倭馬飼、後者のそれは周知の河内馬飼に編成されたと見られる。

第三節　額田馬の謂れ

皇極天皇紀二年（六四三）十月戊午〜十一月丙子朔条は、平群郡額田郷の西、平群郡夜麻郷（生駒郡斑鳩町）の、斑鳩宮に依拠した山背大兄王ら上宮王家が、権勢を誇る蘇我入鹿の派遣した巨勢徳太臣・土師娑婆連の軍に襲われ、滅亡したことを伝えた記事として周知のものである。

十月戊午に、蘇我臣入鹿、独り謀りて、上宮の王等を廃てて、古人大兄を立てて天皇とせむとす。時に、童謡有

りて曰はく、

岩の上に　小猿米焼く　米だにも　食げて通らせ　山羊の老翁

蘇我臣入鹿、深く上宮の王等の威名ありて、天下に振すことを忌みて、独り僭ひ立たむことを謀る。……

十一月丙子朔に、蘇我臣入鹿、小徳巨勢徳太臣・大仁土師娑婆連を遣りて、山背大兄王等を斑鳩に掩はしむ。或本に云はく、巨勢徳太臣・倭馬飼首を以て将軍とすといふ。是に、奴三成、数十の舎人と、出でて拒き戦ふ。土師娑婆連、箭に中りて死ぬ。軍の衆恐り退く。軍の中の人、相謂りて曰はく、「一人当千といふは、三成を謂ふか」といふ。山背大兄、仍りて馬の骨を取りて、内寝に投げ置く。遂に其の妃、幷に子弟等を率て、間を得て逃げ出でて、胆駒山に隠れたまふ。巨勢徳太臣等、斑鳩宮を焼く。灰の中に骨を見でて、誤りて王死せましたりと謂ひて、囲を解きて退き去る。是に由りて、山背大兄王等、四五日の間、山に淹留りたまひて、得喫飯らず。三輪文屋君、進みて勧めまつりて曰さく、「請ふ、深草屯倉に移向きて、茲より馬に乗りて、東国に詣りて、乳部を以て本として、師を興して還りて戦はむ。其の勝たむこと必じ」といふ。

すなわち、蘇我入鹿の派遣軍に襲われた斑鳩宮の山背大兄王らは、馬骨を内寝に投げ入れて擬装し、一時胆駒山（生駒山）に逃れた、という。類例のない内容で事実関係も確かめ難いことから、虚構の説話とみるのが一般的である。しかしながら、斑鳩地域と東・西で隣接する平群郷と額田郷が馬匹集団の拠地であったことを考えれば、擬装のことが一概に虚構であるとは言えない。山背大兄王が実際に馬骨を投棄したか否かは別にしても、斑鳩地域では馬骨を日常容易に入手できる状況であったことに基づいた所伝と捉えなければならない。意図的に虚構の物語を創作するならば、より疑いが挟まれない内容にしたであろう。馬匹文化との関連は、上宮王家の旧拠である磐余の上宮に近い海柘榴市に置かれた王権の廏とともに、山背大兄王の父の廏戸皇子の名を理解する上でも示唆的である。廏戸皇子については近年様々に疑義が唱えられているが、それについては後に触れよう。なお、斑鳩宮襲撃に派遣された将軍は、「或本云」では、巨勢徳太臣と倭馬飼首とあることも注目される。倭馬飼首は、平群郡の馬匹集団を動員することが可能な立場にあったので、将軍に任じられたとも考えられる。

額田部連氏と馬のことは、先にも触れた推古天皇紀十六年八月癸卯条の、額田部連比羅夫が飾馬七十五匹を率いて海石榴市の術に隋使裴世清の一行を出迎えたとあるのがよく知られている。また、同じく推古天皇紀十九年五月五日条には粟田臣細目を前部領、額田部連比羅夫と後部領として菟田野（奈良県宇陀市）で、滋養強壮の薬効で知られた鹿の若角（鹿茸）を獲る薬猟を行なったとある。『万葉集』巻十六の三八八五番「乞食者詠」からも、平群臣氏の本貫である平群郡平群山で薬猟の行なわれていたことが知られる。それらの鹿猟は、もちろん騎馬、騎射によるものであり、馬匹集団の特徴であった。

さらに、額田部連氏と馬匹文化の密な関係を明瞭に示しているのが、先にも引いたが『新撰姓氏録』左京神別下の所伝である。

額田部湯坐連

天津彦根命の子、明立天御影命の後なり。允恭天皇の御世に、薩摩国に遣されて、隼人を平けて、復奏しし日に、御馬一疋を献りけるに、額に町形の廻毛の有り。天皇嘉ばせたまひて、姓を額田部と賜ふなり。

五世紀中葉の允恭朝に薩摩「国」や額田「部」が存在したわけではなく、祖先の功績譚として後の名を遡及させたものであるが、「額田部湯坐連氏の祖が、薩摩に派遣され隼人を平定した際に入手した馬を允恭天皇に献上した。天皇は、馬の額に町形の廻毛があったことを喜び褒めて、額田（部）を賜姓した」という。

重要なのは、薩摩隼人から額に町形の廻毛のある駿駒を入手したということであるが、同じく大和国神別にも次のようにある。

額田部河田連

同じき神の三世孫、意富伊我都命の後なり。允恭天皇の御世に、額田馬を献りけるに、天皇、勅したまはく、此の馬、額は田町如せりと。仍りて姓を額田連と賜ひき。

五世紀中葉の允恭天皇に、額に「田町如」すという特徴のある「額田馬」を進上したので額田連を賜姓された、と伝える。允恭天皇紀四十二年十一月条に、天皇が死去したので派遣されてきた新羅弔問使の帰国に「倭飼部」が従っていたとあるが、右の額田馬貢進伝承と対応させて考えることも出来よう。

額田部連氏らは本来、王権によって倭馬飼として編成されていたとみられるが、天武天皇紀八年十一月己亥条に倭馬飼部造連が大使として南九州の多禰嶋（種子島）に派遣された（十年八月に帰還）とあるのも、倭馬飼と南九州の伝統的な関係の延長上のことと見られる。

さて問題は、額の「町形の廻毛」と、額が「田町如」していることの意味の解明であるが、両者が同じことを意味していることは間違いない。そうした馬の額の特徴が、「額田馬」・「額田（部）」の名の由来ということであり、その額田馬は隼人から入手した馬であったという。「額田馬」・「額田（部）」の名号の由来と隼人の馬が強く連関する事柄として、額田部連（湯坐連・河田連）氏により象徴的に伝承されてきたのである。[22]

ここでの課題は、允恭天皇に献上されたという、額に町形（田町）の廻毛（旋毛）がある特徴的な、隼人の馬の実際の姿と、その町形・廻毛の意味の解明である。額に町形・廻毛のあることが、天皇に献上されるに相応しい名馬とされる理由というのであるから、そのことにこそ重い意味があったと見なくてはならない。それは本来、隼人の馬であったが、これらのことは「日向の駒」の実像を解明する際にも重要な鍵になる。それには、額田・町形（田町）の具体像を明らかにする必要があるが、やや特別な手続きが必要なため、後に節を改めて述べることにする。

ちなみに、馬の飼育、献上は、「本来的には朝鮮半島や日向との交渉を有した平群氏に担われていたが、六世紀頃に平群真鳥大臣と鮪が滅亡したことで平群地域からの貢馬が額田部連氏に独占されるようにな」る、[23]あるいは「関連伝承が額田部連氏に拡大して「額田馬」の物語が形成されたとみるむきもある。[24]ただし、平群臣氏の本貫である大和国平群郡に額田部連氏の本貫額田郷があるだけでなく、日向国児湯郡平群郷や筑前国早良郡にも平群郷・額田郷・早良郷が分布することなどを思えば、早くから平群臣氏や同族の早良（佐和良）臣氏・額田部連氏らが連携して行動していた可能性が大きく、必ずしも右のように解さなくてもよい。

いずれにしても、馬匹集団でもある平群臣氏や額田部連氏らの畿内系氏族が、日向諸県君氏や隼人系集団の馬匹文化と緊密な関係にあったことは間違いない。やや後の史料であるが、天武天皇紀朱鳥元年（六八六）九月丙寅条に、「次に大隅・阿多隼人、及び倭・河内馬飼部造、各誄る」とあって、九日に亡くなった天武天皇の殯宮で大隅・阿多隼人と倭・河内馬飼部造が揃って誄しているのも偶然のこととは思われない。

第四節　河内日下の馬

ところで、日向を発して東遷して来た神武天皇が、大和へ入ろうとした際の日下での戦について、神武天皇即位前紀戊午年四月甲辰条は次のように伝えている。

皇師兵を勒へて、歩より龍田に趣く。而して其の路狭く嶮しくして、人並み行くこと得ず。乃ち還りて更に東胆駒山を踰えて、中洲に入らむと欲す。時に長髄彦……則ち尽に属へる兵を起して、徼りて、孔舎衛坂にして、与に会ひ戦ふ。流矢有りて、五瀬命の肱脛に中れり。皇師進み戦ふこと能はず。天皇憂へたまひて、乃ち神策を冲衿に運めたまひて曰はく、「今我は是日神の子孫にして、日に向ひて虜を征つは、此天道に逆れり。……神祇を礼び祭ひて、背に日神の威を負ひたてまつりて、影の隨に圧ひ躡みなむには。……」とのたまふ。……乃ち軍を引きて還りたまふ。虜亦敢へて逼めまつらず。却りて草香津に至りて、盾を植てて雄誥したまふ。……因りて改めて其の津を号けて盾津と曰ふ。今蓼津と云へるは訛れるなり。初め孔舎衛の戦に、人有りて大きなる樹に隠れて、難に免るること得たり。仍りて其の樹を指して曰はく、「恩、母の如し」といふ。時人、因りて其の地を号けて、母木邑と曰ふ。……

後との関係から少し長く引用したが、もちろん史実と見ることはできない。後には馬匹文化の濃厚な日向を出発した神武東遷伝承に馬が登場しないことは、物語の時代背景を示唆しているとも考えられる。ここでの問題は、右に見える「胆駒山」（生駒山）・「孔舎衛坂」（日下江坂）・「草香津」（日下津）・「母木邑」に関する地理的記述であるが、それはほぼ正確と見てよい。母木邑は日下（東大阪市日下町）の南約二キロに位置する河内国河内郡豊浦郷（東大阪市豊浦町）内にあてられる。[25] ここは、継体天皇紀二十四年（五三〇）九月条に、任那復興に派遣された近江毛野臣の従者と記される河内母樹馬飼首御狩（同二十三年四月条には河内馬飼首御狩）の拠地でもある。また、日下と豊浦郷の間に位置するのが河内郡額田郷（東大阪市額田町）であるが、ここは先に触れた平群臣氏の同族という馬匹集団である額田首氏の河内における本貫でもあり、ここ河内郡から北の讃良郡一帯は河内馬飼の拠地として周知のところである。[26]

河内馬飼の初見は履中天皇紀五年九月壬寅条の「河内飼部」であるが、確かなそれは継体天皇紀元年（五〇七）正月甲子条の、即位前から継体と親交があったという河内馬飼首荒籠である。このことは、すでに五世紀代には、この地域に馬匹集団の定着があったことを示している。とくに、讃良郡（大阪府四條畷市・大東市・寝屋川市南東部）は河内馬飼の本拠として知られ、天武天皇紀十二年（六八三）十月条の娑羅羅馬飼造氏・菟野馬飼造氏、『日本霊異記』[27] 中巻四十一縁の更荒郡馬甘里、「讃良郡山家郷人宗我部飯麻呂馬七匹得四百六十」と墨書された天平十八年の木簡など、関連史料は枚挙に暇がない。

なかでも、日下の北約四～五キロに位置し、近年とみに古墳時代の馬骨歯の集中出土域として知られる四條畷市域の状況の一端を、参考までに摘記しよう。

まず、蔀屋北遺跡からは、古墳時代中期の埋葬された馬の全骨格（後述の日下馬とほぼ同じ体高約一二四センチ）、鉄製轡・梃の一木造りの鐙二点・黒漆塗り木製輪鞍などの馬具、馬飼に必需品である塩を供給した七六キロの製塩土器（約千五百個）、準構造船の船底を枠に転用した井戸六基、陶質土器や韓式系土器などが検出されている。同じく中野遺跡からも、古墳時代中期の井戸内の中位堆積層から板材の上に載せた馬頭骨が出土、頭骨の上には石と土器を置いていた。他の場所からは焼けた木と馬の下顎骨、製塩土器のほか陶質土器や韓式系土器も出土した。また奈良井遺跡からは、古墳時代中期の一辺四十メートルの方形台状をとりまく溝から七頭分の馬の頭骨が出土したが、馬の犠牲祭祀遺構とみられている。一体は板に載せられた状態で全骨格が検出されたが、体高はこれも約一二〇センチである。馬を飼育する道具である鞭と刷毛、三六個の滑石製臼玉入り須恵器大甕、陶質土器、韓式系土器や二メートル×一メートルの石組製塩炉遺構も検出された。さらに古墳時代中期の鎌田遺跡でも、一辺一四メートルの方形の台状区画をめぐる幅約四メートル、深さ約一メートルの溝から馬の下顎骨、歯、製塩土器、初期須恵器、祭祀具と目される楽器のスリザサラ、祭祀用具を載せて飾る台、木鏃、鳥形木製品、各種の滑石製玉類、ガラス玉などが出土し、馬を犠牲にした祭祀遺構とみられている。(28)

古墳時代中期、五世紀には生駒山を挟む東西山麓に馬匹集団が集住していたわけで、当初から彼らは王権や支配層に供給する馬匹集団として、各々河内馬飼・倭馬飼に組織されていたのである。(29)

雄略天皇記において、天皇が河内日下の若日下王を妻問うた際に詠んだという歌で、「日下辺の　此方の山と　畳薦　平群の山の　此方此方の　……」と、日下と平群が山を挟む一体的な地と捉えられているのも参考になる。もちろん、平群臣氏系額田首氏が河内と平群の二つの額田に拠地を有したという所伝からも知られるように、河内馬飼と倭馬飼が相互に交流のあったことは当然想定されるところである。

安閑天皇紀二年九月丙辰条に「牛を難波の大隅嶋と媛嶋松原とに放て。冀くは名を後に垂れむ」と勅したとあるのも参考になる。名を伝えるためということだから、これは名代に類した王家直属の牛牧であったとみられ、大隅嶋は応神天皇の大隈宮と同所で大阪市東淀川区大隅・大道町辺に、[30]媛嶋は中津川と神崎川に挟まれた旧稗島村（大阪市西淀川区姫島付近）にあてられてきた。しかし、媛嶋を上町台地の東側、河内湖（日下江）の北岸で河内国茨田郡内（現守口市から門真市）にあてる説もある。[31]

ともかく、安閑朝に設置された難波の大隅嶋と媛嶋松原に置かれた王権直属の牛牧は、『続日本紀』霊亀二年（七一六）二月己酉条に「大隅・媛嶋の牧を罷め佰姓の佃食することを聴す」とある、八世紀初頭まで存続した。また、やや後の史料だが『類聚三代格』巻一九「禁制事」の昌泰元年（八九八）十一月十一日付の太政官符「応禁制河内摂津両国諸牧々子等妨往還船事」には、公私の牧野が河内国交野郡・茨田郡・讃良郡・渋河郡・若江郡、摂津国嶋上郡・嶋下郡・西成郡の河畔の地にあると見え、淀川河岸、河内湖岸一帯の低湿な未開墾地が、後々まで広く牧として利用されていたことが知られる。

河内馬飼に関わり見逃せないのが、東大阪市日下遺跡からも古墳時代中期のほぼ完全な馬骨が出土していることである。[32]日下遺跡は縄文時代後・晩期の貝塚として知られるが、古墳時代の遺構・遺物も出土する複合遺跡である。一九二六年以来、数次にわたる発掘調査が行なわれてきたものの、後世の攪乱が進み貝塚は原堆積層を確認できない状況であったという。古墳時代の遺物は五世紀後半を降るものはなく、一九六六年の発掘調査では楕円形の土壙に埋葬された状態のほぼ完全な馬骨が出土した。馬墓とみられるが、年齢は一二歳前後、体高一二五センチ～一三〇センチの蒙古馬系中型馬で、五世紀後半のものとみられている。馬の飼育に必要な塩を供給した製塩土器も多く出土しているが、一九三九年の発掘でも小型馬の骨が二点出土しているという。[33]

すなわち、五世紀中葉から後葉にかけて河内の日下でも馬が飼われ、死亡した馬を埋葬する習俗があったわけで、馬匹集団が居住していたことを物語る。河内日下は、日向諸県君氏を核とする日向・隼人系集団の一大移住地であり、諸県君氏から出た髪長媛と仁徳天皇の間に生まれた大日下王・若日下王の居住に象徴される、日向系女性らの儲けた王族「日下宮王家」の拠地でもあったことは別に説いたところである。[34]「日下の馬」とこの地に拠っていた日向諸県君氏や「日下宮王家」の結びつきは詳らかでないが、諸県君氏の本貫である日向南部地域や彼の配下にあった隼人らの間に馬匹文化が濃密であったことを思えば、「日下の馬」と「日向の駒」が無縁のものであったとは考えられない。というよりも、額田馬の貢上伝承などを参酌すれば、両者の間に密な関係があったとみるのが順当であろう。ちなみに、佐伯有清氏は猪養について考察する中で、馬を飼養していた肥人（クマヒト）あるいは隼人が河内に移配されて馬飼部に編成された可能性を指摘しているが、[35]有り得ることと言えよう。

第五節　隼人の馬と楯

河内日下との結びつきが窺われる日向諸県君氏や隼人における馬匹文化、とくに馬額の町形・旋毛を考察する上で注目されるのが「隼人の楯」である。これに関わり、先に引いた神武天皇即位前紀に、

却りて草香津に至りて、盾を植てて雄誥したまふ。……因りて改めて其の津を號けて盾津と曰ふ。今蓼津と云へるは訛れるなり。

とある。神武天皇紀でも、

故、其国より上り行でましし時、浪速の渡を経て、青雲の白肩津に泊てたまひき。此の時、登美能那賀須泥毘古……、軍を興して待ち向へて戦ひき。爾に御船に入たる楯を取りて下り立ちたまひき。故、其地を号けて楯津と謂ひき。今者に日下の蓼津と云ふ。

とあって、日下と楯の不可分な関係を伝えていることに留意される。一見、荒唐無稽な地名起源譚のように見えるけれども、ここが日向諸県君氏や隼人および所縁王族「日下宮王家」の拠地であったことを思えば、河内の日下と楯の深い所縁を伝えていると解することも出来る。そこに著名な隼人の楯が想起されていたとしても、不思議はない。特

徴的な隼人の楯のことが神武東遷伝承に取り込まれて、右の地名起源譚になったのではないかとも考えられる。

ちなみに、日向隼人については、『続日本紀』和銅三年（七一〇）正月庚辰条に「日向隼人曾君細麻呂、荒俗を教喩して、聖化に馴服せしむ。詔して外従五位下を授けたまふ」とあり、おそらく大隅隼人馴化のことであろうが、日向隼人曾君細麻呂が僻遠の荒俗教化に尽くしたとして外従五位下に叙されている。『続日本紀』和銅六年四月乙未条に「日向国肝坏・贈於・大隅・姶郊四郡を割きて、始めて大隅国を置く」とある大隅国分置以前は、曾君の本拠である曾於（贈於）郡はもちろん日向国に属していたが、『類聚国史』巻百九十にも延暦十二年（七九三）二月己未に「大隅国曾於郡大領外正六位上曾乃君牛養に外従五位下を授く。隼人を率て入朝するを以てなり」とあるように、曾乃君（曾君）氏は熊襲の「襲」、曾於郡の郡領氏族であり、日向（大隅）隼人の有力首長の一人であった。

さて、『延喜隼人司式』によれば、「元日即位及蕃客入朝等儀」において隼人は大内裏八省院南面正門である「応天門外之左右」に分陣し、「執楯槍並坐胡床」という規定であった。その際に用いるものは「威儀所須横刀一百九十《ママ》口。楯一百八十枚。木槍一百八十竿。胡床一百八十脚。[36]」、楯の形状は「枚別長五尺。広一尺八寸。厚一寸。頭編著馬髪。以赤白土墨画鈎形。」と定められていた。

一九六三年から翌年にかけて、平城宮西南隅部で実施された平城宮第十四次発掘調査で、井戸ＳＥ一二三〇の枠板に転用された彩色の楯一六枚が出土した。[37]法量や表面の紋様が正しく『延喜隼人司式』の記載に適うことから、出土したそれが隼人の威儀用楯と判明した。その楯は、

> 楯の表面には墨線で渦文と鋸歯文を描き、全面を白土・墨・赤の彩色で埋める。渦文は楯面の大部分を占めて大きく描かれている。上半の渦文を下半の渦文が中央で連続して逆Ｓ字形となるが、これに二本の線を加えて黒・赤でぬりわけて複合渦文をつくり、さらに余白部分を白土で塗彩することによって三重の渦文を構成する。鋸歯文は上端と下端にあって、連続する五個の鋸歯文を内方にずらせて二段に施文し、外方の鋸歯文を黒に、内方の

鋸歯文を赤色に塗彩している。

という、非常に鮮やかで大胆な紋様の描かれたものであった。

元日・即位・蕃客入朝などの儀において応天門の左右に分陣し楯と槍を執るのは、隼人の軍事的役割を示すものではなくて服属儀礼と見る説もあるが、(38)特徴的なその紋様に楯の機能を象徴する呪術的な意味が込められていたことは間違いなかろう。加えて注目されるのが、楯の頂部に施された一二一〜一二七の小孔である。この小孔は『延喜隼人司式』にある「頭編著馬髪」、すなわち馬髪を編んで結い付けるためのものであり、このことも隼人と馬の結びつきを示している。(39)

ちなみに、南九州では弥生時代後期の絵画土器が多く出土しているが、大隅半島南側の鹿児島県鹿屋市（旧吾平町）名主原遺跡から左手に大きな方形の楯、右に桙のような長い棒状のものを持つ人物を描いた、弥生時代終末から古墳時代初頭の絵画土器が出土していて、(40)『延喜隼人司式』に「執楯槍」とある、楯と槍を執り持った隼人の姿を彷彿させる。

第六節　隼人と肥人と額髪飾り

ところで、日向には隼人と親密な関係にあったと目される肥人がいたが、隼人馬について考察する際にその関連所伝も参考になる。肥人の史料は僅少であるが、『播磨国風土記』賀毛郡山田里条には次のようにある。

猪養野

右、猪飼と号くるは、難波の高津の宮に御宇しめしし天皇のみ世、日向の肥人、朝戸君、天照大神の坐せる舟の於に、猪を持ち参来て、進りき。……

右の他には、『続日本紀』文武天皇四年（七〇〇）六月庚辰条の覓国使刑部真木を剽劫した薩末比売・肝衝難波らに従った「肥人」、天平五年（七三三）の『右京計帳』（『寧楽遺文』上）に載る椋垣伊美吉意伎麻呂の寄口の「阿太肥人床持売」、『令集解』賦役令辺遠国条「古記」に夷人雑類としてみえる「毛人、肥人、阿麻弥人等類」、次に触れる『万葉集』巻十一の二四九六番歌、鎌倉時代後期の成立とみられる『本朝書籍目録』（『群書類従』二八）の「肥人書。五巻。」などが散見されるに過ぎず、実像は鮮明でない。

関連史料が乏しいこともあって、肥人の実態をはじめその訓や隼人との関係など、諸説あるが定かではない。(41)隼人研究を進めた中村明蔵氏(42)は、「肥人は隼人と文化的共通性を持ち特に阿多隼人と親密な関係にあった海人的集団である」とする。一方、新日本古典文学大系『続日本紀』(43)は「肥人は熊人で、肥後国の人」と解し、新編日本古典文学全集『風土記』(44)も、「九州球磨地方の人」として「くまひと」と訓じている。おそらく、肥人はクマヒトとよみ、肥後球磨川上流域に広がる人吉盆地を中心とする地域の集団を指し、熊襲の「熊」にあてることが出来ると考えられる。彼らはある時期、「襲」＝大隅半島曾於地域に住む後の大隅隼人とともに、日向諸県君氏の影響下に置かれていて、南九州を代表する集団と見られていたと推察される。

さて、日向に住んでいた肥人の朝戸君が、猪（ブタ）を飼育し、日の女神（天照大神）を奉斎して、船で播磨国賀毛郡山田里にやって来た、という。それが仁徳朝のことであったかは定かではないが、所伝の他の部分については特段に疑うべき理由はない。彼らが上陸したという賀毛郡山田里猪養野は兵庫県小野市東南部辺にあてられるが、ここが応神天皇紀十三年九月条に、日向諸県君牛が髪長媛をともなって最初に上陸したという加古川の、中流左岸であるのも偶然とは思われない。

肥人のことを取り上げたのは、前髪を編むことに関わり『万葉集』巻十一「寄物陳思」歌の、次の一首（二四九六）に注目されるからである。

肥人の　額髪結へる　染木綿の　染みにし心　我忘れめや〈一に云はく、忘らえめやも〉

写真７　香芝市下田１号墳出土馬形埴輪
（香芝市二上山博物館蔵）

（肥人　額髪結在　染木綿　染心　我忘哉〈一云、所忘目八方〉）

この和歌から、肥人は額髪（前髪）を色に染めた木綿（ユウ）で結うという、特徴的な髪形をしていたことが知られる。木綿は麻や楮の樹皮を剥いで繊維としたもので、主に幣として祭祀の際に賢木に採り懸けて用いた。そうした木綿を額髪に結いつけるのは、山背賀茂祭に祭人が葵を冠に挿し飾ったのと同様、儀礼の場における聖性の象徴的表示とみてよい。

右に続く二四九七番歌が、「隼人の　名に負ふ夜声　いちしろく　わが名は告りつ　妻と恃ませ」という隼人の吠声を例示した詠であることは、肥人と隼人の近しい関係を示唆していると見ることも出来る。『延喜隼人司式』によると、元日・即位・蕃客入朝・践祚大嘗祭・行幸などに供奉した隼人は「白赤木綿。耳形鬘。」とあって、白赤の木綿の耳形鬘（髪飾り）をつける決まりであった。白赤の木綿を用いた耳形の鬘が具体的にどのようなものであったか明瞭でないが、儀式において肥人と隼人がともに色鮮やかな木綿で髪を結い飾るという、酷似した習俗を有していたことも興味深い[45]。この額髪を結う習俗が、額田馬の伝承や隼人の楯の頂部に馬髪を編んで結いつけることに通じ合うところがあるのではないかと推考される。

髪飾りなどの有機物が今日まで伝来することは期待できないが、馬形埴輪からその一端を類推してみよう。古墳時代中期から後期に用いられた、飾り馬を表現した馬形埴輪には、鬣を切り揃えて美しく成形しているものが多い。なかには、その額髪部分を一段高くしたものや、丸く髷状に束ねたものもある。四世紀末～五世紀初頭の桜材製の鞍（後輪）が出土した奈良県香芝市下田東遺跡に隣接する、五世紀後葉の下田東一号墳（一六メートルの帆立貝形古墳）

や、六世紀の奈良県田原本町笹鉾山二号墳（一九・五メートルの円墳）からは、額髪を細く束ね環状にして撚った形に成形した馬形埴輪が出土している。また、五世紀後葉の大阪市長原八七号墳（一二メートルの方墳）出土の馬形埴輪は、額髪が角状に突き出て、その先端が渦状に内巻にした特異な形状に造られている。また髷状に結うものは東海から関東地方に多い。六世紀前葉の愛知県春日井市味美二子山古墳（九四メートルの前方後円墳）から出土した二体の馬形埴輪は、額髪を髷状に成形したうえ、その根元部分を細いリボン状のもので交差させて結った形に表現している。(46)飾り馬では鬣・額髪を美しく成形することを重視する習俗があったわけで、これらは正に馬の額髪を結ったものと言えよう。

おそらく、馬の額髪を角のように調整するのは、霊性を象徴する角を有する馬＝駿駒、すなわち龍馬を表現しているのではないかと推考されるが、鎌倉時代末期に編纂された『釈日本紀』（卜部兼方）巻廿八所引「私記」が、「日向の駒」について「日向国出千里之駿駒也」と記していることとも強ち的外れとは言えない。

ちなみに、『延喜左馬寮式』でも、次のように祭儀に用いる馬の額髪を飾る糸についての規定が見える。

凡賀茂二社祭走馬十二疋。……結額髪糸二両。余祭馬装准此。……

五月五日節式……疋別結額髪料緋糸大二分四銖。……

凡正月七日青馬　籠頭。……尾袋。当額花形。已上二種各著鈴。……結額髪尾緂糸。……

平安時代中ごろに成立した『本朝月令』（『群書類従』六輯）所引「秦氏本系帳」に引く、『山背国風土記』逸文と目される所伝に欽明天皇の時に始まったとある、山背国賀茂社のいわゆる賀茂競馬の走馬十二疋は額髪を糸で結い飾る規定であった。割書にあるように、他の祭儀もこれに準じるよう定められていた。それを示すように、五月五日節では、馬の額髪を結うための緋（赤色）の糸、正月七日（人日）の青馬節でも緂（萌黄色）の糸を調えるよう定められている。青馬節の、「籠頭」とは馬の頭から頬に掛ける糸でつくる轡飾りであり、鈴をつけた「当額花形」（馬額につける花形の飾り）も興味深いが、平安時代においても祭儀に用いる馬の額髪などを結い飾ることが行なわれていたことは、そのことを重くみる伝統的観念の根強さを物語っている。

第七節　額田・車田・町形

さて、隼人の楯の中央部に描かれた連結する大きな逆Ｓ字型渦巻紋は、『延喜隼人司式』に「画鈎形」とあることから、隼人の服属奉仕起源譚として周知の海幸彦・山幸彦神話の主要素である「鉤」（鈎は鉤の俗字）に関連づけて解釈することは容易であるが、それでは楯頂部に結いつけられた多くの馬髪との関係が整合しなくなる。あるいは隼人の海人的文化と結びつけて鮑貝の抽象化された呪紋、[47]さらには楯に付けられることが多い巴形銅器の原形の水字貝や護法螺を形象化した渦巻紋様とする説[48]などもあるが、頂部の馬髪との関連が分明でないことについては先の場合と同じである。

すなわち、隼人の楯頂部に結いつけられた馬髪が馬の額髪を表現しているならば、楯の中央部も隼人馬の額面を形象化したものと解するべきであろう。要するに、それは『新撰姓氏録』左京神別下の額田部湯坐連条にいう馬額の「町形廻毛」、大和国神別の額田部河田連条の「額の田町」を象徴的に表現したものに外ならないと考えられる。

問題は、この「町形」・「田町」の町が具体的に何であるかということだが、『倭名類聚抄』巻一田園類第七に「町…〈和名末知〉田区也」とあることから、田の区画と解するのが一般的である。[49]『新撰姓氏録』の件の所伝は、馬の額に田の区画があったことが「額田」の名の起源というのだから、これで問題は解決したようにみえるものの、根本的な点が明瞭になっていない。つまり、馬の額にある田の区画が普通一般のものであれば起源になることはないであろうから、特別な田の区画であったに相違ないが、それがどのような田であったのかが明らかにされていない、という問題が残る。その田にこそ、額田馬・隼人の楯・町形（田町）の本質を明らかにする鍵があるのではないかと考える。

いま一度、『新撰姓氏録』左京神別下の額田部湯坐連条などの所伝に立ち返るならば、それは「額に町形の廻毛」のある馬ということだから、その田は旋毛（廻毛）状に稲が植えられた田でなければならない。田植えをはじめ除草や施肥、刈り取りなど農作業の効率を思えば、旋毛状に田植えすることなど実際には考え難いことである。今日でも田植えは直線的な正条植えが一般であるが、かつては旋毛（渦巻）状もしくは同心円紋状に稲苗を植える特別な水田があった。今はこれを「車田」と称している。

車田は、特別に選ばれた田の中心部（常緑の樹枝を立てることが多い）から外側にむけて、旋毛状もしくは同心円紋状に稲苗を植えていく田植えやその水田をいい、かつては広く行なわれていたようであるが、近年に村おこしで導入された事例を除けば、今日では岐阜県高山市松之木町と新潟県佐渡市（佐渡島の旧両津市）北鵜島の二カ所に伝わるのみであり、祭祀との関係も明瞭でない。

車田や後述する町田などの地名が残る所には、かつてそうした水田が存在したものと推察される。例えば、大和国の香具山の西、高市郡路東二十六条二里十七坪（橿原市別所町）の字名が「車田」である。ただ、ここは藤原宮中枢部に南接する地であるから、この字名の成立は藤原宮の廃絶後であろう。また、祭祀氏族である忌部首氏の本貫であり、その祖神を祭る式内名神大社の太玉命神社が鎮座する高市郡忌部里（橿原市忌部町）の南に位置する、高市郡路西二十九条四里十二坪（橿原市古川町）の字名が「町田」である。[50] さらに、『播磨国風土記』讃容郡の郡首条の、次の所伝も参考になる。

讃容といふ所以は、大神妹妋二柱、各、競ひて国占めましし時、妹玉津日女命、生ける鹿を捕り臥せて、其の腹を割きて、其の血に稲種きき。仍りて、一夜の間に、苗生ひき。即ち取りて殖ゑしめたまひき。爾に、大神、勅りたまひしく、「汝妹は、五月夜に殖ゑつるかも」とのりたまひて、即て他処に去りたまひき。故、五月夜郡と号け、神を賛用都比売命と名づく。今も讃容の町田あり。

写真８　車田（岐阜県高山市松之木町）

すなわち、稲種を播く際に鹿の供犠祭祀を行なったという賛用都比売命（玉津日女命）の遺蹤として、「今も讃容の町田あり」と伝える。これも、単に「鹿の肩甲骨を用いた鹿卜を行なって豊穣を祈願した水田のこと」[51]ではなく、同心円紋状に稲が植えられた車田のことと解すべきであろう。なお、賛用都比売命は、佐用郡に鎮座する式内社、佐用都比売神社（佐用郡佐用町本位田）の祭神である。

ちなみに、フィリピン・ルソン島北部やインドのウッタル・プラデッシュ州、マダガスカルなどにも車田が分布していたという報告もあるから、[52]我が国だけの習俗ではないとみられる。手数のかかる車田が敢えて行なわれて来たことには、経済的効率では律しきれない、深くて重い宗教儀礼上の意味と伝統的観念が存在したとみなければならない。それは古い儀礼的な田植えであったと思料されるものの、稲作祭儀との関連など本来の目的や始原は、今日となっては明らかでない。[53]ただ、明治三十年ごろまでは鹿児島県大口市でも車田が行なわれていたと伝えられることから、[54]古くは隼人の間にも車田の習俗が存在していたことは間違いない。

要するに、額田は、同心円紋状に植えられた稲の形状が、馬の額にみられる均斉な渦巻状旋毛と酷似していたことに由来する命名と考えられる。その名辞は町田が本来的だと憶測するが、額に均斉な渦巻状旋毛がある隼人馬は額田馬と呼ばれ、駿駒として特別視されたのである。隼人の楯に彩色で描かれた大胆な文様は、正に額田馬のそれを象徴的に表現したものであった。要するに、馬額に明瞭で均斉な旋毛のあるのが、隼人馬＝額田馬の特徴であったが、実際には右に記した馬形埴輪に見られるような額髪を渦巻状に成形した姿であったとも推察される。

しかしなお、額田が車田とも称された同心円紋状に稲を植えられた特別な水田に由来する名辞であり、額田馬が額にそれと同様の均斉な旋毛のある隼人馬だとしても、車田や額田馬が古代社会において特別に重視されたことの理由については、十分に伝わってこない。これについては、それを「町形」・「田町」と称したという、「町」の語から説明することが可能と考える。

すなわち、町田は本来、一般的な田の区画をさす言葉ではなく、車田・額田とも称された同心円紋状に稲苗を植えられた儀礼的、宗教的に特定された水田を意味していたのではないかと考えられる。祭儀に関連する宗教的区画を意味する町という語で想起されるのは、骨卜・亀卜における町である。動物の肩甲骨や亀の甲を焼灼して生じる卜字状の裂け目をみて吉凶を判断し、神意の在る所を知ろうとする骨卜・亀卜を行なう際に、裂け目を生じやすくするため骨・甲を平面状に整形したうえ、さらに焼灼穴の鑽をつくるがこれを町という(55)。

左大臣藤原頼長の『台記別記』に引く「中臣壽詞」は一一四一年に即位した近衛天皇の大嘗祭に大中臣清親がとなえたものだが、そのなかに「……天つ詔との太詔と言を以ちて告れ。かく告らば、麻知は弱韮にゆつ五百篁生ひ出でむ。……」とある「麻知」が、骨卜・亀卜でいう町に通じることは早くに指摘がある(56)。

加えて、『延喜式神名帳』京中坐神三座のなかの左京二條坐二座の太詔戸命神・久慈真智命神は、六月・十二月の一日から九日の御体御卜の際に祭られる卜庭神祭二座にあたる。この久慈真智命神は、『延喜式神名帳』大和国十市郡鎮座の式内大社、天香山坐櫛真命神社（橿原市南浦町）の櫛真命神と同じ神とみられ、天平二年（七三〇）の『大倭国大税帳』[57]には久志麻知神とみえる。これに関わり、神代記の天石屋戸神話では、天香山の真男鹿の肩骨を用いて鹿卜を行なったとあり、香具山に鎮座する久慈真智命神（久志麻知神）が鹿卜に関わる神であったことも知られる。

古代の骨卜・亀卜について分析を進めた神澤勇一氏[58]によれば、

骨卜は弥生時代中期に稲作文化複合の一要素として伝来し、古墳時代後期には海亀を用いる亀卜が伝来して以降、これが主流となる。当初は用いる骨（鹿が多い）に整形を加えることはなかったが、古墳時代前期には片面を大きく削り、不整円形の粗雑な鑽を彫り、焼灼を加える。古墳時代中期になると、比較的よく研磨された骨面に正円形の精美な鑽をもうけ、そこに焼灼を加えるようになり、鑽円面には細い同心円を呈する痕跡を留める。この期の遺物は、大阪府東大阪市日下遺跡と島根県八束郡古浦遺跡から出土している。古墳時代後期には亀甲が登場し、精美に切削して長方形の鑽を彫りこみ、鑽底に十字形の焼灼を加えるようになる。

という。神澤氏が示した古墳時代中期の正円形の精美な鑽とそこに生じた細い同心円紋の痕跡は、正に車田の形状そのものでもあり、その卜骨遺物が東大阪市日下遺跡から出土していることにも留意される。

この鑽を町と称することについては、奥書にいう天長七年（八三〇）の卜部遠継の奏上は疑問とされているが、亀卜の秘伝を記した『新撰亀相記』[59]に、

吾が八十骨を〈甲也〉、日に乾曝し、斧を以て打て〈小斧〉、天の千別に千別て、甲の上甲の尻を真澄鏡に取作り〈甲の表の瑕無こと鏡の如し〉、天力〈刀の誤写とみられている…平林〉を以て町に掘り姤掃す〈穴の體、町に似る〉。……

とある。

『釈日本紀』巻五も、「亀兆伝曰」としてほぼ同文を載せるとともに、「先師説云、太占讀太町、據甲穴體者也」と記していて、おそらくそれは古来の呼称であろう。

『新撰亀相記』が記すように、鑽の形が町（田）に似ていたからこれを町というようになったのか、それともその逆なのか、今となっては事実を確かめることは出来ない。ただ、単に形状が酷似しているということだけでなく、額田馬・隼人馬の旋毛も含めて、それらが同様な呪術宗教的区画・聖なる旋毛状紋様と観念され、特別視されていたことは間違いなかろう。

ちなみに、貞観十三年（八七一）から翌年ごろに編纂された『儀式』（増訂故実叢書）巻三の践祚大嘗祭儀中によると、大嘗宮斎殿は「搆ふるに黒木を以てし、葺くに青草を以てせよ。其上に黒木を以て町形と為し、黒葛を以て之を結へ。」とあり、大嘗宮斎殿屋根上に造り付けられた、樹皮つきの生の木材である黒木製「町形」もその一例であろう。[60]

これと関わり、東大阪市東豊浦町（河内国河内郡豊浦郷）の額田谷に存在して河内馬飼との関係が想定されている、みかん山古墳群五号墳（六世紀後半）出土の家形埴輪の屋根に、隼人の楯のものによく似た大きな鈎形の渦巻紋様二箇と魚一尾が描かれているのも留意される。[61]実際に大嘗宮斎殿のような建物が六世紀代に存在したことが知られるとともに、日向諸県氏や隼人が集住した河内の日下、河内馬飼の拠地である額田などと至近の地からの出土であり、渦巻紋様に関わる所伝を傍証するものと言えよう。ただ残念なことに、今日ではこうした形状のものを屋根に取り付けた意図を、明瞭にすることは困難である。

旋毛紋様は、弥生時代以降の様々な器物や遺跡に描かれており、その呪術宗教的な機能を考える上で参考になるが、紙幅の都合もあって横穴墓に描かれた壁画の一部を紹介しよう。[62]なかでも典型的な事例は、隼人の拠地から距離があるものの福島県に集中し、太平洋岸の福島県双葉町清戸迫横穴群七六号横穴墓、原町市羽山横穴群一号横穴墓、相馬郡小高町の福岡横穴墓、いわき市館山六号横穴墓、内陸の西白河郡泉崎村泉崎横穴群四号横穴墓などのそれである。概ね七世紀代のもので、館山六号横穴墓が線刻であるほかは全て赤の彩色画である。

とくに清戸迫七六号横穴墓では、渦巻紋様は中央に七～八重で直径約五〇センチと最も大きく描かれ、羽山一号横穴墓でも十字紋が重なる六重の渦巻紋様二つが、四本の水平線で結ばれるように描かれており、渦巻紋様が横穴墓壁画の中心的画題であったことが知られる。このほかには、人物・馬・騎馬人物・鹿などが描かれており、馬匹文化との関係も示唆する。

その意味するところについては、形状から太陽や水を連想するのは容易であるが、北アメリカの先住民や非農耕民であるオーストラリアのアボリジニーらも宗教的儀礼に際して同様な渦巻紋様や幾重にも周る同心円紋を描くことから(63)、時代や大陸を異にする人類文化に普遍的なもので、目的は農耕に限らないかも知れない。後世の民俗事例であるが、鹿児島県薩摩半島の南に浮かぶ硫黄島では、旧暦八月一日に大きな仮面を被ったメンドンが女性や幼児を追いかける行事があるが、その面は大きな鼻、眉間の一角、顔面と同じくらい大きい耳に特徴がある。その耳には、赤と黒で大きな渦巻紋が描かれている(64)。

おそらく、それは太陽であり、水であり、他界への出入口であり、生命の発現する聖所でもあり、これら諸観念が複合した生命の根源的象徴を意味していたのではないかと推考される(65)。

こうした事例を参酌すれば、骨卜・亀卜の「町」は神の意思が宿り発現すると観念された聖所であり、町田・額田・車田などと称された同心円状に植えられた水田は、太陽と水の神の加護を受けた、祭祀の用となる神聖な稲を植えた水田のことであったと解される。額にそうした神聖象徴を刻した隼人馬＝額田馬は、霊的威力の内在する霊駒として尊ばれ、献上馬としてふさわしい駿馬「日向の駒」として後世まで語り伝えられていたのである。

第八節　蘇我韓子の騎馬戦

これまで、推古天皇紀二十年正月丁亥条で、推古天皇が歌で蘇我氏・蘇我馬子を擬えた「日向の駒」に関わり、随分と迂遠な考察をめぐらせてきた。これは偏に蘇我氏と馬・馬匹文化との関係を探究するためであったが、「日向の駒」の実像は、額に均斉な渦巻紋状の旋毛を有する、その様に額髪を成形された額田馬＝隼人馬であった。推古天皇が蘇我氏・蘇我馬子を「日向の駒」に擬えたのは、「日向の駒」が駿駒として著名であっただけでなく、蘇我堅塩媛を母とする額田部皇女（推古天皇）の資養を担ったのが他ならない額田馬＝「日向の駒」献上伝承で知られる額田部連氏であったことと同時に、蘇我氏も馬・馬匹文化に親縁な氏族であったからに他ならないと推察された。

そこで、蘇我氏と馬匹文化・馬飼集団の直接的な関係について考察するが、まず取り上げるのは蘇我韓子宿禰についての所伝である。雄略天皇紀九年（四六五）三月から五月条にかけて、新羅征討記事に蘇我韓子宿禰が登場するが、それは雄略天皇七年以来の吉備氏や高句麗などが絡んだ外交問題の顛末でもある。ただし、所伝の概要や問題点については、第一章で述べたのでそれに譲る。

この蘇我韓子宿禰関連の所伝で着目されるのは、彼が騎馬で戦っていることである。これは蘇我氏が早くから馬を導入していたことを示すものであり、馬匹文化・馬飼集団とも親密な関係にあったことを思わせる。その際に注目されるのが、式内大社の宗我坐宗我都比古神社も鎮座する蘇我氏の本貫、大和国高市郡蘇我里（橿原市曽我町）に存在する、馬墓が検出された南曽我遺跡である。近接して、北には古墳時代前期末～後期の大規模な玉作遺跡として知られる橿原市曽我遺跡や、すぐ南には祭祀氏族である忌部首氏の本貫（橿原市忌部町）で式内名神大社の太玉命神社が鎮座し、先述したように蘇我氏と忌部首氏の親縁関係も知られる。

第九節　筑紫安致臣は馬飼集団

南曽我遺跡から検出された馬墓について記す前に、雄略天皇紀二十三年是歳条に「筑紫安致臣・馬飼臣等、船師を率ゐて高麗を撃つ」と見える、筑紫安致臣について触れておこう。

これは、内容も簡単な孤立的記事であって具体的状況を読み取ることは出来ないが、『紀』編者の手元には典拠とする原史料が存在したのであろう。この年に高句麗に派遣されたという「筑紫安致臣・馬飼臣」について、後裔氏族は詳細ではなく所伝も簡略で孤立的なことから、作為性は少ないと思われる。派遣先が騎馬文化で知られた高句麗であるとともに馬飼臣氏が含まれることから、騎馬戦を想定した人選であったと推察される。

その中の筑紫安致臣について、諸注釈は[66]『先代旧事本紀』天孫本紀に「饒速日命九世孫、物部竺志公、奄智蘰連等之祖。」とあることを指摘するのみである。

ところで、大和国十市郡にはアムチという地名が存在した。まず、常奴婢二〇〇名を記した天平勝宝二年（七五〇）二月二十四日付「官奴司解　申選定奴婢事」[67]には「奄知村」・「奄智村」と見える。『日本霊異記』中巻三三縁の、乙女が夜這いの悪鬼に噉らわれるという説話は、この「大和国十市郡菴知村」を舞台にしたものである。

先述の仁賢天皇紀六年是歳条に見える、額田部連氏から供給される馬皮の加工を目的として招聘された、「大倭国山辺郡額田邑熟皮高麗」の祖は、平群郡額田部村に隣接する「山辺郡嘉幡村西十町許有皮工邑」（『日本書紀通證』）に居住したことは先述した。大和国十市郡菴知村は今の奈良県天理市庵治町にあてられるが、ここは山辺郡嘉幡村（天理市嘉幡町）に南接する地域である。山辺郡嘉幡村と十市郡菴知村は、郡は異なるが南北に隣接した地であり、地理的位置から額田部連氏との関係も想定可能である。

事実、『新撰姓氏録』左京神別下条には、「奄智造。額田部湯坐連と同じき祖。」と見え、十市郡菴知村を本貫とした目される奄智造氏は、馬匹集団として知られた額田部湯坐連氏と同族と伝える。同じく大和国神別条でも、額田部河田連に続いて「奄智造。同じき神の十四世孫、建凝命の後なり。」あり、額田部河田連氏の同族を称している。さらに、神代記の天安河誓約段でも、天津日子根命の後として凡川内国造・額田部湯坐連らとともに倭淹知造の名が見える。

すなわち、倭淹知造（奄智造）氏は額田部連氏と同族を称する馬匹集団であった。右に筑紫安致臣氏（臣はカバネ化する前の敬称であろう）は騎馬に巧みな集団ではなかったかと想定したが、この倭淹知造氏と筑紫安致氏が同族とすれば、そのことの傍証となろう。『倭名類聚抄』によれば、九州諸国に畿内系氏族と関係が推定される郷名が数多く散見され、畿内系氏族の移動が想定されるが、その一つに筑前国早良郡額田郷がある。この郡名は馬匹集団でもあった平群臣氏の同族早良臣氏、郷名は早良臣氏同族の額田首氏や額田部連氏との関係が想定される。

筑紫安致氏も、朝鮮半島における王権の武力行動の末端を担うべく、筑紫に移動した倭淹知造氏であったとも考えられる。筑紫安致という地名を冠した表記からは、地名を冠さない、あるいは別の地名を冠した安致氏の存在が推考されるが、筑紫安致氏とともに雄略天皇紀二十三年是歳条に見える馬飼臣（この場合の臣も姓化前の敬称であろう）も、後に河内馬飼・倭馬飼に編成される、王権膝下の馬匹集団であった可能性が大きい。

奈良県天理市庵治町に南接して存在するのが、弥生時代の拠点的な大規模環濠集落遺跡として周知の唐古・鍵遺跡（磯城郡田原本町）であるが、古墳時代の遺構・遺物も検出されている。唐古池の東側地域が対象となった第五九次調査で検出された土坑ＳＫ三一〇一は、その構造から深さ一・七メートルの井戸と推定されている。その井戸跡の堆積物のうち、中・上層は井戸機能停止後の堆積と見られる。その上層部から、多量の土師器の壷・高坏・甕、須恵器の坏・甑などとともに、集積された馬骨と小型壷が検出された。遺物の時期は五世紀初頭ごろで、馬は生後三〜四歳位、体高一三五から一四〇センチ位の中型馬である。一個体分の骨格が四〇センチほどの方形の範囲から重なった状態で出土しており、屠殺、解体して肉・皮を除去した後、何らかの容器に納めて祭儀に使用し、最後は機能停止後の井戸に投棄されたと推定されている(68)。これらは、十市郡菴知村を本貫とした馬匹集団の倭淹知造氏（前身集団）との関係も想定される。唐古・鍵遺跡の西約一キロに位置する、六世紀の笹鉾山二号墳からは、特別に額髪を細く束ね環状にして撚った形に成形した二体の馬形埴輪が出土していることは先にも触れたが、馬形埴輪は唐古・鍵四号墳や(69)、唐古・鍵遺跡と笹鉾山古墳群のほぼ中間に位置する石見遺跡からも出土している。(70) 小規模古墳から出土する飾り馬の埴輪は、被葬者の職掌と関わって理解するべきであろうが、この地域の馬匹文化に関わる遺跡・遺物は、額田部連氏やその同族で十市郡菴知村を本貫とした倭淹知造氏に関連づけて理解することも可能であろう。

要するに、五世紀後半、雄略朝には朝鮮半島における倭国王権の武力行動は、積極的に馬を用いたものになっていたことは間違いなかろう。欽明天皇は大臣蘇我稲目の二人の娘、堅塩媛（額田部皇女の母）と小姉君をキサキに入れているが、その磯城嶋金刺宮に供奉した金刺舎人氏も、先述したように信濃国の馬匹集団を統轄する立場にあった。欽明天皇と蘇我稲目・馬子の周辺では、馬匹文化・馬飼集団の存在が窺われることは、蘇我氏が早くから馬を導入していたことを示している。

第一〇節　南曽我遺跡の馬墓

南曽我遺跡（奈良県橿原市曽我町）は、藤原京西京極の西方約一キロ、復原条里では高市郡路西二十五条四里九・十坪、字の戎田・森尻に存在する。南曽我遺跡は弥生時代から中世に及ぶ複合遺跡であるが、古代では、弥生時代後期～古墳時代前期と古墳時代中期～後期を中心とする、墳墓五基、竪穴住居跡一基、並行する多条の溝などの遺構が出土した。特に古墳時代中期～後期の遺構で注目されるのは、馬を埋葬した土坑（馬墓）が検出されたことである。

馬墓（ＳＫ二二〇）は楕円形、規模は二・一×一・〇メートル、深さ〇・四メートル、底部から出土した馬の歯と骨から、頭部を南東に向け、脚は曲げ、横向けに埋葬されたと復原されている。雌の馬で年齢は五歳位で、五世紀後半から末頃とされる。馬墓の位置は、南北一四・五メートル（東西は不明）、一・四×二・六メートルの溝が周る方形周溝墓の南溝に近在し、かつその西溝の主軸と直交することから、両者の関連が想定されている。(71)

報告書は韓式土器などが出土した橿原市新堂遺跡との関連を想定しているが、遺跡の地理的位置から見て、蘇我氏との関係を第一に考えるべきであろう。先に引いた雄略天皇紀九年三月条の新羅出兵記事で、蘇我韓子宿禰と紀大磐宿禰が仲違いし騎馬で戦ったとあることに注目される。紀氏と馬匹文化の関係は、同氏の拠地である紀ノ川河口に近い和歌山市大谷の五世紀末頃の大谷古墳（全長七〇メートルの前方後円墳）から、我が国では稀有な馬冑・馬甲などが出土していることで明らかである。(72) 蘇我韓子宿禰が騎馬で戦ったと伝えられることの歴史的意味については、触れられることがなかったように思われるが、蘇我氏の本貫からそれに重なる時期の馬墓が検出されたことは、蘇我韓子宿禰の騎馬戦についても再考が必要である。

要するに、蘇我氏も早くから馬匹文化を導入していた可能性が少なくないが、そのことが集約されて表出したのが先述来の額田部皇女の歌に見える「日向の駒」であった。蘇我氏が早くに先進の馬匹文化を取り入れていたことは、蘇我氏の特徴として今後注視される必要がある。

蘇我馬子などの名についても、馬匹文化・馬飼集団との関連から考えなければならない。名前に用いられる「子」は、親愛の情の表現、臣下であることの表示、あるいは敬称として六、七世紀に広く用いられた。敏達天皇紀十二年条には大伴糠手子連・物部贄子連、推古天皇紀十五年条には小野臣妹子、推古天皇紀十八年条には阿倍鳥子臣、皇極天皇紀三年条には中臣鎌子連など数多く見えるが、阿倍鳥子臣は阿倍内臣鳥とも記されるように、実名は鳥であった。馬子も実名は馬であり、子は尊称として添えられたものである可能性が大きい。(73)「馬」の名は、蘇我氏が馬匹文化・馬飼集団と親しい関係にあったことの傍証ともなるが、額田部皇女が蘇我氏・蘇我馬子を「日向の駒」と擬えているのも、彼らの間では至極理にかなったことであったと言えよう。

第一一節　聖徳太子虚像説について

これまで述べて来たように、蘇我氏・蘇我馬子や額田部皇女（推古天皇）に馬匹文化・馬飼集団との結び付きが濃密であったとすれば、同時代の傑出した人物と見られてきた聖徳太子（廏戸皇子）に関わる問題についても、避けて通ることは出来ない。

すなわち、聖徳太子（上宮廏戸豊聰耳皇子、五七四～六二二）は、史上最初の女帝推古天皇を援けて政務を執り、大臣蘇我馬子と協力して遣隋使派遣・冠位十二階と憲法十七条の制定・天皇記と国記の編纂・斑鳩寺創建と仏教興隆などに尽力し、古代日本の文明化を推進した人物として高く評価されて来た。

ところが近年、『紀』をはじめとする関連所伝の信憑性に大きな疑問が投げかけられ、廏戸王（皇子）という人物は存在したけれども、英明な偉人とされる「聖徳太子はいなかった」という聖徳太子虚像（非実在）説が強く主張されている。この説は一般社会に多大な反響を呼び起こしているだけでなく、教育現場(74)や研究者の間にも少なからぬ影響を及ぼしている。また、事は聖徳太子研究に留まるだけではなく、天皇号の成立や『紀』の編纂にも関連する、古代史上の大きな問題である。

古代史上の主要課題の一つであるにも拘らず、聖徳太子虚像説・それに対する批判的考察の何れもが、当時の歴史的、社会的な実態にまで踏み込んでいないこともあって、未だに余燼が消えず混乱が収まっていない面もある。ここでは当時の歴史的、社会的な実態の考察を通して、その人物像の基本的な部分を解明し、本当に「聖徳太子はいなかった」と言い得るのか、その可否を検討する。ただ、ここではその業績を含む関連する全ての問題に及ぶことは困難であるから、問題の核心の一つと目される「廏戸皇子」という名について、最も古い聖徳太子伝でもある『紀』の関連記事を中心に分析と考察を進め、聖徳太子虚像説の可否について私見を述べよう。そこで聖徳太子虚像説の主張から見ていくが、まずその基本史料である推古天皇紀元年（五九三）四月己卯条を掲げておく。

夏四月庚午朔己卯に、ⓐ廏戸豊聰耳皇子を立てて、皇太子とす。仍りて録摂政らしむ。万機を以て悉に委ぬ。ⓑ橘豊日天皇の第二子なり。母の皇后を穴穂部間人皇女と曰す。ⓒ皇后、懐妊開胎さむとする日に、禁中に巡行して、諸司を監察たまふ。馬官に至りたまひて、乃ち廏の戸に当りて、労みたまはずして忽に産れませり。ⓓ生れましながら能く言ふ。聖の智有り。壮に及びて、一に十人の訴を聞きたまひて、失ちたまはずして能く弁へたまふ。兼ねて未然を知ろしめす。ⓔ且、内教を高麗の僧慧慈に習ひ、外典を博士覚哿に学びたまふ。並に悉に達りたまひぬ。ⓕ父の天皇、愛みたまひて、宮の南の上殿に居らしめたまふ。故、其の名を称へて、上宮廏戸豊聰耳太子と謂す。

『紀』は即位していない廏戸皇子について、例外的に詳細な記事を載せているが、右を一読すれば実録的なⓐⓑⓔⓕと、説話的なⓒⓓが混在していることが分かる。ここで問題とする廏戸皇子の名の由来が、説話的内容であることから、真偽をめぐり早くから取り上げられてきたことも諒解されよう。ⓒについては、一世紀以上も前に久米邦武氏[75]が、聖徳太子の廏誕生説話は、キリストが廏で生れたという新約聖書ルカ伝の説が、唐に伝来していた景教（ネストリウス派キリスト教。貞観九年〈六三五〉にシリア人阿羅本が伝え、三年後に波斯寺を建て二一人の宣教師を擁した）に伴って日本に伝来し、付会されたもので事実ではないとした。

戦後、坂本太郎氏[76]は、廏戸皇子の名について、概略次のように述べている。

> 廏戸の名は、鎌倉時代の『上宮太子拾遺記』に橘寺東南に廏戸という地名があるというのを信用して、生誕の地に因んで付けられた名であると考えるほかはない。久米邦武氏説は、あまりにとっぴである。景教の知識が日本に伝わったという徴証は、他には全然見当たらぬのであるから、ここにだけその影響を見ることは危険である。廏戸は実名であろうが、廏出産物語はあまりにも見えすいた文飾である。敏達天皇三年に、皇太子妃にもなっていない間人皇女が諸司を監察するなどということは、およそ考えることのできない事実である。豊聰耳の名は、聡明なことを讃えて称した名であり、聖徳太子は薨去後の諡号と見るのが穏当であろう。『公式令集解』の「古記」には、諡の例として、「上宮太子、聖徳王と称するの類」と言っている。『古今目録抄』に載せる「法起寺塔露盤銘文」に「上宮太子聖徳法皇」とある。この塔は丙午の年（文武天皇慶雲三年）に露盤を創ったと銘文にある。

この坂本氏説が通説として踏襲されてきたが、十数年前に古代史研究者の間から聖徳太子虚像説が強く主張されはじめ、一般社会でも大きな話題となった。その影響は、高校日本史の教科書から聖徳太子の名が消え、廏戸王（皇子）の表記に変化したことに端的に現れている。さらに、必ずしも聖徳太子虚像論に立たない研究者にも影響が波及し、やや混乱した研究状況も現れている。

本格的な聖徳太子虚像説の嚆矢は大山誠一氏[77]であるが、ここでは一九九九年の『〈聖徳太子〉の誕生』から、本論に関連する部分の要旨を紹介しよう。

聖徳太子の人物像は、奈良時代になって、当時の権力の中枢にいた藤原不比等や長屋王・僧道慈らの手により、『日本書紀』編纂時に作られたものである。聖徳太子という人物を創作した背景としては、中国の律令制を模倣する中で、その秩序の根本にある皇帝の権威を形式的にせよ受容する必要があり、理想的な天皇像を具体的に示すため、過去の歴史の中にそのモデルとして聖徳太子を創作したのである。特に藤原不比等にとっては、首皇子（後の聖武天皇）の皇太子としての地位の認知と将来の即位を確実なものにするために理想的な太子像を創作した。王族に廏戸王（廏戸皇子）という人物は存在したかも知れないが、『紀』が描く聖徳太子という人物は全くの架空の人物である。廏戸の名の由来は生年（敏達天皇三年甲午／五七四）の干支に基づく可能性が高い。また、上宮の号については、「宮殿の場合は、北が上のはずで、南側の建物が何故「上殿」と称されたのか不可解[78]」とする。

これを受けて、『紀』の述作者問題と関わり、入唐僧の道慈を重視する立場から、大山氏説を支持する研究者もいるが[79]、それに対する批判的な見解も少なくない。『紀』道慈述作説とそれへの批判については第二章に記したので再説しないが、『紀』道慈述作説の成立し難いことは明白であろう。

そこで管見にとまった批判を少し紹介すれば、佐伯有清氏[80]は、「（廏で誕生した）とある話にもとづいて、「廏戸」という名前が造られた……」と、廏誕生伝承を古く見る点に特徴がある。田中嗣人氏[81]は「社会的地位も築かれた研究者がこのような未成熟な成果を世に問われること自体、社会的な悪影響を及ぼしかねないのである」と、手厳しい。さらに、山尾幸久氏[82]も、次のように辛辣に批判している。

・藤原不比等・長屋王・道慈による「虚構」の「捏造」、光明子・行信による「法隆寺系史料の捏造」とされたことには、「洵に違和感が強い」。『記』『紀』「法隆寺系史料」（釈迦像銘、薬師像銘、天寿国繍帳銘…平林）の成立観には、「とても追い付けない」。『紀』が法隆寺系史料を採用しなかったはずはないとの主張には、「なぜそこまで言えるのか判らない」。

・仏教公伝年次が二説あり、五三八年戊午説が法隆寺に伝えられていた場合、『紀』編纂者はそれを無視したことになるが、そのようなことがあり得るかとの主張には、「このような思考に筆者はとても付いて行けない」。

・天寿国繍帳が七四七年以後の光明「皇后の情念の産物」で「多至波奈大女郎」は「架空の存在」だという主張には、「驚天動地である」。

・『紀』では「聖徳太子」とヤマトタケルとは「一対の存在として描かれている」が、廏戸王が「ヤマトタケルのモデル」久米王の実兄で、子孫が絶滅していたので「いかなる話を創作しようと、誰にも迷惑も影響も与える心配はない」。それで廏戸王が選ばれたのであるという主張には、「驚愕というよりも呆然たる想いに囚われる」。

森田悌氏[83]は、廏戸は諱であり、文字通り間人皇后が馬官に至り戸の側で出産したことによる命名を排さないが、廏戸の生年は『上宮聖徳法王帝説』にみえる甲午（五七四）と思われるので、午年出生による命名説は、かなり蓋然性がある。豊聰耳や法大王はその才質や卓越した仏教信者であることに由る呼称であり、上宮は用明天皇の宮の上宮に居住していたことに由来する。聖徳は高徳にちなむ呼称であり、死後にその徳を称えて使用されるようになった。「聖徳が廏戸皇子の謚号で、廏戸皇子の実在が確実とすれば、聖徳太子も自ずから実在の人物となるはずで、聖徳太子虚構説は右の単純明解な論理を無視した暴論といわざるを得ない」として、その名前の解釈から批判する。ただし、右は何れも関連史料の表面的な印象論に終始している面もあって、今一つ廏戸皇子の実像に迫るところが見られないのは残念である。

第一二節　聖徳太子実像説をめぐって　I

もちろん、従前の聖徳太子研究を発展的に継承する立場からの研究も少なくない。

吉村武彦氏(84)は、左記のように廏戸の名は馬屋古女王の存在(85)などから干支よりも馬屋に意味があるとする。

聖徳太子が生存していた時期の「実在した廏戸王子」の名称と、没後徐々に神話化がはじまり、やがて信仰の対象となった時期の人物像である「信仰上の聖徳太子」とを、区別して考察する必要が生じる。……上宮は、父用明王の王宮の南に建てられた王子宮の名称からきている。……廏戸王子という名は、実名だった可能性が強い。……古代の個人名は、養育した氏族の名やカバネ、地名、伝領する名代・子代などの名から呼ばれることが多い。……あるいは、廏戸王子の娘の一人に馬屋古女王がいることからすれば、干支よりも「馬屋」の方に意味があるかもしれない。

川勝守氏(86)は、聖徳太子虚像説の検討は未着手で『紀』には十分な史料批判が必要としつつ、「大山誠一氏が高句麗、聖徳太子の日本がいずれも辺境とされている点は看過できない。……中国と日本との間の高句麗の位置を理解するのが決定的に重要で、……二に仏教の受容がもつ東アジア世界構成上の意義、……聖徳太子の時代における天皇号成立の問題が重要なポイントになる」、と説く。

曾根正人氏(87)は、推古天皇紀元年条の聖徳太子関連記事には、「奇瑞説話も見えているが、これは安易には使えない。奇瑞説話が史料としてまったく使えないわけではない。実録記事以上に説話成立時の思想状況が抽出できる場合は多々ある。ただ抽出し得るのは、あくまで説話成立時点の背景である。説話が語る内容そのものが史実を語ることはまずない」とやや逡巡していて、その歴史的背景の追究には及んでいない。

こうしたなか、新たな解釈を提示したのが新川登亀男氏(88)であり、次はその要旨である。

上宮を登場させる『紀』の記事には、聖徳太子が斑鳩宮で亡くなる時の記事と、聖徳太子の没後の斑鳩宮や、その遺族集団に関する記事に集中するという著しい特徴がある。このことから、むしろ斑鳩宮を上宮と呼んだ可能性がきわめて高い。なぜ、上宮と呼ぶのかは不明であるが、「皇太子」であることの正当性を保つために、父・用明天皇の宮殿に関連する上宮で成長し、養育される必要があったからと考えられる。ウマヤトが本来、廐戸（廐の出入り口ないし境界）の意味なのかどうかは別の問題である。ただ、廐戸という二文字を当てた時から、その意味が発生したことは確かである。午歳生まれの人が廐の文字を名にもつ例はまずない。（応神朝に百済王が阿直伎を遣わして馬を献上、軽の坂上の廐で飼育し、太子の菟道稚郎子に経典を教える博士にもなったとあることから…平林）廐は馬を飼うだけでなく、教育発信と受容の重要な場所であり、「チマタ」の廐に多くの子どもたちが集まった。「廐戸」の皇子とは、たしかに誕生や成長の社会環境・習俗に由来した呼称である可能性が高いが、『紀』の解説は、これを歪曲化した。上宮や廐戸があたかも枕詞のように用いられるのに対し、トヨトミミは独立して用いられることがあったから、唯一確かな生前の名であった可能性も出てこよう。

つきつめれば新川氏説は、上宮＝斑鳩宮、廐＝教育の発信と受容場所でもあり廐戸皇子の名はそれに由来する、トヨトミミ＝唯一確かな生前の名、とする三点に要約できる。廐戸の名の甲午年誕生由来説の否定は支持されるが、上宮＝斑鳩宮説について「なぜ、「上宮」と呼ぶのかは不明である」として論拠を示していないことから、思いつきの域を出ず首肯できない。全体的に聖徳太子虚構説を強く意識した論であるが、これは次の古市晃氏にも影響を与えている。

古市晃氏[89]は、右の新川氏説などに依拠して「上宮の語は太子逝去の頃にはその居所を指す語として用いられ始められ、「太子とその一族を指す名号として用いられるようになるのは、逝去後のこと」である。「上宮は斑鳩寺の東に位置する宮との相対的呼称として用いられ始め、それが次第に自立した呼称となった」。「廏における出産伝承が……後世の付会に過ぎないことは、言うまでもない。」「舒明滞在以前の廏坂宮に居住していた王族の一人として、太子を想定することが可能」であり、「廏戸は軽の廏坂を指し、そこに所在した王宮に基づくものと理解」される、と説く。

古市氏説を支持する立場もあるが[90]、上宮についてはその自然地理的情況から従前の比定が妥当であること、馬匹集団の額田部連氏との関係などを指摘し、古市氏説の成立し難いことを主張する渡里恒信氏[91]や、古市氏説の前提となった論文[92]について、「推古の諱が額田部であるから、額田部は推古のために置かれた名代であるというのは本末転倒であって、すでに存在していた額田部という氏族が推古の資養に充てられたから、推古は額田部と名付けられたのである」する告井幸男氏[93]らの厳しい批判がある。

ただし、告井氏説のうち、「仁徳の諱のサザギ（ママ）は地名であり、近江国蒲生郡佐々木（篠笥）である」、「宇治部・八田部・葛城部・額田部・雀部は、地名を名に負うもので名代である。宇治部と雀部は応神が置いたと考えるべきで、部の設置の画期は応神に遡る」とする諸点は論証がなく従えない。例えば、告井氏論の根幹にかかわる、仁徳天皇の諱の鷦鷯（雀）の由来を語る仁徳天皇紀元年正月己卯条の鳥霊信仰に基づく誕生説話である、木菟と鷦鷯の易名伝承（武内宿禰・平群木菟宿禰：応神天皇・大鷦鷯尊）について分析がなされていない。また、告井氏も述べているが、近江国蒲生郡佐々木と仁徳天皇の関係を示す史料が皆無である。さらに、名代（部）の成立時期についても、金石文から五世紀代に存在したことが確かめられないことや、名代の名を負う王族が欽明天皇の子の世代からしか現れないことなど、告井氏説を覆す事柄が多く存在する。

ほぼ同時期に、吉川真司氏[94]は、「直系天皇候補に選ばれた聖徳太子についても、政治的な能力・能動性を十分に認めるべきであろう」と、論争に深入りせず肯定的に聖徳太子を描いている。一方、倉本一宏氏(95)は、推古朝に皇太子という地位や摂政という職位は未成立であり、廏戸皇子は「有力な大王位継承有資格者として政治に参加していたに過ぎない。廏戸王子については早い時期から伝説が成立し、「聖徳太子」という呼称も生まれていったが、『日本書紀』に描かれている廏戸王子自体も、すでに伝説なのであり、……どれだけ廏戸王子の主体性を認めるかについては、慎重な検討が必要であろう」と、聖徳太子虚像説を意識してか慎重な態度である。

第一三節　聖徳太子実像説をめぐって　Ⅱ

「上宮廏戸豊聰耳太子」という名前だけをとっても、諸説紛々として聖徳太子像を描くことが困難な状況にあることがわかる。その実在を否定する説だけでなく、それに与しない立場の説においても、合理的な論述にみえるものの説得的でないのは、基本的な理解において過誤があるのではないかと思われる。一部を除き、研究の多くがそうした陥穽に塡まることの原因は、関連の所伝・説話を丁寧に検証すること無しに、端から『紀』は「疑わしく信用できない・創作、捏造である」等々として、切り捨てることを前提として論述されている点にあるからではないかとも考えられる。

『紀』にすれば、聖徳太子はたかだか百年、編纂の着手と目される天武天皇一〇年（六八一）三月丙戌の川嶋皇子ら十二名による「帝紀及び上古諸事」の記定からは、六〇年ほど前の人物に過ぎない。また、『紀』編纂には舎人親王はじめ多くの人物が関与し、完成後は定期的に講書が行なわれているように公開が前提であった。ほぼ六〇年あるいは百年前の状況については関連史料だけでなく、朧気ながらも関係者の記憶に残っていたと思われ、大胆な創作や事実とは異なる捏造が自在に可能であったとは考えられない。『紀』の編纂はごく限られた人々のみの利益を目的とした個人的営為ではなく、時の支配層に共有されるべき国家正史の編纂であった。

加えるに、『紀』の記載内容と編纂時の政治的動向を対応させて、恣意的に解釈している傾向が見られることも、研究が混迷していることの原因と思われる。これが今日の主要な方法、立場であるが、そのことの問題点は前に述べたので再論は控える。[96] 端的に記せば、『紀』がなぜ、そうした所伝を記載しているのかを考え、廏戸皇子が生きた六世紀から七世紀という時代の、歴史実態や社会の在りようから分析、考察を進めることが必要である。ここでは、先入観を捨てて虚心坦懐に、関連所伝の歴史的意味と背景を探っていくしか方法はないと考える。

そこで次に、第一一節（二四八〜九頁）に引用した推古天皇紀元年四月己卯条の説話的記事に関わる「上宮廏戸豊聰耳太子」の名に関する、私見から述べよう。その傍線部ⓒ・ⓓ・ⓕが、「上宮廏戸豊聰耳」という名に対応する所伝である。

まず、ⓕの「父の天皇、愛みたまひて、宮の南の上殿に居らしめたまふ」と上宮の宮号の関係であるが、説話と宮号の成立に先後関係があった、あるいは当初から一体的存在であったと、いずれとも解することが可能である。とくに、先述の坂本太郎氏や渡里恒信氏らの指摘があるように、用明天皇の王宮が存在した磐余地域の北部は平坦だが南部が丘陵という自然地理的状況を参酌すれば、上宮が王宮の南にあることを理由にこれを後の創作とは断定することは出来ない。用明天皇の宮との距離、地形の高低、河川の上下などを勘案する必要がある。

参考までに、大和国内の上・下名をつけて分割される郡名を見ると、「葛上」南：「葛下」北、「添上」東南：「添下」西北、「城上」東南：「城下」西北となっていて、必ずしも北が上となっていない。この場合は、宮都もしくは国府に近い方が上になるという原則に従っている。廏戸豊聰耳太子に冠された上宮について、天子南面の考えとの関連は明らかではなく、新川登亀男・古市晃・大平聡各氏の説くように、斑鳩宮が上宮と称されたという史料的論拠も存在しない。いずれにしても、愛息を条件の良い近接地に住まわせるという内容は一般的であるから、このことから論をこれ以上具体化することは出来ない。

「豊聰耳」という名を説明したのが、ⓓの「生れましながら能く言ふ。聖の智有り。壮に及びて、一に十人の訴を聞きたまひて、失ちたまはずして能く弁へたまふ。兼ねて未然を知ろしめす」であるが、説話はほとんどあり得ない事例をあげ誇張して名の由来を説明した内容であるから、名が先、説話の成立が後であることは明白である。この場合は説話が先に存在して、後に名が付けられるということは考えられない。ただし、聡明なことは個別性を持った特徴ではないから、その実像解明の手掛かりにはならないし、新川登亀男氏の言うようにこれが実名であったかも定かではない。

このように、その名一つをとってみても、廏戸皇子の歴史的評価をめぐって研究者の間に大きな揺れが見られ、聖徳太子像の虚実が定まらない状況にある。そうしたなか、最新の石井公成氏(97)の指摘は、採るべきところが少なくない。石井氏説は多岐に亘るが、今後の聖徳太子研究の要になると思われる点についてのみ、以下に摘記しよう。

・聖徳太子虚構説（非実在論）は、文献だけで論じていて考古学や美術史の成果について全く考慮していないことが問題である。

・『古事記』では、すでに用明天皇記に「上宮之廏戸豊聰耳命」と特別な呼称で記されている。『記』の編纂は道慈が唐に留学していた時期になされているから、道慈が虚像造作に関与したとは見られない。また、道慈が長屋王・藤原不比等に仕えた状況は見出し難い。

・虚構説では道慈が自分の将来した金光明最勝王経で『日本書紀』を潤色、聖徳太子像を捏造したと説くが、廏戸皇子の活躍が記される推古天皇紀では、この経典を用いた文飾が存在しない。

・廏戸皇子の事蹟とされる憲法十七条などについても、真作とは出来ないまでも内容や用字からみて、推古朝を大きく隔たる時期のものではない。

この虚構説批判を覆すことは困難ではないかと考えられるが、廏戸の名について石井氏は次のように述べている。

・廏誕生説話は、穴穂部間人皇女か用明天皇と関係深い廏で出産したことが、隋の闍那崛多訳の『仏本行集経』「樹下誕生品」の釈尊誕生伝承の枠組みを借用、潤色して成立したものであろう。法隆寺系の資料では、「廏戸」という語は使われていない。廏戸皇子が良い馬を飼う技術を持っていた渡来系氏族と関係が深く、「廏戸」という名もその関連で付けられたことは事実と思われる。

馬飼集団との関係については首肯できるが、仏典に暗い筆者には、廏誕生説話が『仏本行集経』「樹下誕生品」の釈尊誕生伝承の枠組みを借用、潤色して成立したものであるか、俄には判断は出来ない。そこで、節を改めて傍線部ⓒの説話について、分析しよう。

第一四節　聖徳太子と馬匹文化・馬飼集団

傍線部ⓒの「皇后、懐妊開胎さむとする日に、……馬官に至りたまひて、乃ち廏の戸に當りて、労みたまはずして忽に産れませり」とある説話が、廏戸の名の由来を語るために掲載された所伝であることは間違いない。廏戸皇子の誕生が甲午年（敏達天皇三年／五七四）とすれば、橘豊日皇子は未だ即位はしていないし、キサキの穴穂部間人皇女が「禁中に巡行して、諸司を監察たまふ」権限を有していなかったことは、先の坂本太郎氏の指摘の通りである。すなわち、説話の穴穂部間人皇女が「禁中に巡行して、諸司を監察たまふ」とある部分が後世の付加であることは明白であり、本来この物語は廏戸皇子が廏で誕生したということだけであったと考えられる。『上宮聖徳法王帝説』は「池辺天皇の后、穴太部間人王、廏戸を出でし時に、忽に上宮王を産みたまひき」と簡略に記し、『紀』より説話化が未熟で、この方が本来の所伝に近いと思われる。

神代記の海佐知山佐知神話・神代紀第十段一書第一・仁徳天皇紀元年正月己卯条などを参酌すれば、王族や豪族の子どもの出産には、事前に「産殿・産室」を設えるのが一般であったと思われる。憶測は控えるべきだが、馬匹集団の間では廏を産室とする習俗があったのかも知れない。未だ国内や近隣に類似の例が確認できないけれども、馬匹集団の間に廏誕生説話が存在したので、廏戸という名が付けられたとの推測も出来よう。いずれにしても、知られる限り廏誕生という例を見ない特異性からみて、説話と名はその当初から一体的に存在していた可能性が大きいと考えられる。

廏誕生説話は、廏戸という名から離れてしまうと存在する意味はなくなる。坂本太郎氏(98)や森田悌氏(99)の言うように廏戸は実名（諱）、もしくは本来的な名であった可能性が少なくないと考えられ、吉村武彦氏(100)や上田正昭氏(101)、鈴木靖民氏(102)らも、廏戸皇子と馬匹文化・馬飼集団の関係について触れていることも留意される。

ただし、そのことを深く追究していないので重要な論点に発展していない憾みがあるなかで、鈴木靖民氏の「推古朝は官人制・官司制の展開を主に国制の一期を画した時代とされる。推古朝には馬官（推古元年条）あるいは馬司（『続日本紀』天平神護元年五月条）があった……。この馬司には上宮太子（廏戸王子）に仕える人物が任ぜられたという。馬官は権力の基本的属性たる軍事と外交、そして交通に密接する職務を掌る官司である……」という指摘は、廏戸の名の由来を考察する上でも示唆的である。要するに、名の固有性、説話内容の特異性にこそ、聖徳太子像解明の鍵が存在すると考えられ、廏戸皇子と馬匹文化・馬飼集団との関係解明が次の課題となる。

そのことを考える際に注目されるのが、鈴木氏も指摘する次の『続日本紀』天平神護元年（七六五）五月庚戌条である。

播磨守従四位上嚔部宿禰子麻呂ら言さく、「部下賀古郡人外従七位下馬養造人上款して云はく、『人上が先祖吉備都彦の苗裔、上道臣息長借鎌、難波高津朝庭に於て、播磨国賀古郡印南野に家居したり。その六世の孫牟射志、能く馬を養ふを以て、上宮太子に仕へて馬司に任せらる。斯に因りて、庚午年、籍を造りし日、誤りて馬養造に編まれき。伏して願はくは、居地の名を取りて、印南野臣の姓を賜はむことを』といへり。国司覆審するに、申す所実有あり」とまうす。これを許す。

天平神護元年五月に印南野臣を賜姓された賀古郡人の馬養造人上が、実際に「吉備都彦の苗裔、上道臣息長借鎌」の後裔であったか否かは確かめようがない。しかし、祖先の牟射志が「上宮太子に仕へて馬司に任せら」れ、馬養造氏とされたことは間違いなかろう。すなわち、廏戸皇子は家政機関として「馬司」を所有し、播磨国賀古郡印南野に本貫を有する馬飼集団を擁して馬を飼育、管理していたのである。

古代の有力王家が保有する馬を飼育、調教、管理する家政機関として馬司を設置していたことは、廏戸皇子以外にも例がある。一九八六年から八九年の平城宮跡発掘調査で、奈良市二条大路南一丁目（平城京左京三条二坊一・二・七・八坪）から、奈良時代前期の左大臣長屋王の邸宅跡が検出された。とくに八八年の調査で三条二坊一坪南東の溝から数万点におよぶ木簡が出土、長屋王家の構成や家政機関、経済基盤などの具体的解明が可能となった。[103]その家政機関のひとつに「木上司」があり、所在地は大和国広瀬郡城戸郷（奈良県北葛城郡広陵町の南部）に求められる。[104]この木上司の付属機関として「木上御馬司」が置かれていたことも出土木簡から知られるが、長屋王家は保有する馬を飼育・調教する馬司を木上司内に設けていたのである。なお、広瀬郡の「木上司」や葛下郡の北部に存在した「片岡司」（北葛城郡王寺町・上牧町）など、馬見丘陵に所在する所領は父の高市皇子から長屋王が伝領したものであるが、「木上御馬司」もその一つであったと見られる。従って、七世紀後半には高市皇子家の「木上御馬司」が存在したと考えられるが、廏戸皇子の「馬司」はその先駆と言えよう。

「木上御馬司」に関わり、平城京二条条間大路南側溝から出土した和銅六年（七一三）五月十日付木簡[105]は、九名の人物を急いで召し出した内容であるが、その中に見える「大豆造今志　広背郡」という人物にも注目される。飛鳥・川原寺の寺領を記した和銅二年の『弘福寺田畠流記帳』[106]には「大倭国廣瀬郡大豆村田貳拾町玖段貳拾壹歩」が記載されており、大倭国広瀬郡に大豆村の存在したことが知られるが、ここが木簡に記された広背郡（広瀬郡）の「大豆造今志」の本貫であったと思料される。

広瀬郡大豆村は今の北葛城郡広陵町安部の辺に比定されているが、[107] 馬見古墳群の存在で知られるここ馬見丘陵はかつて「豆山」ともよばれ、[108] 広陵町三吉に豆田、広陵町南の二ヵ所に大豆川の字名が分布する[109]ことから、もう少し広くみた方がよいと思われる。

さて、大豆造氏は『新撰姓氏録』には載らないが、『続日本紀』宝亀元年（七七〇）八月戊午条に、

初め、天平十二年、左馬寮の馬部大豆鯛麻呂、河内国人川辺朝臣宅麿が男杖代・勝麻呂等を誣告して飼馬に編附せしめき。宅麿累年披き訴へり。是に至りて始めて雪む。因て飼馬の帳を除く。


と見える、左馬寮の馬部大豆鯛麻呂はその同族であろう。馬部は令制前の馬飼部の系譜を引く馬飼造戸の中から上番した伴部で、大豆造氏は馬の飼養、調教に従事した馬飼部の伴造である。右の飼馬は「飼丁」のことで、河内国人川辺朝臣宅麿の子の杖代・勝麻呂らは馬部の大豆鯛麻呂の下で、その仕事に従事させられていたのであろう。なお、この「大豆造」の大豆は、「おほまめ」（新日本古典文学大系本）・「だいず」（古典文庫本）ではなく、「まめ」と訓むべきと考える。

ちなみに、川辺朝臣宅麿の子の杖代・勝麻呂らが、事実をまげて飼馬に編附されていたと訴えたとあるが、川辺朝臣（旧姓は臣）氏は『新撰姓氏録』右京皇別上条に「武内宿禰四世の孫、宗我宿禰の後なり」とあるように蘇我氏同族であり、河内国石川郡川野辺（大阪府南河内郡千早赤阪村川野辺）を本貫とした。欽明天皇紀二十三年七月是月条に新羅遠征の副将軍「河辺臣瓊缶」、推古天皇紀三十一年是歳条の新羅遠征副将軍「河辺臣禰受」など、外交・軍事関連記事で名が散見される。川辺朝臣宅麿らが意に反して飼馬に編附されたのは、馬飼の技術・知識を有していたからと思われるが、蘇我氏と馬匹文化の関係を考える上でも参考になる。

加えて、馬見丘陵には、上牧・下牧（北葛城郡上牧町）、牧野（北葛城郡広陵町）などの地名が分布することから、牧

の存在が指摘されてきたが、(110)長屋王家の「木上御馬司」や馬匹集団である大豆造氏の存在は、それが確かなことを示すものと言えよう。加えて、「大倭国廣瀬郡大豆村」の西方約二キロに位置する香芝市下田東遺跡から、四世紀末から五世紀初頭頃の木製鞍が、五世紀後半の下田東一号墳（一六メートルの帆立貝型古墳）からは、先に紹介した額髪を環状に整えて捻りを加えた飾り馬の埴輪が出土しており、(111)馬匹集団・騎馬文化の存在を示しているのも傍証となろう。

第一五節　聖徳太子と播磨国加古郡

廏戸皇子・法隆寺と播磨国揖保郡の関係は、第二章でも触れた講経に関わる推古天皇紀十四年是歳条や『法隆寺伽藍縁起幷流記資財帳』から、周知のところである。前節で触れた廏戸皇子に馬司として仕奉した馬養造（印南野臣）氏のことは加古（賀古）郡・印南郡との結び付きを示しているが、これと関わり次に引く『播磨国風土記』賀古郡大国里条の所伝にも留意される。(112)

此の里に山あり。名を伊保山といふ。帯中日子命を神に坐せて、息長帯日女命、石作連大来を率て、讃伎の国の羽若の石を求ぎたまひき。彼より度り賜ひて、未だ御廬を定めざりし時、大来見顕しき。故、美保山といふ。山の西に原あり。名を池の原といふ。原の中に池あり。故、池の原といふ。原の南に作石あり。形、屋の如し。長さ二丈、広さ一丈五尺、高さもかくの如し。名号を大石といふ。伝へていへらく、聖徳王の御世、弓削大連の造れる石なり。

この地域は今日まで続く「竜山石」の産地として知られているが、古墳時代に石棺の石材として重用されたことも周知のところである。

右の所伝に見える巨大な「作石」とは、今は兵庫県高砂市阿弥陀町の生石神社の御神体になっている「石の宝殿」のことで、JR山陽本線の「宝殿」の駅名はこれに由来する。この「作石」は七世紀中頃以降の横口式石槨と見られ、物部守屋（弓削大連）は時代が合わないが、「聖徳王の御世」（聖徳太子の時代）という表現が廏戸皇子以降、大化以前の時期を現わしているならば、年代に大きな齟齬はないという。(113)

『風土記』は和銅六年（七一三）五月甲子の官命を受けて編纂されたが、『播磨国風土記』は郡里制で記されていることや、揖保郡越部里条に「川内国泉郡」と霊亀二年（七一六）に泉郡が分立する以前の表記が見えることなどから、それ以前の編纂と見られている。(114)『令集解』公式令天皇諱条「古記」が「上宮太子称聖徳王之類」と記すように、「聖徳」は死後に贈られた諡号と見てよいが、『播磨国風土記』にそれが記されていることは、道慈が唐から帰国する以前にこの諡号が贈られ、廏戸皇子に対する崇敬の動きが高まっていたことを示すものである。また、時代を示す指標に用いられるのは「…天皇の御世」といった表現が一般的であるのに反し、ここでは天皇ではなくて特別に「聖徳王の御世」とあることは、後に印南郡として分割される地域と廏戸皇子の繋がりの存在を示している。これはまた、賀古郡印南野に本貫を有した馬養造（印南野臣）氏が廏戸皇子に馬司として仕奉したという主張が、荒唐無稽でないことを思わせる。『法隆寺伽藍縁起幷流記資財帳』に、法隆寺の寺領として「印南郡飾磨郡内嶋林十六地」が見えるのも参考になる。

廏戸皇子の馬司に関わり、斑鳩宮の東方三キロ、額田部連氏の本拠である額田部の北東にある「馬司」（大和郡山市馬司町）という地名にも留意される。十三世紀前半には存在が確かな古地名であるが、廏戸皇子の馬司と関連する可能性も指摘されている。(115)

このように、廏戸皇子は早くに馬司を設け馬飼集団を擁しており、やや後の高市皇子・長屋王父子も同様であったが、王族なら誰もがそうであったとは考えられない。おそらく、それが許されたのは王位に近い有力王族だけであり、廏戸皇子・上宮王家はその最初であったと推考される。そのことには、彼に繋がる推古天皇が倭馬飼の中心的集団であった額田部（湯坐）連氏に資養され、蘇我氏が馬匹文化・馬飼集団と親密であったこと、などの影響も想定される。さらに、廏戸皇子・上宮王家の地域基盤である斑鳩は平群郡に属するが、平群郡はまた一時期王権の馬を管理していた平群臣氏の本貫であり、同族には馬飼集団である額田首氏がいた。要するに、上宮に近い海柘榴市に置かれた王権の廏や額田部皇女の海柘榴市宮も含め、上宮・斑鳩の周辺には馬匹文化・馬飼集団が濃密に存在していたのであり、その主が「廏戸」と呼ばれる条件は十分に備わっていたのである。蘇我入鹿の派遣軍に襲われた斑鳩宮の山背大兄王らが馬骨を内寝に投げ入れて擬装して逃亡したとの話も、当時の人々には十分に信じられることとして受け取られたに違いない。

天平十九年（七四七）という成立年次をはじめ内容についても疑問視する見解が唱えられており、(116)取り扱いには留意しなければならないが、『元興寺伽藍縁起幷流記資財帳』（『寧樂遺文』中）に引用される塔露盤銘に、廏戸皇子の名を「有麻移刀等刀弥々」(117)と記すことから、ウマヤトと訓まれていた可能性が大きい。廏戸皇子が馬匹文化や馬飼集団に囲まれていたことは事実だが、その名の直接的な由来はなお明らかではない。

廏戸皇子の名の由来を考察する際、「廏戸」という表記を重視するならば、岸俊男氏(118)が明らかにされた氏姓「〇〇戸」が参考になる。この「戸」は「部」と混同されて解されることもあるが全く別のものであり、河内国高安郡や安宿郡に多く分布する傾向がある。具体例には、飛鳥戸・春日戸・橘戸・八戸・史戸など一八例ほどが認められ、渡来系集団がほとんどであることから、王権がある時期に渡来系集団を意図的に編戸して安置したことに関連する、と説く。

皇極天皇紀元年（六四二）是歳条から、上宮王家には経済的基盤として「上宮乳部（壬生部）」が設けられていたことが知られているが、壬生部の設置は推古天皇十五年（六〇七）二月庚辰朔のことである。廏戸皇子の母穴穂部間人皇女には穴穂部が、キサキの膳菩岐々美郎女との間に儲けた白髪部王には白髪部が充てられたように、欽明朝以降には王族の資養に名代などが充てられるのが一般的であったにも拘らず、廏戸皇子のそれについては定かでない。しかしそれは我々の思い込みであって、廏戸皇子の周りに馬匹文化・馬飼集団が濃密に存在していたことを考えれば、編戸された馬飼集団＝廏戸がその資養を担っていたと見ることは出来ないだろうか。

ただし、「廏戸」はウマヤトと訓まれた可能性が高いが、岸氏の言う「〇〇戸」は「〇〇へ」と訓み「〇〇ト」とは訓まないこと、「廏戸」という氏姓が確かめられないこと、などの問題点も存在する。しかし、廏戸は廏の扉の意ではなく、井上薫氏[119]も述べるように、戸＝編戸された集団のことで、廏戸は編戸された馬飼集団であったと解する余地も残しておくべきだと考える。

小結

推古天皇紀二十年正月丁亥条の人日の宴で、蘇我馬子の献歌に応えて推古天皇が詠んだ歌謡に見える「日向の駒」とは、『新撰姓氏録』左京神別下の額田部湯坐連条及び大和国神別の額田部河田連条に伝える、隼人平定の際に獲たという「額田馬」であった。額田馬とは、額に町形の旋毛のある馬のことであるが、この「町」は田の区画と解されてきた。ただし、それは一般的な田ではなく、本来は太陽神の祭儀に関わる同心円紋状に植えられた「車田」であったと推考された。かつ、同時に「町」は骨卜を行なう際に卜骨に穿たれた同心円状の焼灼穴をも意味し、それは神意が宿り発現する聖処でもあると観想された。車田は同心円紋状に苗を植えるという形状から、町田・額田とも称された。

また、平城宮から出土した隼人の楯は、表面に描かれた模様と頂部に結いつけられた馬髪への解釈から、隼人馬の顔面（特に額）を表現していると考えられた。これらに合わせて『新撰姓氏録』の件の所伝や隼人の楯についての理解などを総合すれば、額田馬とは額に同心円紋状の旋毛がある、実際には額髪をそのように成形して神聖象徴を刻した駿駒であり、それが隼人馬＝「日向の駒」の実像であったと考えられた。祭儀に用いる馬の額髪を成形することは、『延喜左馬寮式』の規定まで継続するほど、根強い伝統があった。

蘇我氏と馬匹文化・馬飼集団の関係については、これまで注目されることはなかったが、蘇我韓子宿禰が騎馬戦で戦ったと伝えられることや、それに相当する五世紀後半～末頃の馬墓が蘇我氏の本貫である南曽我遺跡から検出されていることは、そのことについて見直しを迫るものと言える。

それに関わり、蘇我氏系の有力王族であった廏戸皇子関連の所伝にも強い疑問が投げかけられてきたが、廏戸皇子が基盤とした地域や取り巻く人間集団に馬匹文化・馬飼集団が濃密であっただけでなく、自身も王族として最初に馬司を設けて馬飼集団を管下に置いていたことなど、彼が「廏戸皇子」と称されても何ら不思議でない状況にあった。編戸された馬飼集団＝廏戸に資養され、彼らを核にして編成された馬司を有する皇子が、「廏戸」と名づけられたのも、寧ろ当然のことであったと考えられる。

馬飼集団である額田部（湯坐）連氏に資養された額田部皇女（推古天皇）が、馬匹文化・馬飼集団と親密な関係にある蘇我馬子を、額に同心円紋状の神聖象徴を刻した駿馬である日向の駒＝額田馬＝隼人馬に擬えたところに、人日の歌謡の真の意図があった。

人日には、後に宮廷で陽獣として白馬（青馬）の牽き廻しを観る白馬節会が催されるようになるが、早期の人日儀礼は天智天皇七年、天武天皇四・九・一〇・一二年、持統天皇九年などに行なわれているが、そこに馬を観ることの記述はない。白馬節会の史料上の初見は『万葉集』巻第二十の大伴家持が天平宝字二年（七五八）人日のために「預作」したという「水鳥の鴨羽の色の青馬を今日見る人は限無しといふ」（四四九四）という和歌であり、八世紀中葉には宮廷で行なわれていたようであるが、それ以前については分明でない。もし推古朝の人日に馬の牽き廻しを観る儀礼が伴っていたならば、推古天皇の「日向の駒」の歌も一層興味深いものといえようが、中国におけるその起源も含めて分明ではない[120]。

最後に、推古天皇の歌で「日向の駒」とともに蘇我氏に対する称辞に用いられた「呉の真刀」とは、中国南朝（宋）と積極外交を展開した五世紀代に将来された長大な鉄刀であろうか。熊本県和水町の江田船山古墳から出土した銀象嵌銘文の施されたものと同様な、刃渡り九〇センチに及ぶ太刀であろうか。推古天皇が蘇我氏に擬えた「呉の真刀」については、なお考えなければならない。

註

（1）中村喬『続中国の年中行事』七日人日の項、平凡社、一九九〇年。中村裕一『中国古代の年中行事』第一冊一八九頁以下、汲古書院、二〇〇九年。
（2）平林章仁『蘇我氏の実像と葛城氏』七八頁以下、白水社、一九九六年。
（3）鈴木靖民「遣隋使と礼制・仏教」『日本古代国家形成と東アジア』吉川弘文館、二〇一一年。
（4）北郷泰道「日向」『日本古代史地名辞典』雄山閣、二〇〇七年。
（5）柴田博子「古代南九州の牧と馬牛」『牧の考古学』高志書院、二〇〇八年。
（6）諸県君氏については、平林章仁『「日の御子」の古代史』塙書房、二〇一五年、に詳述したので割愛する。
（7）この氏と、倭漢氏の祖である阿知使主を『記』は阿知直と記すなど紛らわしいが、ここでは別の氏と見る。
（8）桃崎祐輔「古墳に伴う牛馬供犠の検討」『古文化談叢』三一、一九九三年。
（9）柴田博子、註5。
（10）木簡学会編『木簡研究』二五、二六頁、二〇〇三年。
（11）『日本後紀』によれば、大同三年正月壬寅の官司統合令により隼人司は衛門府に統合された。さらに、同年八月庚戌朔に衛門府を衛士府に併合するのにともなって、隼人司は兵部省に移管された。
（12）柴田博子、註5。
（13）辰巳和弘「「額田馬」と平群氏」『地域王権の古代学』白水社、一九九四年。笹川尚紀「平群氏の研究」21世紀ＣＯＥプ

ログラム『グローバル化時代の多元的人文学の拠点形成』第三回報告書、二〇〇五年。

(14)吉田一彦「元興寺伽藍縁起幷流記資財帳の研究」『仏教伝来の研究』吉川弘文館、二〇一二年。

(15)『角川日本地名大辞典　奈良県』七二九頁、角川書店、一九九〇年。

(16)佐伯有清『新撰姓氏録の研究』考證篇第二、三九四頁、吉川弘文館、一九八二年。日本思想大系『古事記』補注三八六頁、岩波書店、一九八二年。

(17)田中卓「『紀氏家牒』について」『日本古代国家の成立と諸氏族』田中卓著作集二、国書刊行会、一九八六年。

(18)・家牒曰、家大倭国平群県平群里、故称曰平群木兎宿祢、是平群朝臣・馬工連等祖也。
・又云、額田早良宿祢男、額田駒宿祢、平群県在馬牧択駿駒養之、献天皇、勅賜姓馬工連、令掌飼、故号其養駒之処曰生駒。□又云、額田駒宿祢男、馬工御織連。
・紀氏家牒曰、平群真鳥大臣弟額田早良宿祢家平群県額田里、不尋父氏負（母氏二字脱カ）・姓額田首。（原文）

(19)本位田菊士「額田部連・額田部について」『続日本紀研究』二三八、一九八五年。

(20)前沢和之「古代の皮革」『古代国家の形成と展開』吉川弘文館、一九七六年。

(21)仁藤敦史「額田部氏の系譜と職掌」『国立歴史民俗博物館研究報告』八八、二〇〇一年。

(22)田中卓氏も「日向の駒」と『新撰姓氏録』のこの所伝に留意しているが、旋毛のことは説話と解すべきとして追究していない。田中卓「大化前代の枚岡」『日本国家の成立と諸氏族』、註17。なお、湯坐は貴人の子の養育やそれを担う人、河田は皮革工人（カワタクミ）のことであり、額田部湯坐連氏は額田部皇女の資養に従事した集団であろう。

(23)森公章「額田部氏の研究」『国立歴史民俗博物館研究報告』八八、二〇〇一年。

(24)仁藤敦史、註21。

(25)『日本歴史地名大系　大阪府の地名』Ⅱ、七七九頁、平凡社、一九八六年。

(26)佐伯有清「馬の伝承と馬飼の成立」『日本古代文化の探究・馬』社会思想社、一九七四年。野島稔「河内の馬飼」『万葉

集の考古学』筑摩書房、一九八四年。森公章、註23。
(27) 奈良国立文化財研究所『平城宮発掘調査出土木簡概報』六、八頁、一九六九年。
(28) 野島稔「王権を支えた馬」『牧の考古学』高志書院、二〇〇八年。大阪府立近つ飛鳥博物館『河内湖周辺に定着した渡来人』二〇〇六年。四條畷市立歴史民俗資料館『馬は船に乗って』、二〇〇九年。藤田道子「蔀屋北遺跡の渡来人と牧」『ヒストリア』二二九、二〇一一年。四條畷市史編さん委員会『四條畷市史』五（考古編）、四條畷市、二〇一六年など。
(29) 森公章、註23。
(30) 新編日本古典文学全集『日本書紀』一、四八七頁頭注。新修大阪市史編纂委員会『新修大阪市史』一、五五頁（服部昌之）、一九八八年。
(31) 荊木美行「『摂津国風土記』「比売嶋」小考」・「初期難波宮覚書」『風土記と古代史料の研究』国書刊行会、二〇一二年。同「五世紀の宮都を探る」『金石文と古代史料の研究』燃焼社、二〇一四年。
(32) 堅田直編『東大阪市日下遺跡調査概要』帝塚山大学考古学研究室、一九六七年。
(33) 大阪府史編修専門委員会『大阪府史』一、七九八～八〇一頁（森浩一）、一九七八年。
(34) 平林章仁、註6。
(35) 佐伯有清「猪養と猪使氏」『日本古代氏族の研究』吉川弘文館、一九八五年。
(36) 「横刀一百九十口」は「横刀一百八十口」の誤写と見られる。
(37) 奈良国立文化財研究所『平城宮発掘調査報告』Ⅸ、一九七八年。中村明蔵『隼人の楯』学生社、一九七八年。
(38) 中村明蔵「隼人の楯　隼人と赤色」『日本古代国家の展開』上巻、思文閣出版、一九九五年。
(39) 井上辰雄『隼人と大和政権』一〇九頁、学生社、一九七四年。中村明蔵「隼人と馬」『隼人の研究』学生社、一九七七年。
(40) 大阪府立弥生文化博物館『日向・薩摩・大隅の原像』九八頁、二〇〇七年。ただし、楯と戈をもつ弥生時代の絵画土器は、天理市清水風遺跡や唐古・鍵遺跡などからも出土している。奈良県田原本町教育委員会『弥生の絵画』田原本の遺跡4、二〇〇六年。

(41) 井上辰雄、註39、一〇〇頁以下。
(42) 中村明蔵「肥人をめぐる諸問題」『熊襲・隼人の社会史研究』名著出版、一九八六年。
(43) 青木和夫・他校注、一、補注二八頁、岩波書店、一九八九年。
(44) 植垣節也校注・訳、一一三頁頭注、小学館、一九九七年。
(45) 井上辰雄、註39、一〇四頁。
(46) 橿原考古学研究所附属博物館『はにわの動物園』Ⅰ・Ⅱ、一九九〇・一九九一年。同『はにわ人と動物たち』二〇〇八年。香芝市二上山博物館『木棺と木簡』二〇〇九年。
(47) 藤井重寿「隼人豆手帖 其二」『隼人文化』創刊号、隼人文化研究会、一九七五年。
(48) 中村明蔵、註37、二一九頁。橋口達也「護法螺と直弧文」『図像の考古学—紋様は語る—』(財)大阪府文化財調査研究センター、一九九八年。
(49) 佐伯有清『新撰姓氏録の研究』考證篇四、四八頁、吉川弘文館、一九八二年。
(50) 大和地名研究所編・発行『大和地名大辞典』一九五二年。橿原考古学研究所編『大和国条里復原図』82・87、吉川弘文館、一九八一年。
(51) 秋本吉郎校注、日本古典文学大系『風土記』岩波書店、一九五八年。植垣節也校注・訳、新編日本古典文学全集『風土記』小学館、一九九七年。
(52) クライナー・ヨーゼフ「車田雑考」『隼人文化』一〇、一九八二年。
(53) 柳田國男『定本柳田國男集』一三、七〇及び三八六頁、筑摩書房、一九六九年。大塚民俗学会編『日本民俗事典』「車田」(竹田旦)弘文堂、一九七二年。『日本民俗大辞典』上、「車田」(池田哲夫)吉川弘文館、一九九九年など。

(54)下野敏見「隼人落穂集　2」『隼人文化』九、隼人文化研究会、一九八一年。
(55)東アジア恠異学会編『亀卜』臨川書店、二〇〇六年。
(56)伴信友「正卜考」一八八四年、『伴信友全集』二、国書刊行会、一九〇七年。次田潤『祝詞新講』五二一頁以下、明治書院、一九二七年、一九八六年に第一書房より覆刻。
(57)『大日本古文書』一、四〇二頁。
(58)神澤勇一「日本の卜骨」『考古学ジャーナル』二八一、一九八七年。他に、東アジア恠異学会編『亀卜』、註55。
(59)『神道大系』古典編十三、新撰亀相記解題（秋本吉徳）、一九九二年。
(60)これは奈良県田原本町唐古・鍵遺跡出土の弥生土器絵画（中期後葉）にみる楼閣状建物の屋根端に描かれたものに代表される、弥生土器絵画建物に散見される旋毛状屋根装飾にも通じるものであろうか。大阪府立弥生文化博物館『王の居館を探る』二〇〇二年。奈良県田原本町教育委員会『弥生の絵画』、註40。
(61)東大阪市文化財協会『みかん山古墳群第一次発掘調査報告書』二〇〇一年。
(62)国立歴史民俗博物館編『装飾古墳の世界』朝日新聞社、一九九三年。国立歴史民俗博物館編『装飾古墳が語るもの』吉川弘文館、一九九五年。森貞次郎『装飾古墳』教育社、一九八五年。
(63)ジョーン・ハリファクス（松枝到訳）『シャーマン』三八〜三九頁、七〇〜七一頁、八一頁、平凡社、一九九二年。
(64)向山勝貞「南海の仮面来訪神」大林太良・宮田登・萩原秀三郎編『日本人の原風景』2、旺文社、一九八五年。
(65)千田稔『うずまきは語る』福武書店、一九九一年。なお、藤田英夫『装飾古墳に描かれた渦巻紋と輪廻転生』雄山閣、二〇一二年は、渦巻紋の起源は太陽神信仰にあり、輪廻転生という世界観を意味するとする。
(66)日本古典文学大系『日本書紀』上、四九八頁頭注。新編日本古典文学全集『日本書紀』二、二〇八頁、小学館。
(67)『大日本古文書』三、三五九〜三六二頁。
(68)丸山真史・藤田三郎「唐古・鍵遺跡出土の古墳時代中期の馬骨について」『田原本町文化財調査報告』一一一、田原本町

教育委員会、二〇一四年。丸山真史「古墳時代の馬の普及と飼育・管理」『古代学研究』二〇八、二〇一六年。
(69) 奈良県田原本町教育委員会『田原本の埴輪』二〇〇七年。
(70) 六世紀初頭の祭祀遺跡とされていたが、近年は低地に築かれた埋没古墳と見られている。『角川地名大辞典　奈良県』一八〇頁、註15。
(71) 元興寺文化財研究所『南曽我遺跡―平成20年度発掘調査報告書―』二〇一二年。
(72) 京都大学文学部考古学研究室『大谷古墳』和歌山市教育委員会、一九五九年。金井塚良一『馬冑が来た道』吉川弘文館、二〇〇八年。
(73) 吉村武彦『聖徳太子』岩波書店、二〇〇二年。
(74) 例えば、高等学校の日本史教科書である、笹山晴生・佐藤信・他編『詳説日本史B』山川出版社、二〇一五年、には、「敏達天皇の后であった推古天皇が新たに即位し、……蘇我馬子や廏戸王（聖徳太子）らが協力して国家組織の形成を進めた」とある。
(75) 久米邦武『上宮太子實録』井洌堂、一九〇五年。同『久米邦武著作集』一、聖徳太子の研究、吉川弘文館、一九八八年。
(76) 坂本太郎『聖徳太子』吉川弘文館、一九七四年。
(77) 大山誠一「聖徳太子像の成立と律令国家」『長屋王家木簡と金石文』吉川弘文館、一九九八年。同『〈聖徳太子〉の誕生』吉川弘文館、一九九九年。同「聖徳太子の解明に向けて」「『日本書紀』の構想」『聖徳太子の真実』平凡社、二〇〇三年。同「記紀の編纂と〈聖徳太子〉」『日本書紀の謎と聖徳太子』平凡社、二〇一一年。
(78) 大山誠一「聖徳太子の解明に向けて」、註77。
(79) 吉田一彦『古代仏教をよみなおす』吉川弘文館、二〇〇六年。
(80) 佐伯有清「聖徳太子の実名「廏戸」への疑問」『聖徳太子の実像と幻像』大和書房、二〇〇二年。
(81) 田中嗣人「聖徳太子実在否定論について」『聖徳太子の実像と幻像』大和書房、二〇〇二年。

(82) 山尾幸久「信仰的聖徳太子像の史的再吟味」『聖徳太子の実像と幻像』大和書房、二〇〇二年。
(83) 森田悌『推古朝と聖徳太子』岩田書院、二〇〇五年。
(84) 吉村武彦『聖徳太子』、註73。
(85) 母は膳臣傾子の娘の菩岐々美郎女。「上宮記下巻注云」(『聖徳太子平子伝雑勘文』下三)に馬屋女王、『上宮聖徳法王帝説』は馬屋古女王、『聖徳太子伝暦』では馬屋女王と見え、父の名の廏戸を継承した可能性が大きい。
(86) 川勝守『聖徳太子と東アジア世界』吉川弘文館、二〇〇二年。
(87) 曾根正人『聖徳太子と飛鳥仏教』吉川弘文館、二〇〇七年。
(88) 新川登亀男『聖徳太子の歴史学』講談社、二〇〇七年。
(89) 古市晃「聖徳太子の名号と王宮」『日本歴史』七六八、二〇一二年。
(90) 大平聡『聖徳太子』山川出版社、二〇一四年。古市氏説と新川氏説を合わせただけで、新見はない。
(91) 渡里恒信「上宮と廏戸」『古代史の研究』一八、二〇一三年。後者の論点は私見と重なる部分もあり古市晃氏説に従えない点では等しいが、視点や解釈などで異なる部分もある。
(92) 古市晃「五・六世紀における王宮の存在形態―王名と叛逆伝承―」『日本史研究』五八七、二〇一一年。
(93) 告井幸男「名代について」『史窗』七一、二〇一四年。
(94) 吉川真司『飛鳥の都』岩波書店、二〇一一年。
(95) 倉本一宏「大王の朝廷と推古朝」『岩波講座日本歴史』二、古代二、岩波書店、二〇一四年。
(96) 平林章仁、註6。
(97) 石井公成『聖徳太子―実像と伝説の間』春秋社、二〇一六年。なお、石井氏説の廏戸と馬飼集団の関係論は、井上薫「聖徳太子異名論」『歴史読本』四一―二〇、一九九六年、に依ったものである。
(98) 坂本太郎、註76。

(99)森田悌、註83。
(100)吉村武彦、註73。
(101)上田正昭「飛鳥朝の象徴—聖徳太子とその群像」『上田正昭著作集』七、角川書店、一九九九年、初出は一九七八年。上田正昭「歴史からみた太子像の虚実」『聖徳太子の実像と幻像』大和書房、二〇〇二年、でも同じ趣旨の記述が見えるが、いずれも渡来系馬匹集団との関係の可能性を指摘するのみで、深くは触れていない。
(102)鈴木靖民「東アジア諸民族の国家形成と倭王権の展開」『倭国史の展開と東アジア』岩波書店、二〇一二年。
(103)奈良国立文化財研究所『平城宮発掘調査出土木簡概報』二一〜二八、一九八九年〜九三年。同編『平城京長屋王邸宅と木簡』吉川弘文館、一九九一年。
(104)これを飛鳥に求める舘野氏や森田氏、あるいは香具山の東方とする寺崎氏や渡里氏がいるが、従えないことは岩本氏が述べ、筆者も前著で述べた通りである。舘野和己「畿内のミヤケ・ミタ」『新版古代の日本』五、角川書店、一九九二年。森田悌『長屋王の謎』河出書房新社、一九九四年。寺崎保広『長屋王』吉川弘文館、一九九九年。渡里恒信「城上宮について」『日本古代の伝承と歴史』思文閣出版、二〇〇八年。岩本次郎「木上と片岡」奈良国立文化財研究所『長屋王家・二条大路木簡を読む』吉川弘文館、二〇〇一年。平林章仁『七世紀の古代史』白水社、二〇〇二年。
(105)奈良国立文化財研究所『平城宮出土木簡概報』六、一九六九年。
(106)『寧樂遺文』中。
(107)井上寛司「弘福寺領大和国広瀬庄について」赤松俊秀教授退官記念『国史論集』赤松俊秀教授退官記念事業会、一九七二年。
(108)日本歴史地名大系『奈良県の地名』一〇九頁、平凡社、一九八一年。
(109)奈良県立橿原考古学研究所編『大和国条里復原図』、註50。
(110)日本歴史地名大系『奈良県の地名』一〇九頁、註108。

(111) 香芝市二上山博物館『木棺と木簡』香芝市教育委員会、二〇〇九年。
(112) 引用部は底本（最古の三条西家伝来本）には郡首の記載がないが、秋本吉郎校注　日本古典文学大系『風土記』二六四頁、岩波書店、一九五八年、は、記事筆録の未完によるとして「印南郡」とする。しかし、植垣節也校注　新編日本古典文学全集『風土記』二四頁、小学館、一九九七年、は、当時は未だ印南郡は存在しなかったとして底本のまま賀古郡としており、小稿もそれに従う。関連史料は、『法隆寺伽藍縁起幷流記資財帳』、『続日本紀』神亀三年九月二十七日・十月七日・十月十日の各条、『万葉集』九三五番歌など。
(113) 間壁忠彦・間壁葭子『日本史の謎・石宝殿』六興出版、一九七八年。
(114) 塚口義信「『播磨国風土記』の成立」『風土記の考古学』二、同成社、一九九四年。植垣節也校注、新編日本古典文学全集『風土記』解説、註112。
(115) 『角川日本地名大辞典　奈良県』一〇二六頁、註15。
(116) 水野柳太郎「日本書紀と元興寺縁起」『日本古代の寺院と史料』吉川弘文館、一九九三年。吉田一彦「『元興寺縁起』をめぐる問題」「元興寺伽藍縁起幷流記資財帳の研究」『仏教伝来の研究』吉川弘文館、二〇一二年。
(117) 等と刀の間に「已」が脱落していると校訂する立場もある。藤田經世編『校刊美術史料』寺院篇上巻、中央公論美術出版、一九七二年。奈良国立文化財研究所飛鳥資料館『飛鳥寺』関西プロセス、一九八六年など。なお、『元興寺伽藍縁起幷流記資財帳』の他の箇所では「馬屋門皇子」とあることも、娘の馬屋古女王という名とともに留意される。
(118) 岸俊男「日本における「戸」の源流」『日本古代籍帳の研究』塙書房、一九七三年。
(119) 井上薫、注97。
(120) 『礼記』月礼や『荆楚歳時記』にも見えない。中村喬『続中国の年中行事』や、中村裕一『中国古代の年中行事』にも記すところがない。註1。

第六章　河内磯長谷の王陵と蘇我氏

はじめに

蘇我氏が全盛を極めた六世紀後半から七世紀半ばまでの、敏達天皇・用明天皇・聖徳太子・推古天皇・孝徳天皇らの陵墓（最終埋葬地）は、河内国石川郡科長（磯長）郷の磯長谷（大阪府南河内郡太子町）に集中して造営された。このことは、ここが飛鳥時代の「王陵の谷」とも称される由縁であるが、「王陵の谷」形成の理由については不明な点が多い。『大阪府史』(1)はこれに関して次のように述べている。

磯長谷は、盆地状地形をしている。磯長谷は大きな川の流域ともいえず、また海からも見えないし、農耕地も狭く集落も少なかった。従来の大王墓の立地を〝開かれた土地〟と呼ぶなら、ここはまさしく〝閉ざされた土地〟である。……磯長谷古墳群は、古墳の造営に政治的示威の直接的効果を目標としていないとみることができるし、それが古墳終末期の時代の性格を物語っている。

古墳終末期「王陵の谷」の形成には、政治的な威勢を示す意図はなかったというが、必ずしもこれが標準的な見方にはなっていない。

すなわち、廏戸皇子も含め、ある一時期だけ河内磯長谷に陵墓が集中することに、何らかの原則が存在したのではないか、という解釈の示されることが多い。とくに、蘇我氏が全盛を極めた時期であるとともに、『日本三代実録』元慶元年（八七七）十二月廿七日癸巳条の、前長門守従五位下石川朝臣木村と散位正六位上箭口朝臣岑業がそろって宗岳朝臣を賜姓された際の石川朝臣木村の言に、「始祖大臣武内宿祢の男、宗我石川、河内国石川別業に生る。故に石川を以て名と為し、宗我大家を賜はり居と為す。因て姓宗我宿祢を賜はる。」とみえ、河内国石川郡に蘇我氏の本拠の一つ（別業）があったことなどから、「王陵の谷」形成が蘇我氏との関係下に行なわれたと解される場合が少なくない。このことは、蘇我氏の在りようや影響力と関わって検討を要する問題である。

ここでは、「王陵の谷」形成の歴史的背景を解明することで、当該時期の王権と蘇我氏の関係の一端を明確にし、蘇我氏像をより確かなものとしたい。

第一節　磯長谷の陵墓

まず、『記』・『紀』の関連史料を掲げるが、ここでは「王陵の谷」の形成の歴史的背景、なかでも蘇我氏との関連を中心に考察するため、『延喜諸陵式』および現地古墳への比定については、必要に応じてのみ触れるに留める。

『古事記』

①敏達天皇記

御陵は川内科長に在り。

②用明天皇記

御陵は石寸掖上に在りしを、後に科長中陵に遷しき。

③推古天皇記

御陵は大野岡上に在りしを、後に科長大陵に遷しき。

◯

『日本書紀』

④敏達天皇紀十四年条

秋八月乙酉朔己亥に、天皇、病弥留りて、大殿に崩りましぬ。是の時に殯宮を広瀬に起つ。

⑤用明天皇紀二年条

秋七月甲戌朔甲午に、磐余池上陵に葬りまつる。

⑥崇峻天皇紀四年条

夏四月壬子朔甲子に、訳語田天皇を磯長陵に葬りまつる。是其の妣皇后の葬られたまひし陵なり。

⑦推古天皇紀

元年……秋九月に、橘豊日天皇を河内磯長陵に改め葬りまつる。

廿九年春二月己丑朔癸巳に、半夜に廏戸豊聰耳皇子命、斑鳩宮に薨りましぬ。…中略…是月に、上宮太子を磯長陵に葬る。

卅六年春二月戊寅朔甲辰に、天皇、臥病したまふ。

三月丁未朔戊申に、日、蝕え尽きたること有り。壬子に、天皇、痛みたまふこと甚しくして、諱むべからず。

……癸丑に、天皇崩りましぬ。時に年七十五。即ち南庭に殯す。……

秋九月己巳朔戊子に、始めて天皇の喪礼を起す。是の時に、群臣、各殯宮に誄す。是より先、天皇、群臣に遺詔して曰はく、「比年、五穀登らず。百姓大きに飢う。其れ朕が為に陵を興てて厚く葬ること勿。便に竹田皇子の陵に葬るべし」とのたまふ。壬辰に、竹田皇子の陵に葬りまつる。

⑧孝徳天皇紀

白雉五年十月……壬子に、天皇、正寝に崩りましぬ。仍りて殯を南庭に起つ。小山上百舌鳥土師連土徳を以て殯宮の事に主らしむ。
十二月壬寅朔己酉に、大坂磯長陵に葬りまつる。

まず、敏達天皇は、①の敏達天皇記に「御陵は川内科長に在り」とあって、河内の磯長谷に葬られたことが知られるが、喪葬の具体的状況は分からない。「王陵の谷」に葬られた最初の天皇と見られるが、④の敏達天皇紀十四年八月己亥では、「天皇、病弥留りて、大殿に崩りましぬ。是の時に殯宮を広瀬に起つ」とあることから、敏達天皇十四年（五八五）に亡くなり、最初の正宮である百済大井宮[2]（広瀬郡城戸郷百済／北葛城郡広陵町百済）に近い広瀬（広瀬郡広瀬郷／北葛城郡広陵町広瀬）に殯宮の造営されたことが知られる。この広瀬殯宮で誄の所作を互に揶揄しあったことから、蘇我馬子宿禰大臣と物部弓削守屋大連が怨恨を深めたと伝えられることは広く知られている。ただし、敏達天皇が埋葬されたのは、⑥の崇峻天皇紀四年四月甲子条に「訳語田天皇を磯長陵に葬りまつる。是其の妣皇后の葬られたまひし陵なり」とあるように、亡くなってから六年後の崇峻天皇四年（五九一）のことであり、母である石姫皇女（欽明天皇の大后、父は宣化天皇、母は仁賢天皇の娘の橘仲皇女）墓への合葬であった。急病で亡くなったように見えるから感染性の病気に罹患したのではなかったかと思われるが、六年間の長きに亘り殯が営まれていたのか、それとも余所に埋葬されていたのをこの時に改葬したのか、なぜ磯長谷の母の墓に合葬されたのか、それが何人の意思に基づくものであったのか、等々については分明でない。

次に用明天皇については、②の用明天皇記に「御陵は石寸掖上に在りしを、後に科長中陵に遷しき」とあって、石寸掖上から科長中陵に改葬されたことが知られる。一方、⑤の用明天皇紀二年（五八七）七月甲午条では「磐余池上陵に葬りまつる」とあるだけだが、⑦の推古天皇紀元年（五九三）九月条に、「橘豊日天皇を河内磯長陵に改め葬りまつる」とあることから、改葬の時期が知られる。ただし、用明天皇の場合もなぜ六年後に、だれの意思で磯長谷へ改葬されたのかなど、敏達天皇の場合と同様に明らかではない。

崇峻天皇陵については史料を引いていないが、『記』は「御陵は倉椅岡上に在り」、『紀』は「天皇を倉梯岡陵に葬りまつる」とあって、磯長谷ではなく、王宮の倉梯宮（倉椅柴垣宮）[3]に近い十市郡倉梯（桜井市倉橋）に葬られている。これは崇峻天皇が殺害された天皇であることと関わるが、この問題は次節で述べよう。

廏戸皇子の場合は、史料⑦の推古天皇紀二十九年二月条に、「癸巳に、半夜に廏戸豊聰耳皇子命、斑鳩宮に薨りましぬ。……是月に、上宮太子を磯長陵に葬る」とあって、比較的速やかに磯長谷へ埋葬されている。事前に自分の墓（寿墓）を造営していたのであろうか、当初から磯長谷が造墓地に選ばれている。[4]

推古天皇については、『記』は③で「御陵は大野岡上に在りしを、後に科長大陵に遷しき」とあって、当初は大野岡上に埋葬され、後に科長大陵へ改葬したとある。一方、⑦では推古天皇三十六年（六二八）二月甲辰（二十七日）に病に伏し、三月壬子（六日）には危篤状態に陥り、翌癸丑（七日）に七十五歳で亡くなった、と非常に詳しく記している。小墾田宮の南庭に殯宮が設けられ、九月戊子（二十日）から誄などの喪礼が営まれ、壬辰（二十四日）には子の竹田皇子墓に合葬したというが、改葬のことは記さない。

推古天皇記から竹田皇子の墓は大野岡上にあったとみられるが、近年の調査で検出された奈良県橿原市五条野町にある、東西約四〇メートル、南北約二七メートルの長方墳である植山古墳が、推古天皇と竹田皇子の陵墓として有力視されている。[5]東西北はコ字状に壕が巡り、東西に二つの横穴石室がある双室墳で、東石室は六世紀末、西石室は七世紀前半の古い段階の築造と見られている。東は竹田皇子、西は推古天皇が被葬者として想定されるが、廏戸皇子の場合のように同一石室内への合葬ではない。

合葬の理由として「比年、五穀登らず。百姓大きに飢う。其れ朕が為に陵を興てて厚く葬ること勿。便に竹田皇子の陵に葬るべし」という推古天皇の薄葬の遺詔を載せている。『延喜諸陵式』には小治田宮御宇推古天皇の陵として河内国石川郡の「磯長山田陵」を載せることから、改葬は事実と見てよいが、それを行なった人物や時期、理由については伝えるところがなく、分明でない。また、遺詔からみて、磯長谷への改葬は推古天皇自身の意思によるものでないことは明白であり、この場合は推古天皇の遺詔に匹敵、もしくはそれを越える強力な意思が働かなければ改葬は不可能であろう。

孝徳天皇は、史料⑧から、白雉五年（六五四）十月に難波長柄豊碕宮で亡くなり、百舌鳥土師連土徳が責任者になって同宮の南庭に殯宮が設けられ、十二月に大坂磯長陵に葬られたことは間違いない。

以上が磯長谷に葬られた王族の陵墓の概略であるが、「王陵の谷」形成の歴史的背景は未だ霞の彼方にある。その前に、この時期としては例外的な、「王陵の谷」以外に葬られた崇峻天皇のことを、参考までに見ておこう。

第二節　蘇我馬子による崇峻天皇殺害

史上最初の臣下による天皇殺害を、(6) 崇峻天皇紀五年（五九二）条は次のように伝える。

冬十月癸酉朔丙子に、山猪を献ること有り。天皇、猪を指して詔して曰はく、「何の時にか此の猪の頸を断るが如く、朕が嫌しとおもふ所の人を断らむ」とのたまふ。多く兵仗を設くること、常よりも異なること有り。壬午に、蘇我馬子宿禰、天皇の詔したまふ所を聞きて、己を嫌むらしきことを恐る。儻者を招き聚めて、天皇を弑せまつらむと謀る。……

十一月癸卯朔乙巳に、馬子宿禰、群臣を詐めて曰はく、「今日、東国の調を進る」といふ。乃ち東漢直駒をして、天皇を弑せまつらしむ。或本に云はく、東漢直駒は、東漢直磐井が子なりといふ。是の日に、天皇を倉梯岡陵に葬りまつる。或本に云はく、大伴嬪小手子、寵の衰へしことを恨みて、人を蘇我馬子宿禰のもとに使りて曰はく、「頃者、山猪を献れること有り。天皇、猪を指して詔して曰はく、『猪の頸を断らむ如く、何の時にか朕が思ふ人を断らむ』とのたまふ。且内裏にして、大きに兵仗を作る」といふ。是に、馬子宿禰、聴きて驚くといふ。

崇峻天皇の企図を漏れ聞いた蘇我馬子が先手を打ったいうが、推古天皇即位前紀も次のように記している。

三十九歳にして、泊瀬部天皇五年十一月に当りて、天皇、大臣馬子宿禰の為に殺せられたまひぬ。嗣位既に空し。群臣、渟中倉太珠敷天皇の皇后額田部皇女に請して、令踐祚らむとす。

臣下による天皇殺害は前代未聞の大事件であるが、右の記事を読む限り、王権内部に大きな衝撃や混乱が生じたようには見えない。事件は大臣蘇我馬子の独断のように見えるけれども、東国進調の儀式や刺客の東漢直駒、事後の群臣による額田部皇女擁立などの動きから見て、事前に額田部皇女の同意など、王権内部で根回しが進められた上で蘇我馬子が責任者となって事が決行されたものと推察される。したがって、蘇我氏の専断的行為と評価するのは正当ではなかろう。

三原康之氏[7]によれば、大化前代には米・粟（農作物）などの初穂新嘗と狩猟・漁撈・植物採集の初尾新嘗があって、令制の新嘗祭に統合、収斂していくが、崇峻天皇に献上された山猪（野生の猪）は初尾新嘗であり、その首を切るのは王による山猪の屠殺、供犠と解される、という。また、遠山美都男氏[8]は、暗殺は事実であるが、十月の山猪献上は新嘗祭に関わるもので、東国の進調も新嘗祭の儀式の一環であり、『紀』は崇峻天皇の暗殺を新嘗祭のおりの出来事ととらえ、その霊力の喪失、存在の否定、「殺される王」として描こうとしている、と説く。

文化人類学の大林太良氏[9]も、大嘗祭・新嘗祭は、古い秩序が終わりを告げ、新しい秩序に交替する時点であった。王国の秩序の中心たる王者が出現し、あるいは死ぬ機会であった、とする。古代の王者は、社会を成り立たせている世俗的かつ宗教的秩序を体現しており、旧い王者の死亡・新しい王者の出現は、その秩序の更新と観念されていたことは、前にも述べた[10]。

崇峻天皇の殺害が収穫（新嘗）儀礼のなかで計画され、実行されたとしても、山猪がどうして蘇我馬子を連想させたのか、右の記事からは見えてこない。ただ、次の所伝にそれについて示唆するところがあるのではないかと思われる。

・欽明天皇紀十六年七月壬午条
蘇我大臣稲目宿禰・穂積磐弓臣等を遣して、吉備五郡に、白猪屯倉を置かしむ。
・欽明天皇紀十七年七月己卯条
蘇我大臣稲目宿禰等を備前の児嶋郡に遣して、屯倉を置かしむ。葛城山田直瑞子を以て田令にす。
・欽明天皇紀三十年正月辛卯朔条
詔して曰はく、「田部を量り置くこと、其の来ること尚し。年甫めて十余、籍に脱りて課に免るる者衆し。胆津胆津は王辰爾が甥なり。を遣して、白猪田部の丁の籍を検へ定めしむべし」とのたまふ。

夏四月に、胆津、白猪田部の丁者を検へ閲て、詔の依に籍を定む。果して田戸を成す。天皇、胆津が籍を定めし功を嘉して、姓を賜ひて白猪史とす。尋ち田令に拝けたまひて、瑞子が副としたまふ。瑞子は上に見えたり。
・敏達天皇三年十月丙甲条
蘇我馬子大臣を吉備国に遣して、白猪屯倉と田部とを増益さしむ。即ち田部の名籍を以て、白猪史胆津に授く。

戊戌に、船史王辰爾が弟牛に詔して、姓を賜ひて津史とす。


王権領である屯倉の設置が蘇我氏政権下で推進されたことは周知のところであるが、右は吉備国に置かれた白猪屯倉の関連記事である。中央から田令（経営管理者）を派遣し、田部（屯倉耕作農民）を設定して丁（課役対象の成年男子）の籍、さらには田戸（戸別農民）の籍を編成して経営する、先進の屯倉経営が読み取れよう。もちろん、そのためには文筆や記録に長けた人物が不可欠であり、王辰爾一族の白猪史氏がそれを担った。さらに注目されることは、大臣の蘇我稲目、さらには蘇我馬子が吉備に派遣されて、設置、経営されていることであり、白猪屯倉は大臣蘇我氏の政策を象徴する屯倉でもあった。

ところで、白猪史・白猪屯倉の白猪は地名ではなく、『古語拾遺』に載る祈年祭の起源を伝える御歳神神話や『延喜神祇式』に載る祈年祭祝詞に御歳神に白馬・白猪・白鶏を供進するとあるように、ここでは祈年祭に先行する稲作予祝祭に白猪を用いていたことに由来するとの説に注目される。[(11)] もちろん、白猪は豚であろうが、[(12)] 猪を家畜化したのが豚であり、交配も可能である。

要するに、大臣蘇我氏の政策を代表する屯倉の象徴が「白猪」であったことから、「猪の頸を断る」という崇峻天皇の寓意は、人々には暗黙のうちに諒解されたものと考えられ、蘇我馬子が慌てて機先を制したのも諒解されよう。かくして崇峻天皇は、殯宮儀礼が営まれることもなく殺害されたその日、直ちに埋葬されたのである。

第三節　「王陵の谷」形成と蘇我氏

さて本題に戻り、「王陵の谷」形成の歴史的背景であるが、先行研究は蘇我氏の意図的営為の結果と見る説と、それ以外の理由を想定する立場に二分される。まず、前者の説くところから見てみよう。

門脇禎二氏は、[(13)] 敏達天皇は石姫（宣化天皇の娘）との合葬であるが、宣化天皇は初めて蘇我氏の勢力圏のなかに宮（桧隈廬入野宮）を営んだ天皇であり、磯長谷への合葬は明らかに蘇我氏との関係である。磯長谷に陵墓が作られた天皇や王族は、何人も蘇我氏（特に堅塩媛系）と関係があり、六世紀終末から七世紀の初めに、蘇我氏は急速に磯長谷へ勢力を延ばした、と説く。

ただし、生前の被葬者の在りようだけで、陵墓の所在地が決まるわけではない。寿陵墓でない（被葬者生前の指示や造営のことがない）なら、その場所を選択し、陵墓を造営する主体者の意図や思惑についても考慮しなければならない。「王陵の谷」が蘇我氏の影響下にある地域であったか否かは別にして、石姫が蘇我氏の影響圏内に墓を造営するほど親密であったかは、明らかでない。

次に山尾幸久氏[14]は、この地に特徴的な飛鳥戸などの労働編成は、「磯長谷王墓群」の形成に関係がある。石姫から孝徳まで蘇我氏に何らかの関わりのある王族で、用明と推古は磐余と高市からの改葬であり、敏達の埋葬が死の約六年後で石姫墓に合葬というが、実は改葬ではないか。廏戸も母との合葬伝承があり、磯長谷王墓群の形成主体としては蘇我氏を推定するのは妥当である、とする。

敏達天皇も含めて改葬に着目した点は評価できるが、改葬を重視する立場からすれば、被葬者本人の生前の意思よりは、残された者たち、後裔集団や後背集団の意向を重視するべきではなかろうか。

石部正志氏[15]は、蘇我氏は渡来系集団を配下に有したが、磯長谷の一郭、葉室一須賀古墳群が渡来系集団の奥津城であること、古来大古墳は交通幹線の要地を選んで築かれる傾向が著しく、その伝統は磯長谷古墳群にも継承されている、と蘇我氏との関係を前提に説明する。

王権に包摂された渡来系集団は大臣蘇我氏の管掌下にあったが、その渡来系氏族の奥津城が存在することと磯長谷の王陵形成がどのように連関するのか、判然としない。

山本彰氏[16]は、磯長谷の古墳は、蘇我倉山田石川麻呂を出す蘇我倉氏が主導して造ったが、目的は蘇我倉氏が掌握する地域のブランド化のためであり、陵墓が政治的道具として利用された、と説く。

しかし、陵墓の築造が、どうして地域のブランド化に繋がるのかよく分からない。そもそも、古代地域のブランド化とは一体何なのか、その実態と意味などが説明されていない。

水野正好氏は、陵墓の所在地を母や后妃の出自との関係で理解し、敏達天皇が母の石姫墓に葬られたのは夫の欽明天皇が蘇我稲目の娘二人をキサキとしているからである[17]、あるいは古市・石川郡が和邇・息長氏有縁の地であり、和邇系春日山田皇女を皇后とする安閑天皇陵が古市郡に、息長氏系の広姫皇后をもつ敏達天皇は、母である和邇系の石姫と同墓といった形で石川郡に陵墓を築いた[18]、と説く。

前者（蘇我氏重視）と後者（息長氏・和邇氏重視）で見解が変わっているが、前者では雄略天皇皇后の草香幡梭皇女を和邇氏の出身とし（実際は日向諸県君氏）、後者では大草香皇子家の所在地を丹比郡とする（実際は河内郡日下）など、事実誤認がある。ただし、陵墓造営地と系譜観念が関連するとの視点や、「王陵の谷」形成と和邇（和珥）氏の関係指摘などの視点は参考になる。

他にも「王陵の谷」形成と蘇我氏の関係を解く説があるが、(19) いずれも状況証拠的な印象論に終始していて決め手に欠ける。

第四節　「王陵の谷」形成と女性

古代の陵墓造営地の選定には、いかなる要因が作用したのであろうか。飛鳥時代の墓地選定の基準や理由について考えなければならないが、関連史料が僅少ななか、推測の域を出ないのも止むを得ない。仁徳天皇紀六十七年十月甲申条は、彼の寿陵築造にかかる所伝であり、石津原の地霊を象徴する神聖な耳割け鹿とその霊を象徴する百舌鳥を用いた築陵始めの地霊祭儀を伝えた内容であるが、(20) 選地した理由は伝わらない。七世紀に寿墓が造営されていたことは、皇極天皇紀元年是歳条の蘇我大臣蝦夷による今来の双墓のことから知られる。

墓地ではないが敏達天皇紀四年（五七五）是歳条には、「卜者に命して、海部王の家地と糸井王の家地とを占ふ。卜へるに便ち襲吉し。遂に宮を訳語田に営る。是を幸玉宮と謂ふ」とあって、訳語田幸玉宮を海部王と糸井王の家地に造営してよいか否かについて占っている。おそらく、墓地の選定においても、卜占などの呪儀が行なわれたであろう。その他に、そこが宗教的な適地（聖地）か否かや、自然地理的条件（平地・山地・丘陵・河岸・海岸）、人文地理的条件（集落との位置関係・可耕地か否か・水陸の交通）、人文社会的条件（その地と被葬者との関係・配偶者との関係・被葬者の系譜観念・築陵の労働力の提供集団）など、様々な要素や条件が墓造営地の選定に作用したものと推考される。

さて、磯長谷への「王陵の谷」形成であるが、池田貴則氏[21]は、磯長谷は蘇我氏系の天皇の墓域になったと簡便な説明がされることが多かったが、敏達天皇は直接的には蘇我氏との血縁関係はなく、孝徳天皇は乙巳の変後の即位であるから、蘇我氏の影響による造墓でないことは明らかである。蘇我氏の影響だけでなく、推古天皇の意思も強く働いていることが考えられる。崇峻天皇殺害が象徴するように当時、堅塩媛系と小姉君系の皇位継承権を巡る闘争があり、堅塩媛系の推古天皇は皇統を確固なものにするための事業として、欽明天皇陵への堅塩媛改葬、磯長谷への用明天皇陵の改葬や太子墓と自らの墓の造墓などを行なった、と説く。

推古天皇の意図を重視する見解は、網干善教氏[22]も述べるところであるが、穴穂部皇子の事件はあるものの、「王陵の谷」形成を堅塩媛系と小姉君系の王位継承を巡る闘争に求められるかは疑問に思われる。王位継承は王権内部全体の問題であって、継承資格者の母系だけで競われたのではない。例え王位継承を巡る闘争があったとしても、それがどうして磯長谷への造陵に繋がるのか分明でなく、推古天皇の「皇統を確固」化事業がどのように作用したのかも説明がない。そもそも、堅塩媛系と小姉君系の王位継承権を巡る闘争や、推古天皇による堅塩媛系皇統の確固化事業などの、存在が明らかではない。

また、竹田皇子墓への合葬を求めた推古天皇の遺詔（史料⑦）からみて、彼女が磯長谷への埋葬を希望していたとはみなし難く、磯長谷を王家の埋葬地として重視していたかも定かではない。重ねて言うが、陵墓の撰地には被葬者あるいは遺された縁者の意思がどのように反映されたかについての、検討が必要であろう。

吉井巌氏[23]は、「王陵の谷」形成について述べたものではないが、河内国安宿郡の尾張郷と尾張連氏の関係に注意を払っている。すなわち、継体天皇は尾張連草香の娘の目子媛を元妃として安閑天皇らを儲けているが、安閑天皇紀二年（五三五）十二月是月条に、

天皇を河内の旧市高屋丘陵に葬りまつる。皇后春日山田皇女及び天皇の妹神前皇女を以て、是の陵に合せ葬れり。

とあるように、安閑天皇陵は安宿郡尾張郷に近い古市郡高屋村（大阪府羽曳野市古市）に築かれ、春日山田皇女と妹の神前皇女（母は坂田大跨王の娘広姫、異母妹を妃としていたか）の合葬と伝える。

また水谷千秋氏[24]は、二世王以下の傍系王族が即位する際に血統上の不利を補強するねらいから、「皇女后妃」が五世紀末から六世紀初めに生まれた。こうした王族内部の婚姻が、王族内の結合を強める効果をもたらし、この時期に磯長谷に王陵が相次いで造営されたと述べ、王族の内部婚による族内結合の強化の影響を想定する。

王族の系譜観念と造陵が関連するとの視点は参考になるが、皇女后妃は五世紀末から六世紀初めに始まったのではなく、すでに五世紀代にも多くみられる。

「王陵の谷」形成において、后妃の出自と王統系譜意識の視点を発展させたのが、白石太一郎氏である[25]。そこで白石氏の論文「ふたつの飛鳥の終末期古墳」の概要を紹介しよう。

・磯長谷古墳群を蘇我氏系の陵墓群とみる理解について、蘇我氏とは全く姻戚関係をもたない石姫とその子敏達の合葬墓から始まることを考えるとこの説は成立しがたい。

・敏達の石姫墓への合葬は、ヤマト王権（五世紀）の王統の血を継承していない継体、安閑、宣化が、ヤマト王権の王統につながる仁賢の娘の手白香、春日山田、橘仲とそれぞれ婚姻関係を結ぶことによって、入り婿のかたちで王統断絶を回避したことと関係するのではないか。

・安閑の墓に妃春日山田皇女が、宣化の墓には妃橘仲媛が合葬されている。これはむしろ、春日山田皇女の墓に安閑が、橘仲皇女の墓に宣化が合葬されたと見るのが真実に近いのではないか。女系による王統継承は、手白香→春日山田→橘仲、橘仲から娘の石姫に受け継がれたと思われ、当時の系譜観念からすれば、石姫墓に子敏達が合葬されることは特異とは見られなかった。

・安閑の妃春日山田の名にみられる春日・山田は、磯長谷古墳群の営まれた地である。磯長谷古墳群は、古市古墳群に王墓を営んだ河内王家のいま一つの墓域であり、蘇我氏とは関係がない。廏戸皇子も、蘇我の血統よりは河内王家の伝統を重視していたとも考えられる。

論は多岐に亘り、考古学に門外漢の筆者には理解に限界もあるが、白石氏説について若干の私見を述べよう。まず、磯長谷の「王陵の谷」形成を当時の王統意識から理解し、石姫を重視することは、基本的方向性として妥当と考えられる。

次に、ここが河内王家のもう一つの墓域であったか否か筆者には判断できないが、蘇我氏の関連を否定的に捉える点では同意できる。その理由は、白石氏も指摘するが、磯長谷の王陵群形成の端緒は蘇我氏とは疎遠な母の石姫皇女（欽明天皇の大后、父は宣化天皇、母は仁賢天皇の娘の橘仲皇女）墓造営および敏達天皇の合葬であり、その最後は血縁上、蘇我氏と疎遠な孝徳天皇であることである。加えるに、推古天皇は遺詔で竹田皇子墓への合葬を指示しており、磯長谷への埋葬を重視する姿勢は見えないことなどである。

王統論との関わりについて、継体天皇以降の王統が女系では手白香皇女→春日山田皇女→橘仲皇女→石姫皇女と継承されたとする系譜観念の存在は想定可能であるが、安閑天皇と春日山田皇女、宣化天皇と橘仲皇女の関係は、それぞれ大后として入内することにこそ王権の正統性の担保として機能するのであり、死後の合葬で王権の正統性を主張することが可能であったか、過去のことに効果が及んだのか、あるいは他に何らかの意味があったのか、などについてよく考えなければならない。そうした合葬が影響を与えるのは、残された者、その子孫たちに対してではなかったか。また、敏達天皇は系譜上では即位に何ら問題は存在しないのであるから、石姫皇女への敏達天皇の合葬は、敏達天皇の即位や王権の正統性とは関係がないとみるべきであろう。この時期の天皇陵造営や喪葬のあり方（改葬・合葬）は、時の王位、王権の正統性の主張とは切り離して、理由は別に考えなければならないと思われるが、石姫皇女が磯長谷に埋葬されたことの理由はなお定かでない。

第五節　「王陵の谷」形成と系譜・帰属観念

「王陵の谷」形成の疑問を解く鍵は、磯長谷へ最初に葬られた石姫皇女と、オオヤマト古墳群に葬られた手白香皇女にあると考える。

継体天皇の大后手白香皇女の系譜を遡れば、父は仁賢天皇、母は春日大娘皇女であるが、春日大娘皇女の父は雄略天皇、母は春日和珥臣深目の娘の童女君と伝える。すなわち、春日大娘皇女の「春日」は母から継承したものであり、彼女は春日和珥臣氏の下で養育された可能性が大きい。その娘である手白香皇女も春日和珥臣氏の庇護下にあって、春日和珥臣氏への帰属観念を有していたことも推考される。継体天皇が春日和珥臣氏に親近感を懐いていたことは、和珥臣河内の娘荑媛（『記』では阿倍之波延比売とある）も入内し、一男二女を儲けていることからも知られる。なお、『紀』は武烈天皇の皇后に春日娘子を載せ、「未だ娘子の父を詳にせず」と記しているが、この行は継体天皇の即位にともなう無嗣の確定問題と関わろう。

宣化天皇が亡くなった後、即位前の欽明が安閑天皇の「山田皇后」（春日山田皇女）に即位を要請したが大后は固辞したと伝えられるように、当時春日山田皇女は王家内で指導的年長者の立場にあったと見られる。春日山田皇女の父は仁賢天皇、母は和珥臣日爪の娘の糠君娘であり、春日和珥臣氏系の人物であった。夫の安閑天皇の旧市高屋丘陵（大阪府羽曳野市古市）に神前皇女とともに彼女が合葬されるのは、それより後のことであった。『記』は安閑天皇の大后春日山田皇女を載せず、合葬のことも記していない。

加えて、留意しなければならないことは、今一人の春日山田皇女が存在することである。それは、欽明天皇と春日日抓臣の娘糠子の間に生まれた春日山田皇女であり、欽明天皇記も春日の日爪臣の娘、糠子郎女との間に春日山田郎女・麻呂子王・宗賀の倉王を儲けたとあるから、ほぼ信じられる。

和珥臣日爪と春日日抓臣（春日の日爪臣）、娘の糠君娘と糠子（糠子郎女）はそれぞれ同一人物と見られることから、安閑天皇の大后春日山田皇女と欽明天皇の娘の春日山田皇女（春日山田郎女）は同一人物かといえば、世代が異なるので難しいであろう。これを系譜の混乱として片付けるのは易しいが、『紀』が敢えて記していることからすれば、記事のもとになる所伝があったと見なくてはならない。『記』の段階ではその縺れについて判断できなかったので記載しなかったとも考えられるが、当該所伝が存在したとすれば、どのように解することが出来るであろうか。一案を記せば、糠君娘（糠子／糠子郎女）は若くして晩年の仁賢天皇との間に春日山田皇女（安閑天皇大后）を儲け、後年に欽明天皇との間にも春日山田皇女（春日山田郎女）を儲けたと考えるほかない。同族内で同じ名が別人につけられる（名が継承される）ことは偶にあり、大草香皇子の妹の草香幡梭皇女（雄略天皇の大后）と履中天皇の大后草香幡梭皇女に先例がある。(26) 春日山田皇女（安閑天皇大后）の名跡や家産を、異父妹の春日山田皇女（春日山田郎女）が伝領したものと推察される。

さて、欽明天皇の大后石姫皇女の父は宣化天皇、母は大后橘仲皇女であるが、橘仲皇女は手白香皇女の同母の妹であり、同様に春日和珥臣氏への帰属観念を有していた可能性がある。すなわち、継体天皇から敏達天皇までの大后（手白香皇女・春日山田皇女・橘仲皇女・石姫皇女）は、女系ではすべて春日和珥臣氏の人物であるということに注目される。

これは王家の系譜が女系で春日和珥臣氏に強く傾斜していたことを示しているが、四代に亘る大后の系譜意識は、次の世代まで影響が継続した可能性が少なくないと思われる。和珥（和爾／丸邇／和邇）氏は、孝昭天皇の御子、天押帯日子命の後裔を称する春日臣・大宅臣・粟田臣・小野臣・柿本臣・櫟井臣らによる擬制的同族集団であり（孝昭天皇記）、添下郡佐紀・佐保・添上郡春日（奈良市北部から東部）・大宅（奈良市東南部）(27)、添上郡和爾・櫟本（天理市北東部）など、奈良盆地北部から東部地域を本拠とした。五・六世紀のころ、春日臣氏がその盟主的地位にあったことから春日和珥臣氏と称したのであろうが、奈良盆地南東部を本拠とした建内（武内）宿禰後裔集団（葛城氏・波多臣・許勢臣・蘇我臣・平群臣・紀臣など）に比肩する存在であったと見られている。(28)添上郡に式内大社の和爾坐赤坂比古神社（天理市和爾町）・式内社の和爾下神社（天理市櫟本町、大和郡山市横田町にも和爾下神社がある）などが鎮座することから、ここが和珥臣氏本宗の本拠であったと目される。(29)

要するに、手白香皇女・春日山田皇女・橘仲皇女・石姫皇女らの喪葬や墓地選定には、春日和珥臣氏の影響も考慮

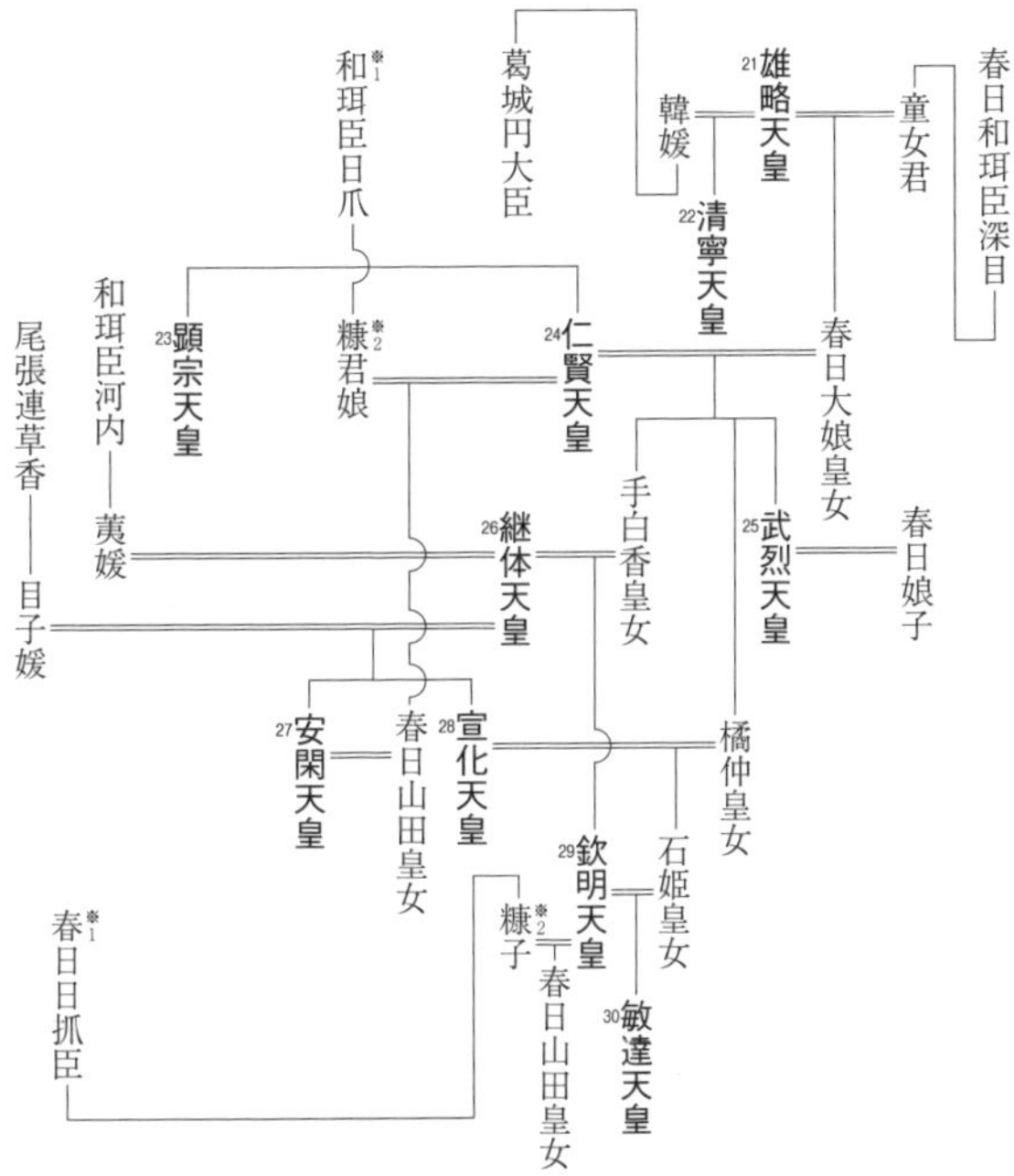

・数字は即位順
・※1※2は、各々同一人物である可能性が大きい。

図2　春日和珥臣氏系后妃関係略系図

しなければならないのではないかということである。彼女やその子孫が王家の一員であることはもちろんであるが、女系においてどのような系譜観念を懐き、帰属意識を有していたのかということである。

特に、白石氏の指摘があるように磯長谷には春日（南河内郡太子町春日）・山田（太子町山田）(30)の地名が存在し、安閑天皇の大后春日山田皇女や欽明天皇の娘の春日山田皇女の名がそれに由来することは間違いなく、春日和珥臣氏との関係が想定される土地である。王族として最初に磯長谷に葬られた石姫皇女は、女系による帰属意識に基づいて春日和珥臣氏所縁の地が選ばれたとも推考される。そ

れが石姫皇女の生前の意思であったか、あるいはその子（箭田珠勝大兄皇子・敏達天皇・笠縫皇女）、それとも所縁の春日和珥臣氏らの営為であったかは、分明でない。

ただし、磯長谷が選ばれたのは、春日和珥臣氏との関係だけではなかったことも考えられる。それは、やや後ののであるが、磯長谷から墓域碑（塋域碑）と墓誌二点が出土していることと関わる。すなわち、持統天皇三年（六八九）の「采女氏塋域碑」・宝亀七年（七七六）の「高屋枚人墓誌」・延暦三年（七八四）「紀吉継墓誌」(31)であり、采女臣・高屋連・紀朝臣の各氏らも埋葬されていることは、支配層の間では磯長谷が埋葬、造墓の適地であると認識されていたことを示しており、また蘇我倉山田石川麻呂墓と伝えられる仏陀寺古墳（太子町山田）などもあるが、その中で逸早く墳墓を造営したのが春日和珥臣氏系の人々であったと考えられる。

当時の喪葬習俗や墓地選定基準は必ずしも明瞭でないが、氏族や同族集団で一定の墓域を定めていたであろうことは、先の「采女氏塋域碑」銘に「造墓所形浦山地四千代他人莫上毀木犯穢傍地也(32)」と見えることや、『日本後紀』延暦十八（七九九）年三月丁巳条に、

正四位下行左大弁兼右衛士督皇太子学士伊勢守菅野朝臣真道等言さく、「己等の先祖、葛井・船・津三氏の墓地は、河内国丹比郡の野中寺以南に在り。名けて寺山と曰ふ。子孫相守りて、累世侵さず。而るに今樵夫市を成して冢樹を採伐す。先祖の幽魂、永へに帰する所を失ふ。伏して請ふらくは、旧に依りて禁ぜしめむことを」と。之を許す。

とあって、王辰爾後裔集団が丹比郡の「寺山」を代々の墓域としていたことから分かる。おそらく、春日和珥臣氏は磯長谷に墓域を設定していたのであろう。王家や氏族らが墓域を設定していたであろうことは、古墳が群をなし、後期には群集墳が形成されることからも推察される。

新羅に派遣され現地で病死した紀小弓宿禰が本貫に近い田身輪邑（大阪府泉南郡岬町／雄略天皇九年五月）に埋葬さ

れ、任那に派遣され現地で死亡した近江毛野臣が近江に帰葬されている（継体天皇二十四年是歳）ことなども、参考になる。これらのことは、所縁の場所に帰葬する習俗（観念）が存在したこと、被葬者に有縁の地に埋葬する慣行が存在したことを示している。

これらのことを勘案すれば、石姫皇女が春日和珥臣氏との関係で磯長谷に埋葬され、敏達天皇は母に合葬されたが、続く用明天皇（改葬）・廏戸皇子・推古天皇（改葬）・孝徳天皇らの陵墓は、石姫皇女と敏達天皇に引き寄せられる形で、磯長谷に葬られたのではないかと推考される。

次に、手白香皇女の衾田墓がオオヤマト古墳群内に造営されたことの理由としては、継体朝における王統交替と密接な関係を想定する説がある。これによれば、手白香皇女が王権の初代王以来の直系の血統者と意識されており、継体天皇が大后手白香皇女により王権継承の正当性が担保されていることを墳墓の造営で示すため、その墓がオオヤマト古墳群内に造営されたとする。[33]

しかし、手白香皇女の衾田墓は崇神天皇陵（山辺道上陵）や景行天皇陵（山辺道上陵）に近接するけれども、血縁系譜において彼らの直系の末裔ではない。もし、継体天皇による王権継承の正当性を陵墓の所在地で示すならば、継体天皇陵を古市古墳群やオオヤマト古墳群の内に築造すれば済むことである。手白香皇女は継体天皇より後に死去した可能性が大きいが、継体天皇の王権継承の正当性が手白香皇女入内によって担保されていることを、手白香皇女が亡くなって後の墓でもって示す必要があったのだろうか。はたまた、この時期において墓の造営地が王権継承の正当性担保の証明となり得たのか、明瞭ではない。手白香皇女の入内は男大迹王（袁本杼命）即位の際に王権側の提示した条件であったと思われるが、彼が王権から迎えられた段階で人物（王統系譜上の条件）の正統性が認証され、即位した時点で王権継承の正当性が認められた筈であるから、それ以上に何が必要であったのだろうか。

要するに、手白香皇女墓の撰地理由はそれとは別に求めなければならないということだが、この場合も石姫皇女の場合と同様に、春日和珥臣氏との関係に留意するべきだと考える。オオヤマト古墳群の存在する山辺の道に沿った奈良盆地東縁部は、春日和珥臣氏同族集団の拠地であったが、オオヤマト古墳群は王家・王族だけでなく、姻族として重きをなした春日和珥臣氏らの墓域ではなかったか。彼らの墓域としては、後漢・中平（一八四〜一八九年）の元号ではじまる、「中平□□五月丙午造作支刀百練清□（釦カ）上應星宿□□□（下辟不祥カ）」[34]と象嵌された鉄刀の出土で知られる東大寺山古墳（天理市櫟本町）や和爾下神社古墳などで構成される東大寺山古墳群が想定されているが、五キロほど南のオオヤマト古墳群域にも同氏から出た王家姻族関係者らのそれが存在したのではないかと想定される。

　要するに、手白香皇女の衾田墓は、系譜上の正統性を陵墓の所在地で示すためというよりは、母系における帰属意識によりオオヤマト古墳群内に造営されたのではないかと考えらる。

小結

古代陵墓の造営に、屍を処理すること以上にどのような意図や目的が存在したのか、真相は詳細ではない。墳丘が小規模化する時代にあっても、王族らの改葬儀礼が人々の注目を集め、多かれ少なかれ政治的な影響が及ぶことは、儀礼が有する本来的な側面である。推古天皇紀二十年（六一二）二月庚午条の、堅塩媛を欽明天皇の桧隈大陵へ改葬し誄儀礼を大々的に催したことや、同紀二十八年十月条の、砂礫を桧隈陵の上に葺き立柱儀礼を行なったことなどが、王統系譜や政治的な意図、目的に基づき、儀礼の発する効果を意図的に利用したものであることは明瞭である。

　しかしながら、河内磯長谷の「王陵の谷」形成と蘇我氏との関連については、検討結果は否と出た。磯長谷への埋葬については、そこに強力な政治的意図、例えば系譜の正統性の確保、権力継承の正当性の担保、王統系譜に連なることの顕示、などを読み取ることは出来ない。この理解は、最初に紹介した『大阪府史』と基本的立場で共通する。ただ、女系では春日和珥臣氏との関係が想定されたが、それは政治的なものではなく、彼らの墓域設定との関わりが

いと考えられる。大きいと考えられた。廏戸皇子の埋葬も、そうした視点から理解するべきであり、政治的要因を強調するべきではな

註

（1）大阪府史編集専門委員会『大阪府史』一、九四五頁（森浩一）、一九七八年。
（2）敏達天皇の次の正宮は、訳語田幸玉宮であり、それぞれ大后である息長真手王の娘の広姫・額田部皇女に対応する。平林章仁『七世紀の古代史』白水社、二〇〇二年。
（3）『上宮聖徳法王帝説』は崇峻天皇の王宮を「石寸神前宮」と伝える。
（4）法隆寺金堂釈迦如来光背銘や『上宮聖徳法王帝説』「釈迦仏光後銘文」によれば、辛巳歳（六二一）十二月に「鬼前大后」（穴穂部間人皇女）が、明年二月廿一日には「王后」（膳菩岐々美郎女）も亡くなり、翌日には「法王」（廏戸皇子）が死去したという。これが事実とすれば、原因は何らかの感染症であった可能性が大きい。なお、治定されている叡福寺古墳を廏戸皇子墓とみた場合、石室の形式がやや新しく、年代に齟齬が感じられるとの見方もある。大阪府立近つ飛鳥博物館『ふたつの飛鳥の終末期古墳』二〇一〇年。
（5）橿原市教育委員会『奈良県橿原市植山古墳現地説明会資料』二〇〇〇年。大阪府立近つ飛鳥博物館『ふたつの飛鳥の終末期古墳』、註4。
（6）王族の手によるものとしては、これより先に眉輪王による安康天皇殺害が伝えられる。
（7）三原康之「山猪考」『専修史学』三三、二〇〇一年。
（8）遠山美都男『大化改新』中央公論社、一九九三年。
（9）大林太良「新嘗に出現する王者・殺される王者」『東アジアの王権神話』弘文堂、一九九四年。

(10)平林章仁『「日の御子」の古代史』塙書房、二〇一五年。
(11)笹川進二郎「白猪史と白猪屯倉」『論究日本古代史』学生社、一九七九年。狩野久「5・6世紀のヤマトとキビ」『考古学研究』一九〇、二〇〇一年。なお、御歳神神話については前に述べた。平林章仁『神々と肉食の古代史』吉川弘文館、二〇〇七年。
(12)弥生時代から豚が飼われていたことは早くから指摘がある。滝川政治郎「猪甘部考（上・下）」『日本歴史』二七二・二七三、一九八一年。佐伯有清「猪養と猪使氏」『日本古代氏族の研究』吉川弘文館、一九八五年。西本豊弘「弥生時代のブタについて」『国立歴史民俗博物館研究報告』三六、一九九一年。同「家畜その1」『考古学と動物学』同成社、一九九九年。同「歴史資料としての動物遺体」『考古資料と歴史学』吉川弘文館、一九九九年、など。
(13)門脇禎二「古代の河内飛鳥」『講演・河内飛鳥』一、河内飛鳥を守る会、一九八四年。同「磯長谷と蘇我氏」『古代を考える』三、古代を考える会、一九八三年。
(14)山尾幸久「河内飛鳥と渡来氏族」『古代を考える　河内飛鳥』吉川弘文館、一九八九年。
(15)石部正志「推古と王陵の谷」『古代を考える　河内飛鳥』吉川弘文館、一九八九年。
(16)山本彰「近つ飛鳥と磯長谷」『ヒストリア』二一二、二〇〇八年。
(17)水野正好「朝廷・氏族・河内飛鳥」『講演・河内飛鳥』四、河内飛鳥を守る会、一九八七年。
(18)水野正好「河内飛鳥と漢・韓人の墳墓」『古代を考える　河内飛鳥』吉川弘文館、一九八九年。
(19)高松雅文「五～七世紀における石川流域の動向とヤマト王権」『ヒストリア』二一二、二〇〇八年。
(20)平林章仁『鹿と鳥の文化史』白水社、一九九二年。
(21)池田貴則「磯長谷古墳群の概要」『ヒストリア』二一二、二〇〇八年。
(22)網干善教「大和・河内飛鳥の終末期古墳の意義」『講演・河内飛鳥』四、河内飛鳥を守る会、一九八七年。
(23)吉井巌「河内の万葉集」『講演・河内飛鳥』一、河内飛鳥を守る会、一九八四年。

(24) 水谷千秋「河内飛鳥と大王と蘇我氏」『ヒストリア』二一二、二〇〇八年。

(25) 白石太一郎「磯長谷古墳群の提起する問題」『大阪府立近つ飛鳥博物館館報』九、二〇〇五年。同「磯長谷古墳の大王墓」『近畿の古墳と古代史』学生社、二〇〇七年。同「ふたつの飛鳥の終末期古墳」『ふたつの飛鳥の終末期古墳　河内飛鳥と大和飛鳥』大阪府立近つ飛鳥博物館、二〇一〇年。ただし、当初は蘇我氏との関係を否定していたのではなく、「磯長谷古墳群の提起する問題」では用明、推古、廏戸皇子の墓の造営に蘇我氏の関与を認め、同「河内飛鳥の終末期古墳」『講演・河内飛鳥』三、河内飛鳥を守る会、一九八七年、でも肯定している。

(26) これを同一人物と見る立場もあるが、同名異人である。平林章仁『謎の古代豪族　葛城氏』祥伝社、二〇一五年。

(27) 『角川日本地名大辞典　奈良県』二四五頁、角川書店、一九九〇年。

(28) 岸俊男「ワニ氏に関する基礎的考察」『日本古代政治史研究』塙書房、一九六六年。加藤謙吉『ワニ氏の研究』雄山閣、二〇一三年。

(29) 和田萃氏は、氏の名のワニは海洋生物のワニザメに由来し、ワニ氏が住んでいたので和爾の地名が成立したとする。筆者もそれを支持するが、和田氏は同じ行で、氏の名のワニは漁撈や水運に従事したワニ部を支配していたことに由来するとも述べていて、やや混乱が見られる。和田萃「ワニ坂とワニ氏」東大寺山古墳研究会編『東大寺山古墳と謎の鉄刀』雄山閣、二〇一〇年。

(30) いずれも一四世紀前半には存在が確認できる。日本歴史地名大系『大阪府の地名』Ⅱ、一一二九頁以下、平凡社、一九八六年。

(31) 「采女氏塋域碑」は江戸時代に太子町春日から出土、所在は不明。銘文は『古京遺文』に載り、以下の通り。「飛鳥浄原宮大朝庭大弁官直大弐采女竹良卿所請造墓所形浦山地四千代他人莫上毀木犯穢傍地也　己丑年十二月廿五日」。「高屋枚人墓誌」は江戸時代に太子町叡福寺近くで出土、叡福寺が所蔵し、銘文は以下の通り。「故正六位上常陸国大目高屋連枚人之墓宝亀七年歳次丙辰十一月乙卯朔廿八日壬午葬」。「紀吉継墓誌」も江戸時代に太子町春日から出土し、妙見寺が所蔵

する。銘文は「維延暦三年歳次甲子朔癸酉丁酉参議従四位下陸奥国按察使兼守鎮守副将軍勲四等紀氏諱廣純之女吉継墓志」とある。奈良国文化財研究所飛鳥資料館『日本古代の墓誌』一九七七年。大阪府史編集専門委員会『大阪府史』二、七二八頁以下（東野治之）、一九九〇年。

(32) 形浦山は太子町山田にあり、四千代は約八町。ただし、碑の現物は失われ拓本しか伝わらないことから、碑銘文には異論が少なくない。「四千代」も「四十代」と校訂する説もあり、それだと集団の墓域ではなく個人の墓地となる。小林賢章「采女氏塋域碑」上代文献を読む会編『古京遺文註釈』桜楓社、一九八九年。

(33) 白石太一郎「手白香皇女陵の問題」帝塚山考古学研究所『古墳の起源と天皇陵』一九八五年。和田萃「山辺の道の歴史的意義」『古代を考える　山辺の道』吉川弘文館、一九九九年。手白香皇女の山辺郡衾田墓について、宮内庁は天理市中山町の古墳時代前期で全長二三〇メートルの西殿塚古墳に治定するが、時期が合わないことから天理市萱生町にある六世紀前半築造で全長一一四メートルの西山塚古墳とみられている。

(34) 東京国立博物館・九州国立博物館『重要文化財東大寺山古墳出土　金象嵌銘花形飾環頭大刀』同成社、二〇〇八年。

おわりに

従前の古代氏族研究において、最も多く論じられてきたのは蘇我氏であるが、ここでは比較的論じられることが少なかった蘇我氏の側面に光を当てて、その実像の解明を試みてきた。その結論を繰り返すことはしないが、今後の蘇我氏研究においても重要であると思われる点についてのみ、若干記しておこう。

まず、五世紀代の蘇我氏（前身集団）は、時の王権運営を担っていた「葛城氏」政権の有力成員であり、外交が重きをなした時代状況もあって、筆頭ではなかったがその一翼を担う存在であったと考えられた。「葛城氏」滅亡を経て武烈天皇で五世紀の王統が断絶するまでの間、王権は弱体化し政権内部は混乱状況にあったと推察されるが、それを収めるために擁立されたのが男大迹王（継体天皇）であった。継体天皇が即位するに際して、その条件について相互に交渉、審議、検討がなされたと思われる。その主な内容は、仁徳天皇以降の王統に連なる王族の存続否定、すなわち彼らの王位継承権の否定、五世紀の王統の断絶確定であり、かつ仁賢天皇の娘（春日和珥臣氏系）である手白香皇女、春日山田皇女、橘仲皇女の入内である。

また継体天皇系王権による特徴的な国内政策としては、新たな地方支配体制の創設と王権・王家の経済的基盤の確保があり、具体的には名代・屯倉・国造の設置、任命に象徴される新施策に見てとれるが、この流れの中で大臣蘇我氏が台頭するのである。

この時期の外交問題としては、仏教公伝がある。仏教信仰受容は、蘇我氏の性格や出自とも関わって議論されることが多かったが、蘇我氏が信仰した仏教は、百済から倭国王権に贈与された仏教を天皇から下賜されたものであり、天皇から崇敬が許認された大臣という公的立場での信仰であった。物部連氏・中臣連氏との間に仏教崇廃をめぐり軋轢が生じたのも、先進文物の集約である仏教が大臣蘇我氏だけに下賜されたからであり、蘇我氏が占有することについて王権内部に確執が生起したのである。そこに時の王位継承問題が絡んで問題を複雑化したが、蘇我氏と物部連氏の抗争は基本的には王権内部の執政官間の権力抗争と捉えるべきである。天皇の許諾に関わらない、蘇我氏の個別的、私的仏教崇敬には反対の動きは出ていないのである。

石上神宮は物部連氏と関わって論じられることが多いが、そこには諸地域の豪族から王権の成員となった（服属した）証に献上された神宝を天皇が収納していることにおいて、その祭祀権は天皇に帰属する神社と見なくてはならない。天皇がそれらを保有し、祭祀を続ける限り、呪術宗教的に諸豪族を支配し続けることが可能であると信じられたのである。王権内でその祭祀を担っていたのが物部連氏であり、それは鎮魂の呪儀でその神宝が帯している強力な霊的威力＝「物」を鎮定するとともに、時とともに衰滅して行くその霊的威力を存続させることが出来ると考えられたからである。古代の天皇が、その統治を完結する上で、石上神宮の神宝を対象とする物部連氏の祭祀、鎮魂の呪儀は不可欠であった。

しかし、用明天皇歿後に物部大連守屋が滅ぼされて以降、乙巳の変までの間、蘇我氏がその石上神宮の祭祀に介入することがあった。これは、呪術宗教的に倭国を支配するという天皇大権の侵犯であり、中大兄皇子らを乙巳の変に踏み切らせたことの契機の一つも、この辺りに想定される。

推古天皇三十二年に蘇我馬子が推古天皇に割譲を要求した葛城県とは、本来は葛城氏の所領に由来し、五世紀末の混乱期の王家の重い歴史を負った、特別に謂れのある所領であった。蘇我馬子が求めたものは、その土地だけでなく、葛城氏政権以来そこに集住する忍海造氏や三田首氏以下、多数の渡来系金属工人集団や、彼らが保有する技術や文化、歴史をも包含する、葛城県の全てであった。それは、天皇位とともに存在した倭屯田に準じた王家の重要な所領であり、母系では蘇我氏に連なる推古天皇といえども強く拒否したのも当然のことであって、この頃の推古天皇と蘇我馬子は微妙な均衡の上に存在したのである。

推古天皇紀二十年正月の人日の宴で推古天皇（額田部皇女）が詠んだ歌謡に見える「日向の駒」とは、其の額に「車田」のような町形の旋毛のある馬のことであった。それは隼人馬＝額田馬であり、蘇我氏が早くから馬匹文化・馬飼集団と親密な関係にあったことを物語るが、そのことは蘇我氏の本貫である南曽我遺跡から五世紀後半の馬墓が検出されていることでも傍証される。馬飼集団である額田部連氏に資養された額田部皇女（推古天皇）が、馬飼集団と密な関係にある蘇我馬子を、額に同心円紋状の神聖象徴を刻した駿馬である日向の駒＝額田馬＝隼人馬に擬えたところに、この歌謡の真の意図があったのであり、古代の馬匹文化とその呪的信仰を背景とした歌謡であった。

蘇我氏系の有力王族であった廏戸皇子関連の所伝に強い疑問が投げかけられてきたが、廏戸皇子・上宮王家の地域基盤であった斑鳩地域の属する平群郡は、これまた王権の馬を管理し、馬飼集団の額田首氏や同族である平群臣氏、額田部連氏の本貫であった。廏戸皇子は家政機関として「廏戸」によって編成されたと目される馬司を置いていただけでなく、上宮に近い海柘榴市に置かれた王権の廏や額田部皇女の海柘榴市宮も含め、上宮・斑鳩の周辺には馬匹文化・馬飼集団が濃密に存在していたのであり、その主が「廏戸」と呼ばれる条件は十分に備わっていたのである。

河内磯長谷に「王陵の谷」の形成された時期が、蘇我氏が大臣として権勢を極めた期間とほぼ重なることもあり、蘇我氏との関連が取り沙汰されてきたが、分析結果は否とでた。早くに磯長谷に埋葬された王族には、女系で春日和珥臣氏との関係が想定されたがそこに政治的意図は読み取れず、却って支配層の墓域設定との関わりも想定され、廏戸皇子の「王陵の谷」への埋葬も政治的要因を強調するべきではない。

乙巳の変で蘇我大臣蝦夷と子の入鹿が滅ぼされるのは、一般には専横な振る舞い、僭越な行為が原因とされてきたが、天皇大権に関わる石上神宮の祭祀に蘇我氏が介入したことが契機の一つではないかと考えられた。『紀』の所伝を仔細に見れば、専横を思わせる具体的な記述は僅少であり、崇峻天皇の殺害も王族や群臣らとの合意の上で大臣蘇我馬子が決行したものであった。

要するに、ただ単に分を弁えない振る舞いが原因で蘇我蝦夷・入鹿が滅ぼされたとは考えられない。それでは、どうして蘇我蝦夷・入鹿は滅ぼされなければならなかったのか。思うに、事は皇極女帝の時代に起こった。王位継承は嫡系男子が優先にされたことは王統系譜を見れば瞭然であり、そのことに重大な問題が生起した場合に、女帝の即位となる。皇極女帝の即位は、おそらく蘇我氏系と非蘇我氏系王族の妥協（抗争回避）の産物であったと目される。最初の女帝推古の即位は、崇峻天皇が蘇我馬子らに弑逆された後の体制として、事前に予定されていた可能性がある。推古女帝の次は二世王の舒明天皇が即位し、舒明天皇が亡くなり百済大殯で十六歳の「東宮開別皇子」、中大兄皇子が誄を述べたというが（舒明天皇紀十三年十月丙午条）、東宮の表記は文飾であろう。

この時に中大兄皇子は有力な王位継承予定者であったけれども、斉明天皇紀四年十一月庚寅条の有間皇子事件に関わる「或本」が伝えるように、当時は二十歳未満での即位は不可能であった。また、中大兄皇子以外にも有力な王位継承者として、上宮王家の山背大兄王や、中大兄皇子の異母兄である古人大兄皇子（母は蘇我馬子の娘の法提郎媛）がいた。

何よりも問題なのは、中大兄皇子には蘇我蝦夷・入鹿の支持がなく、それが古人大兄皇子にあったことである。そのことは、皇極天皇紀二年十月戊午条が、「蘇我臣入鹿、独り謀りて、上宮の王等を廃てて、古人大兄を立てて天皇とせむとす」と記す通りである。同年十一月に入鹿らが、蘇我氏の血を引く王族であるにもかかわらず山背大兄王をはじめ上宮王家の一族を滅ぼしたのは、後継候補を古人大兄皇子に絞ったことを意味し、蘇我氏の血を引く王族の内部抗争を未然に防ぐ意図もあったとみられる。上宮王家の襲撃には許勢臣氏や大伴連氏、軽皇子（後の孝徳天皇）らも加わっていることから、蘇我入鹿の独断専行ではなかったことも明瞭であり、(1) 入鹿が目論んでいた古人大兄皇子即位への第一歩であった。この時点で、蘇我入鹿の次なる標的が誰であるか、中大兄皇子でなくとも明らかになったであろう。すなわち、上宮王家が滅ぼされて我が身の危険を感じた中大兄皇子は、自身が次の標的になる前に先手を打って奇襲したのである。このことは、政変の後、古人大兄皇子が武装を解いて飛鳥寺で剃髪し、即位の意志がないことを明示して吉野へ隠棲したにもかかわらず、謀反の罪で攻め殺されている（大化元年九月条）ことからも明白である。

なお、本来は三世王ながら姉の宝皇女が舒明天皇の大后、さらに即位して皇極天皇になったことで一世王としての地位を得ていた軽皇子が政変後に即位することが出来たのは、中大兄皇子や中臣連鎌足との協力関係だけでなく、蘇我氏系王族の即位を阻止して敏達天皇系王統の復権を図るという、共通利害の立場にあったことによると推察される。乙巳の変の主因は、偏に王位継承をめぐる権力争いにあった。複数の有力王位継承者が、実力で王位を奪取しようとする（有力な対抗者を武力で除く）流れは、用明天皇殁後の穴穂部皇子事件（五八七）に見るように、乙巳の変以前から存在した。古人大兄皇子事件の後も、それは斉明天皇四年（六五八）の有間皇子の変、天智天皇殁後の壬申の乱（六七二、大友皇子の敗死）と続き、天武天皇殁後（六八六）の大津皇子や、聖武天皇の皇太子が僅か二歳で歿した後の長屋王家のことなども、同様な犠牲者と言えよう。

遡れば、雄略天皇：市辺押磐皇子・眉輪王・坂合黒彦皇子・八釣白彦皇子ら、さらには安康天皇：木梨軽皇子・大草香皇子、履中天皇：住吉仲皇子、応神天皇：麛坂王・忍熊王兄弟なども、そうした事例と言えよう。律令制以前の、天皇の即位状況をやや粗雑に単純化すれば、王位継承資格を有する人物が武力で奪取する場合と、群臣による推戴、共立によって行なわれる場合の、せめぎ合いの中にあった、とも言えよう。こうした流れにあって、有力な氏族ほど深く事に関わるわけで、敗者になる危険度もその権力に比例して大きかったのである。物部守屋大連や蘇我蝦夷大臣・入鹿らの滅亡は、謂わばこうした古代史の一齣であった。

註

（1）亀井輝一郎「上宮王家と中大兄皇子」『日本書紀研究』一五、塙書房、一九八七年。遠山美都男『古代王権と大化改新』雄山閣、一九九九年。

【図版出典】

・写真7「香芝市下田東1号墳出土馬形埴輪」：香芝市二上山博物館『木棺と木簡』二〇〇九年。

あとがき

蘇我氏は、六〜七世紀の王権を主導した大臣であり、前後も含めてその盛衰を描くことは、日本古代国家の形成と変遷の過程を論じることでもある。雄山閣から「蘇我氏の研究」の出版について、お話を頂いた当初は、その心算で作業を始めたが、研究史だけでも膨大であり、筆を執るのが困難な状況に陥ってしまった。暫くして気を取り直し、具体的に目次も立てて再度取り組んでみたが、通史的に蘇我氏像を論じることの困難さに直面し、またしても頓挫してしまった。安直な自身に嫌悪するばかりであったが、蒐集した先行研究や二度の下書きは全てご破算にし、今回が最後の機会と少々開き直り「私の蘇我氏像」という視点から改めて論じ直して、漸くここに至ることが出来た。

本書の各章と旧稿との関係について、記しておこう。

第二章「蘇我氏と仏教と天皇と神祇祭祀」は、天皇が仏教信仰を受容できなかった理由について論じた「天皇の大寺考」（『日本古代の宗教と伝承』勉誠出版、二〇〇九年）を大幅に改稿し、蘇我氏を中心にした論に編み直したものである。

第三章「蘇我氏と物部氏と石上神宮」は、『日の御子』の古代史』（塙書房、二〇一五年）第四章「倭国王の宗教的葛藤―仏教信仰の受容と祭祀王天皇の実像―」の第一二節「王権と石上神宮」を基にして、大幅に増補、加筆し、新たに一章として編んだものである。

第四章「蘇我氏と葛城県―その成立と伝領、忍海評設定と関わって―」の第八節までは、「古代葛城の地域分割」（『史聚』三九・四〇合併号、二〇〇七年）を基に、蘇我氏と葛城県を中心にした内容に改編したものである。

第五章「蘇我氏と馬匹文化―日向の駒と呉の真刀―」の第七節までは、『日の御子』の古代史』の第二章「日向の駒は額田馬―馬匹文化をめぐる王権と日向・隼人―」を、蘇我氏を中心とした論に加筆、改編した。以上、旧稿にもすべて手を入れ、大幅に加筆、増補し、蘇我氏を中心とした内容に改編した。他の部分は、すべて新稿である。特にここでは、蘇我氏について従前は論及されることが少なかった側面に焦点を定めて、新たな蘇我氏像を描き出すことに努めたが、ここに至るまでに要した時間に比べて、得られた成果は乏しく、提示し得たのは試みの粗描である。

長い間、お待ち頂いた雄山閣に改めてお詫びと、編集の八木崇氏にお礼を申し上げます。

二〇一六年　孟夏

平林章仁

〈著者略歴〉

平林　章仁（ひらばやし・あきひと）

1948 年　奈良県に生まれる

1971 年　龍谷大学文学部史学科卒業

2002 年　博士（文学）（皇學館大学）

現在　龍谷大学文学部歴史学科教授

著書　『鹿と鳥の文化史』白水社、1992 年

『橋と遊びの文化史』白水社、1994 年

『蘇我氏の実像と葛城氏』白水社、1996 年

『七夕と相撲の古代史』白水社、1998 年

『三輪山の古代史』白水社、2000 年

『七世紀の古代史』白水社、2002 年

『神々と肉食の古代史』吉川弘文館、2007 年

『謎の古代豪族　葛城氏』祥伝社、2013 年

『天皇はいつから天皇になったか？』祥伝社、2015 年

『「日の御子」の古代史』塙書房、2015 年

平成 28 年 11 月 25 日 初版発行　《検印省略》

日本古代氏族研究叢書⑤

蘇我氏《そがし》の研究《けんきゅう》

著　者　平林章仁

発行者　宮田哲男

発行所　株式会社　雄山閣

〒 102-0071　東京都千代田区富士見２－６－９

TEL 03-3262-3231　FAX 03-3262-6938

振 替 00130-5-1685

http://www.yuzankaku.co.jp

印刷・製本　株式会社 ティーケー出版印刷

ISBN978-4-639-02446-0　C3021

N.D.C.210　308p　22cm

続々刊行予定

日本古代氏族研究叢書

古代の主要な氏族を取り上げ、研究史・氏族の起こり・伝承・職掌・系譜・同系氏族などをまとめ、さらにその盛衰に関連する政治・社会におよぼした影響等を深く追求する研究書。

最新の研究成果を取り込み、個々の氏族を中心とする視点から古代史研究を再検討する。

◎ 物 部 氏の研究※【第二版】	篠川　賢
◎ 阿 倍 氏の研究	大橋　信弥
◎ ワ ニ 氏の研究※	加藤　謙吉
◎ 藤 原 氏の研究	倉本　一宏
◎ 出 雲 氏の研究	高嶋　弘志
◎ 紀　 氏の研究※	寺西　貞弘
◎ 賀 茂 氏の研究	中村　修也
◎ 中 臣 氏の研究	中村　英重
◎ 膳　 氏の研究	仁藤　敦史
◎ 大 伴 氏の研究	早川　万年
◎ 蘇 我 氏の研究※	平林　章仁
◎ 秦　 氏の研究	北條　勝貴
◎ 上毛野氏の研究	前沢　和之
◎ 砺 波 氏の研究	大川原竜一
◎ 葛 城 氏の研究	小野里了一
◎ 大 神 氏の研究※	鈴木　正信
◎ 忌 部 氏の研究	中村　友一
◎ 百済王氏の研究	片桐　廣美

＊順不同。刊行予定は変更することがあります。
※付きが既刊の書籍となります。